HISTORIAS
REALES
TRANSGENERACIONALES

SUI MEI CHUNG B.

HISTORIAS REALES
TRANSGENERACIONALES

SUI MEI CHUNG B.

EDITORIAL

Historias Reales Transgeneracionales. Libro autoeditado

Coordinación de la colección: Sui Mei Chung Bustos ◎ @suimeichung

Edición y Revisión : Ayi Mártin Contreras y Sui Mei Chung Bustos.

Diseño de la trilogía y Composición: Yodanis Mayol González

Obra de portada (detalle): Tora Aghabayova ◎ @toraaghabayova / https://tora-a.com

Marketing y Promoción: Cynthia Reyes Castañeda http://www.i-mas.cl

Fotografías Unplash

© Sui Mei Chung, 2019

© Ediciones Mi Tierra, 2019

ISBN: 978-956-401-218-6

www.editorialmitierra.com

Impreso por Gonsa S.A.

*"Somos menos libres de lo que creemos,
pero tenemos la posibilidad de conquistar nuestra libertad
y de salir del destino familiar repetitivo de nuestra historia,
comprendiendo los vínculos complejos que se han tejido en nuestra familia
e iluminando los dramas secretos,
los no dichos y los duelos inconclusos".*

-Anne Ancelin Schützenberger-
Psicóloga, Abogada y Profesora Rusa, "Madre de la Psicogenealogía"
Autora Best Seller "¡Ay, mis ancestros!"
29 Marzo 1919/ 23 Marzo 2018

...Solo cuando reconoce el vínculo con la Familia, se comprende y comparte la responsabilidad, el individuo puede sentirse libre para continuar con su propio y particular camino, sin temor a que el pasado lo atrape y sea una carga para él.

"Quién no conoce su historia familiar, tiende a repetirla"

- Bert Hellinger -
Filósofo, Teólogo Alemán "Padre de las Constelaciones Familares"
16 Dic. 1925 – 20 Sep. 2019

En el momento en que reconocemos el trauma, y liberamos el dolor, ya no necesitamos volver a repetir la historia porque ésta ya salió a la luz. Compartimos un gran Alma familiar.

Lo que le sucede a una persona tiene consecuencias en la vida de todos de distintas maneras.

Nadie acepta reconocer abusos, incestos, abortos, violaciones, estafas, hijos no reconocidos, suicidios, adicciones, abandonos, cárcel o enfermedades mentales.

Siempre hay un miembro en la familia que conoce la verdad. El miedo, la vergüenza, lealtades invisibles, y secretos, son fuerzas que impulsan a que la historia se vuelva a repetir.

- Sui Mei Chung B.-
Terapeuta Transgeneracional SAAMA

INDICE

APRENDIENDO DEL TRANSGENERACIONAL

TESTIMONIOS REALES

Por años busqué explicaciones y respuestas a mi vida. Nunca sentí que "encajaba" en la sociedad, familia, amigos, pareja, país. Era como sentirme como una *"Planta a la que la sacan de la tierra y luego pasa de macetero en macetero hasta que muere"... y morí...*

Desde la infancia visité a muchos psicólogos, tuve varias crisis existenciales, depresiones, intentos de suicidios, psiquiatras tratando de buscar una respuesta que le diera sentido a mi vida.

Culpaba a mis padres, a mi entorno, a mi pareja, a todos por mi vida vacía e infeliz. Creía que "alguien" debía hacerse cargo de mi vida, creía que alguien debía encargarse de mi vida, sanarme, y darme la paz que tanto anhelaba. Finalmente culpaba a la vida, al Universo y a Dios por haberme abandonado. Como muchos, mi ilusión de una vida en pareja, y luego la llegada de los hijos, creía que llenarían ese vacío profundo de mi corazón.

Me sentía absolutamente fracasada, sin rumbo, sin fuerzas para seguir adelante pero, ya no estaba sola. Ahora estaban conmigo dos Almas pequeñitas que luego comprendí me habían elegido como madre en esta vida pero, ¿para qué?

Llegó un momento de mi vida en que mi Alma sufrida enfermó mi cuerpo, mi cabello caía con desesperación, mis uñas perdieron fuerza, una rosácea severa se apodera de mi piel, rostro, cuello, brazos, mis ojos inflados y con una conjuntivitis dolorosa que me privaba de ver y ambos codos con una epicondinitis aguda que no me permitía ni respirar a causa del dolor.

Estaba de regreso en Chile después de vivir más de 12 años en el extranjero. Separada con dos hijitos pequeños, sin trabajo, sin dinero, sin amigos, enferma, depresiva, me sentía fea, estaba descuidada y viviendo de allegada en la casa de mis padres.

Por semanas, me negué a visitar doctores, psicólogos o psiquiatras. Quería comprender la razón de mi vida, la razón de mis malestares físicos, la razón de estar viviendo esa realidad. Llegaron a mi vida diversos nuevos aprendizajes y entre ellos el TRANSGENERACIONAL.

Comprendí que heredábamos los conflictos no resueltos de nuestros ancestros, ¡y por Dios que habían varios! Comencé a mirar mi historia familiar, sin juicio, sin críticas, con comprensión y el Amor comenzó a fluir. Comprendí que, si yo sentía que mi vida era difícil, lo había sido mucho más para mis padres y abuelos.

Pude ver los patrones que se repetían de una generación a otra, la razón de los oficios y trabajos en cada miembro de mi clan, aprendí lo que significaba llevar el mismo nombre de un ancestro, me enfoqué en trabajar en mi linaje femenino, en las historias de las mujeres de mi familia y las piezas del rompecabezas comenzaron a llegar. Poco a poco, todo me hacía sentido.

Comencé a tener respuestas y mi vida tomó sentido.

Comprendí que mis ojos ardían porque me dolía ver mi realidad, mi piel mostraba signos de irritación porque lo "externo" me afectaba, mis codos representaban mi "lucha" por querer hacerme espacio en esta vida.

Tomé la fuerza de las mujeres de mi clan, comprendí e integré la historia de mis padres, mis abuelos, bisabuelos desde el corazón y todo comenzó a fluir.

Una cosa es saber la historia familiar o la infancia de tus padres, pero otra muy distinta es integrar en ti esa información, a sentir sus dolores, sus abandonos, sus humillaciones, sus duelos abiertos, sus injusticias, sus traumas, miedos y mi corazón se derritió de comprensión y amor. Cada generación entrega nuevos recursos a las siguientes generaciones y mis padres me estaban entregando herramientas para despertar mi consciencia.

Aprendí que todo había sido perfecto, perfecto para lo que yo había elegido venir a trabajar en esta vida. Yo era la única responsable de lo que estaba viviendo y la única persona capáz de cambiar mi realidad.

El estudio del TRANSGENERACIONAL abrió mi consciencia, fue una bendición, hay un antes y un después en mi vida, marcados con el estudio del árbol genealógico y la comprensión de mi historia familiar.

Lo maravilloso fue comprender que nuestra familia vive en cada uno de nosotros, poco importa la información que puedas obtener.

El TRANSGENERACIONAL te permite siempre sanar y evolucionar. Es un aprendizaje que te lleva a la comprensión de tu existencia y de las elecciones que has hecho en tu vida.

Comprendí la importancia de expresar mis emociones, de trabajar mis creencias limitantes y de dejar el juicio de lado, para poder avanzar y crecer. → deja que tu alma se exprese.

Mi cuerpo sanó mágicamente y en mi vida se abrieron nuevos caminos porque yo estaba decidida a transitar por el sendero de la sanación, a encontrar mi paz y a hacerme cargo de mi vida.

Descubrí también que muchas historias que pertenecían a mi familia, eran las historias de muchas otras familias. En cada clan se guardan dramas, secretos, humillaciones, abandonos, adicciones, mentiras, abortos, incestos, muertes, enfermedades mentales, accidentes y esto lo mantenemos en secreto por miedo, por vergüenza, por miedo al juicio y mientras eso ocurre el árbol lo vuelve a repetir para ver si tomamos consciencia y liberamos el dolor. y en cada adulto hay un niño que sufre.

"No eres responsable de la programación recibida por tus ancestros pero, eres cien por ciento responsable de cambiarla"

to know where you are going, you need to know where you have been.

Te invito a leer estas **Historias Reales TRANSGENERACIONALES, "Tu vida reflejada en papel"** para que a través de esta lectura puedas ver como una misma historia se repite en escenarios distintos y como nos parece que la vida de nuestros ancestros es otra realidad, cuando en verdad estamos repitiendo su misma historia.

"Quién no conoce su historia familiar tiende a repetirla"

Todas las historias son reales, se ha modificado el lugar, algunos nombres y otros han permanecido igual, para distraer tu atención y emoción. Seguro sentirás que alguna historia de este libro es tuya, quizás lo sea, quizás sea la historia de otra persona.

Estamos inconscientemente poseídos por nuestro árbol.

El árbol geneológico es a la vez nuestra mayor trampa y nuestro tesoro más preciado.

El árbol está vivo dentro de mí. Yo soy el árbol.

Yo soy toda mi familia.

Nadie tiene problemas individuales, porque toda la familia está siempre en juego.

El inconsciente familiar existe.

Desde el mismo momento en que alguien toma conciencia de algo, hace que todos los suyos también la tomen.

> *Ese alguien es la luz.*
> *Si uno hace su trabajo, todo el árbol se purifica.*
> – Alejandro Jodoroswky –

Que disfrutes de estas lecturas tanto como yo disfruté de escribirlas "Cuando sanas tu árbol, sana tu Alma"

Con amor,

Sui Mei Chung Bustos.

Bisnieta, nieta, hija, madre, hermana, prima, esposa, tía.

AYI MÁRTIN CONTRERAS
Terapeuta Transgeneracional y Biodescodificación
Editora / 66 años, Chilena.

Lo primero que me nace expresarles, es mi deseo de que todos los que tengan la fortuna de leer este libro, queden tan enamorados de él, como yo.

Tuve el honor de ser la primera persona en leer este libro y de trabajar en la edición de esta bella obra.

El ser parte de "HISTORIAS REALES TRANSGENERACIONALES", escrito por mi querida Maestra, Sui Mei Chung, ha sido un privilegio, porque estoy cierta de que en sus páginas encontrarán muchas respuestas, las que sin duda , han buscado por años.

Es un libro de autoayuda y sanación, escrito en un lenguaje, sencillo, amigable, cercano y muy fácil de comprender.

Sui Mei, esta mujer dulce, acogedora y amorosa, nos invita a conocer la importancia del Transgeneracional en nuestras vidas y cómo podemos transformar nuestra historia, lo que nos hará seres libres y capaces de vivir en armonía y paz interior.

Este libro me ha hecho estremecer. Cada historia real, está narrada de una forma muy respetuosa y conmovedora, las que me han permitido navegar por los mares intensos de cada ser humano que aquí aparecen y que con gran honestidad y dolor han testimoniado las vivencias de sus vidas.

Encontrarás en ellas crudas realidades, en donde seguramente te sentirás identificada o identificado, con alguna de ellas o con situaciones que han ocurrido en tu clan familiar.

 Al leerlas, poco a poco fui sintiendo que estaba inmersa dentro de estas historias, olía aromas, visualizaba cada espacio y lugares donde ellas se desarrollan, respiraba el aire del entorno, sentía la tristeza y dolor de cada uno de sus protagonistas, lo que me hacía empaparme cada vez más y más, a medida que avanzaba mi lectura.

Leer este libro será una apasionante aventura, un camino abierto al conocimiento, perplejidad y liberación, pero por sobre todo, descubrirás un sendero por donde podrás caminar esperanzado en lograr tu sanación personal.

Mis respetos para Sui Mei y su obra, agradeciéndole su permanente entrega en beneficio de todas las Almas que ayuda a diario y que estoy segura, que después de leer su Trilogía, serán muchas más.

Porque Historias Reales Transgeneracionales, se viven todos los días!!!!.

FELIPE ZÚÑIGA JARA
Músico, y Productor Músical, Psicólogo y Terapeuta
ⓕ ⓘ @felipezanpedro

Toda la música del mundo está compuesta a partir de doce notas, solo doce notas dan lugar a una variedad inagotable de música, es maravilloso, es la combinación de esas notas la que permite tal posibilidad. Pues bien, toda la historia de adaptación del ser humano proviene de muy pocos conflictos. Desde los primeros grupos humanos se vienen repitiendo las mismas historias, los mismos problemas y eventos, nada nuevo bajo el sol como alguien decía, los mismos temas sin resolver se repiten una y otra vez, en cada nueva generación. Cambian los escenarios, los actores, los directores, las decoraciones, pero la historia es la misma y se viene repitiendo desde hace muchas vidas.

Cada ser humano es único e irrepetible, tal como la música, pero tenemos los mismos conflictos básicos en nuestro ADN. Es la combinación de esos conflictos lo que nos da esa "particularidad", esa condición de exclusividad, de irrepetibilidad, sin embargo, las historias ocultas que cargamos son las mismas.

Nos creemos diferentes y superiores a los animales, porque "pensamos", porque hemos creado lenguaje, cultura, tecnología, ciencias, etc. Sin embargo, hacemos lo mismo que ellos, repetimos patrones de conducta, emociones y pensamientos de nuestros padres o tutores, de nuestro clan, de nuestra cultura de manera exacta. La supervivencia de los animales está garantizada porque la lealtad a la manada, al clan, o a la información instintiva, permite que tales programas de supervivencia se transmitan perfectamente de generación en generación.

Estando en un curso de Transgeneracional justamente con Sui Mei, leía una tarde un libro del tema mientras veía como Blanquita (nuestra mascota coneja) hacia una madriguera en el patio de la casa, en uno de los pocos espacios de tierra que encontró. Lo "curioso" es que a Blanquita la trajimos a casa teniendo pocas semanas de vida, por tanto, se crio prácticamente sin referentes ni pares conejos. Ya tenía varios meses de vida cuando la vi hacer esa madriguera mientras yo leía. En ese momento entendí todo lo que estudiaba: **¡esa conejita sabía hacer madrigueras sin haber visto nunca a ningún otro conejo hacer una! ¿Donde estaba esa información?** Pues bien, lisa y llanamente ella repetía el mismo comportamiento de su clan, incluso sin haberse criado con su manada. A propósito; mi hija de 4 años en ese entonces, le puso Blanquita a la coneja, nuestra mascota, "coincidentemente" mi bisabuela materna se llamaba Blanca, obviamente mi hija no sabía, aunque hablando en lenguaje Transgeneracional, ¡si que lo sabía! Y la historia del por qué mi hija llama a mi bisabuela Blanca es digna de un libro, por ahora muy largo de contar.

¿Cuanto de nuestros ancestros repetimos exactamente, sin siquiera haberlos conocido? Podemos decir con plena seguridad que prácticamente no somos nada que nuestros ancestros no hayan sido antes, somos la perfecta replica de sus programas de supervivencia, de sus temas pendientes, de sus logros y fracasos, de su adaptación, de su historia… ancestros que en algún lugar del tiempo y del espacio, formaron parte de la misma familia del mundo, hoy, superficialmente tan dividida y diversa.

En esta obra de Sui Mei, nos adentramos en esas historias, las que dan cuenta de todo aquello que estando frente a nuestros ojos, se ocultaba misteriosamente, siendo que la manera en que nuestro árbol genealógico se comunica con nosotros para intentar resolver esos temas pendientes, es a través de la repetición de los mismos conflictos no resueltos, para que, al vivirlos de la misma manera en que lo vivieron nuestros ancestros, podamos primero comprenderlos y luego transformarlos. La sanación empieza en la comprensión.

MYRIAM CLAUDIA CASANGA VALENZUELA
Terapeuta Holística

Cuando conocí la Terapia Transgeneracional mi vida dio un vuelco a 360 grados. Comprendí muchas cosas que me estaban pasando en la actualidad y que había vivido en el pasado y que me afectaban sin yo poder entender la razón. Asistí a Terapia Transgeneracional SAAMA con

Sui Mei y me ha ayudado a sanar mis heridas, mi Alma, y conflictos familiares.

Esto me ha abierto las puertas hacia el éxito y la Felicidad.

Recomiendo la lectura de esta TRILOGIA DE AUTOAYUDA Y CRECIMIENTO PERSONAL, porque sé que será un despertar de tu ser, una guía para poder avanzar y evolucionar en esta vida.

SUILANG CHUNG WONG

Terapeuta Transgeneracional SAAMA 2.0

@suilang_ bioterapiasuilang@gmail.com

En este libro HISTORIAS REALES TRANSGENERACIONALES, encontrarás muchas historias, en donde te verás reflejado, ya que lo que ha ocurrido en tu familia, ocurre en todas.

El Transgeneracional es una herramienta mágica y maravillosa de sanación, que nos permite conectarnos con nuestros ancestros, con nuestra historia familiar, y reconocer que nuestros antepasados son seres maravillosos de luz, que decidieron encarnar generaciones antes para comenzar así ya a despejar nuestro camino, solo nos queda honrar y dar nuestra infinita gratitud por habernos mostrado el camino.

Hace años que trabajo esta maravillosa Terapia, a la cual integro la TERAPIA SAAMA 2.0, que me permite además "desprogramar" patrones heredados, y reprogramar unan nueva información al sistema familiar por medio de un miembro del clan. Día a día me vuelvo a enamorar de cómo este conocimiento me permite conectar con un inconsciente familiar que me muestra los conflictos que se deben resolver.

CHERYL ROMERO S.

Madre de Iñaki, Terapeuta Transgeneracional

@ cherylromero_

Llegué al Transgeneracional con una venda en los ojos, recorriendo el camino de la vida a ciegas, volviendo a vivir una y otra vez las mismas situaciones (como un hámster en su ruedita) . Con Sui Mei como guía, logré entender que esa venda son los patrones inconscientes que repetimos incesantemente de nuestros ancestros y que nuestras lealtades hacia ellos son tan fuertes que sin duda son ciegas. Agradezco profundamente a Sui Mei por enseñarme el camino del Transgeneracional que me hacen tener un andar más consciente, eres una gran guía y maravillosa profesora, enérgica y clara.

Su Trilogía de Autoayuda y sanación personal, permitirán que todas las personas con o sin conocimiento del tema desde la cotidianidad puedan ir despertando y ser conscientes, para tomar las riendas de su vida. Sin duda esta Trilogía, serán mis libros de cabecera.

SOLANGE DANIELA GONZÁLEZ GUZMÁN
Licenciada en Educación en Física y Matemática, Universidad de Santiago de Chile.
Terapeuta Transgeneracional ⓘ @ sol_apagon

Entender el Transgeneracional es liberar tu culpa de que lo estás haciendo mal, mi nombre es Solange González y estudie el Transgeneracional con Sui Mei y Suilang Chung, después de buscar muchas otras técnicas y terapias que aún no me daban las respuestas que mi Alma necesitaba. Después de tantos conocimientos no podía entender q mi relación de pareja siempre fuera de pelea por ejemplo... Cuando hice mi árbol genealógico, entendí que si mis padres se amaron de una forma errada y yo repetía el mismo patrón...pero como uno es porfiada.. me decía: no, no puede ser pero fue revelador cuando la relación con Mi hijo mayor era igualita que la mía con mi madre... Insolente agresiva. Tormentosa... Entonces tu paras y dices esto es Transgeneracional los patrones se repiten y te haces cargo desde el amor... No estás destinado sólo fuiste programado... Me hace tanto sentido esa frase porque lo mezclo con PNL.. Por lo tanto, todo lo que busques solucionar esta en tus raíces.... Sobretodo en porque aprendes a dejar de juzgar a tus padres, porque ellos finalmente hicieron lo que pudieron contigo con las herramientas que tenían... Agradece... Solo por el hecho de haber recibido la vida. Que cuando te haces consciente comprendes que ellos no podían darte algo q ellos no lo tenían.... En mi caso yo pedía amor, pero ellos no podían dármelo porque ni ellos se amaban.... Gracias al TRANSGEERACIONAL, aprendí a amarme.

Esta Trilogía te entregará valiosos conocimientos para integrar a tu vida que te ayudarán a tomar consciencia de tu existencia.

Este libro es el reflejo de vivencias que te harán descubrir programas y patrones que siguen durmiendo en tu clan.

Agradecida de mis maestras Sui Mei y Suilang por guiarme, y a Sui Mei por entregarnos esta maravillosa Trilogía de libros que será un bálsamo para sus vidas, así como lo fue para mi descubrir este nuevo camino en mi vida.

Leer los libros te darán más luces para ayudarte a sanar tu niño o niña herida.

Suerte y confianza en este camino

MOISÉS ULISES TOLEDO VALENZUELA
Terapéuta Transgeneracional, Tarotista, Terapéuta Reiki
Terapéuta Floral, Terapéuta en Registros Akashicos
@ @moisestoledo_tarot.terapeuta

Esta TRILOGÍA DE AUTOSANACIÓN Y CRECIMIENTO PERSONAL es un tesoro para todas aquellas personas que deseen encontrar su real camino por la vida.

Es increíble observar como la persona logra darse cuenta en una sola Terapia Transgeneracional que en todas las familias, las historias siempre se repiten, cada ser humano al nacer continua viviendo inconscientemente las mismas experiencias de vida de algún ancestro, pasando tanto por emociones, enfermedades, estilos de vida, parejas, trabajos, etc., hasta conseguir hacerlas consciente y poder cambiar el patrón de comportamiento que llevamos y por ende la libertad que anhelamos finalmente en nuestra vida.

Te aseguro que en este libro:

HISTORIAS REALES TRANSGENERACIONALES vas a encontrar historias de vida, sorprendentes, en las cuales podrás identificarte y poder sanar heridas del pasado y a su vez lograr comprender a tus ancestros, que toda su forma de vida que te entregaron, fue también por lealtad a sus ancestros, quienes no lograron encontrar en sus tiempos la manera de poder sanar sus heridas y lograr su propia libertad.

Gracias Sui Mei por entregarnos y darnos a conocer tan valiosa información.

CLAUDIA SOLANGE VARGAS OLIVARES
Diseñadora, Key account manager, Terapeuta Transgeneracional

Querida Sui Mei, ante todo gracias por aparecer en mi vida en un momento en que tocaba fondo, en que lo único que deseaba y pedía era morir. Han sido meses con mucha información emocional, donde a veces el corazón el Alma y la cabeza no dan abasto para digerir todo lo que se va descubriendo.

"El darse cuenta" de que no soy una aguja en un pajar, que mi realidad no es tan diferente al resto, "El darse cuenta" que inconscientemente he repetido ciertos patrones, que han sido obstáculos para lograr una plenitud al 100%...

Te puedo decir que no estaba interesada en tomar el curso del Transgeneracional, quizás mi resistencia inconsciente, pero me motivaste y lo tome como herramienta personal de crecimiento, ¡no sabía a qué me enfrentaría y cada clase era un constante "darse cuenta" que sorprendía y a la vez asustaba...la cual ahora agradezco!!!

Estoy segura que este libro:

HISTORIAS REALES TRANSGENERACIONALES, te impactará de ver como los acontecimientos de una generación se transmite a la siguiente cuando éste no se ha resuelto, como me impactó a mi descubrir esta hermosa herramienta de trabajo y sanación personal.

Ahora tengo más herramientas para entender ciertos comportamientos, situaciones y poder manejar todo de una manera mágica, porque creo que este curso es mágico.

Han sido un pilar fundamental mis compañeros con sus vivencias y ustedes Sui Mei y Suilang.

Gracias, gracias, gracias"

VERONICA PANELLA
Microbiologa de profesión,
Lectura de Tarot Terapéutico Evolutivo, Argentina
@ @veropanella

Siempre recordaba, cuando niña, a mi abuela caminando por el andén. Nos venía a visitar, vivíamos lejos de mis abuelos.

Hoy, mi hijo va en busca de sus nonos a través del andén del Metro. Vienen a visitarnos, ellos viven en Argentina.

Es muy fuerte cuando uno se da cuenta que está repitiendo una historia, un patrón.

Gracias a las Terapias Transgeneracional y Saama, tomé conciencia y decidí resolver mis conflictos de infancia, escribir mi propia historia. Sanando mi niño interno y permitiendo que mi descendencia sane y deje de seguir patrones de nuestros ancestros. Todo este aprendizaje lo encontrarás en los dos primeros libros de esta hermosa y sanadora Trilogía de autoayuda y crecimiento personal.

Recomiendo a ojos cerrados, estos libros que te permitirá un viaje hacia tu ser interior, revisando tu historia y permitiéndote sanar tus heridas de infancia, y empezar un camino de paz y felicidad.

PAULINA CRISTAL VALDIVIA

Terapeuta Transgeneracional, Lectura de Tarot Terapéutico Evolutivo, Flores de Bach
@ @amariyoterapias

Para mí, conocer el TRANSGENERACIONAL abrió mi mente hacia una nueva dimensión. Pude comprender el origen de mis dudas que por muchos años rondaban por mi cabeza, de mis conflictos no resueltos, y me ayudó a comprender que yo era la única responsable de mi vida y de mi sanación. Me impresionó comprobar que en cada familia existían patrones que se repetían de una generación a otra con la sola intención de reparar el daño, cerrar el duelo, o cortar lealtades invisibles.

Conocí a Sui Mei en redes sociales y me hizo mucho sentido lo que ella explicaba, la importancia de los ancestros en nuestra vida, las repeticiones de historias familiares, y me sentí tan identificada con lo que leí que inmediatamente me inscribí en un taller de heridas de infancia. Fue maravilloso, era todo lo que quería, encontré las respuestas que buscaba.... Luego de esto decidí que era m camino y continué con clases de

Transgeneracional, Tarot, Flores de Bach y sentí el llamado al servicio de la sanación, por lo que en la actualidad realizo este trabajo con pasión, amor y entrega. Realmente es algo que me hace feliz....

Todos tenemos heridas que sanar, lecciones que aprender para poder evolucionar. Conocer nuestros orígenes nos lleva a la comprensión total de nuestra vida y lo agradezco diariamente.

Este libro HISTORIAS REALES TRANSGENERACIONALES, será sin duda un libro para tomar consciencia de nuestros patrones, y de lealtades que existen en todas las familias. Recomiendo esta Trilogía de Libros en donde en donde cada uno de ellos abarca temas tan interesantes como es aprender de la herencia de nuestros ancestros, y la importancia de sanar nuestro pasado y nuestra infancia.

VERÓNICA FIGUEROA NAVIA
Maquilladora Profesional, Lectura Tarot Terapéutico Evolutivo
@ @laveromakeup

Mi nombre es Verónica Figueroa Navia. En la actualidad me dedico al maquillaje profesional, amo mi trabajo. También soy profesora jardín de niños y de primaria o educación básica como se llama en país. Mi familia materna y paterna son un poco diferentes a mí, me sentí diferente a ellos en muchas aristas y en otras épocas muy parecida. Después de haber vivido 17 años, tuve depresión, y ahí comencé un camino de búsqueda para comprender, comprender porque paso y porque le sucedía a casi toda mi familia. A través de los años, diversas terapias con psiquiatras y psicólogos fueron dando algunas luces, pero no lograban aquietar mis dudas. El ser profesora de niños y tener una relación estrecha con ellos, me hizo consiente de la importancia de la infancia para nuestro futuro emocional, descubrí que puedo llevar a un niño a lo más alto del cielo y también podemos hacer que casi desaparezca. Sin darnos cuenta, cometemos errores, padres, cuidadores, profesores, todos aquellos que hemos tenido contacto en la vida de un niño. Esos errores solo se reflejarán en nuestra adultez y llegara el tiempo en que tendremos que hacernos cargo de nuestra sanación de aquellas heridas de la infancia.

En 2013, fui diagnosticada de una enfermedad autoinmune que hizo que mi búsqueda fuera aún más intensa. ¿Por qué?, porque esa enfermedad y porque yo, si no había nadie más en mi familia con antecedentes. Así es como llego a mí, el nombre de Sui Mei Chung y conocí la Terapia Transgeneracional SAAMA. Esto fue un cambio profundo y de respuestas claras, por fin la vida me mostro a través de esta bella herramienta que en mí también esta cada uno de mis ancestros y que cargamos con sus problemas no resueltos y que también llevamos todo lo hermoso que hay en mí. Después de conocer diversas Terapias esta era la primera vez que sentí que realmente mis dolores, y sentir eran recibidos con amor y transformados con amor. Tanto amor y transformación recibí, que hoy siento que camino por la real sanación y la enfermedad que se manifestaba ha disminuido considerablemente. Se, que un día ya no estará, y que gracias a la Terapia Transgeneracional mi vida cambio, y cambio con amor para sanar yo, y junto a mi familia también.

Esta Trilogía te cambiará, no serás la misma persona una vez que hayas leído los libros que Sui Mei nos ha entregado para la posteridad.

Comprendo entonces porque me dedico al maquillaje y porque actualmente estoy estudiando Tarot Evolutivo. Agradecida de mis maestras Sui Mei, y Suilang Chung, por ser un puente a una vida mejor, señalando el camino y aprendiendo de su experiencia.

ELIZABETH GALVEZ

Ingenieria Comercial, trabajo en el Centro Médico BioSenda,
Camino el alba 9500 oficina 311 torre B, Las Condes
@ @lizzygalvezf

Hace a aproximadamente 3 meses que tuve la suerte y gran fortuna de conocer a Sui Mei, quien me ayudo con su terapia a reencontrarme, a valorarme como ese ser hermoso y único que somos.

Con el Transgeneracional aprendí que podemos curar o sanar heridas, traumas de nuestros ancestros, que sin darnos cuenta hemos estado repitiendo por generaciones.

Ese sanar lo hemos hecho con mucho amor y lealtad a ellos una vez que comprendes que todo lo hemos hecho por fidelidad y amor incondicional.

Es maravilloso saber que tú puedes ayudar a sanar cuatro generaciones anteriores y cuatro descendientes, que vas a liberar a tus hijos, nietos, bisnietos.

Además, esta herramienta me ha ayudado a despertar mi conciencia, me siento más tranquila, más en paz conmigo

Les recomiendo mucho estas Terapias, así como esta hermosa y sanadora "TRILOGÍA DE AUTOAYUDA Y CRECIMIENTO PERSONAL DE LA NUEVA ERA" que cambiará tu forma de very vivir la vida.

Que disfrutes de estas lecturas.

MARCELA POZO VILLAR
Ingeniero Comercial
@ @marcepozovillar

Aprendiendo a quererme y valorarme…. Así puedo resumir lo que ha sido conocer a Sui Mei….

Cuando recibí el regalo de escribir mi Testimonio para el libro de Sui Mei, no sabía si llorar o reir… llorar porque implica recordar una serie de situaciones desde que la conocí o reir porque ahora puedo hablar de mi nuevo camino de vida gracias a ella.

Conocí a Sui Mei hace más de un año, cuando sentía que me ahogaba, que todo era oscuridad en mi vida, que nada me salía bien… todo era oscuro y no sabía por qué… vengo de una familia donde eran una constante las peleas familiares, los vicios, infidelidades, tristezas y carencias… por tanto y manteniendo este patrón de vida había vivido durante 15 años en un matrimonio donde fui humillada, deje que pisoteara mi autoestima y solo porque no quería que mis hijos sufrieran por un bienestar económico que pensaba solo su padre se los podía dar.

Para el mundo, éramos la familia perfecta, teníamos todo lo que se podía pedir de la vida, linda casa, lindos hijos, lindas vacaciones, pero yo estaba muerta por dentro…. Me sentía vacía, no querida ni respetada ni amada… Mi escape era el gimnasio y llenar mis carencias con cosas materiales.

Desde que tome la primera sesión con Sui Mei, sentí que mi vida cambiaba… que podía entender el motivo de mi vida…. gracias al Transgeneracional logré comprender que había sido fiel a las lealtades familiares y a las repeticiones de historia de las mujeres de mi familia, y pude por fin dar el gran paso de mi vida… mi separación.

Ha sido un camino difícil… muchos no entendieron y me criticaron… porque los motivos de mi separación nunca lo transparenté ni lo hare por respeto a mis hijos… pero sé que hoy puedo levantarme tranquila, aprendí a agradecer y a quererme… aprendí que con rabia y rencor jamás se puede ser feliz.

Esta **Trilogía** dará que hablar, sin duda integrarás nuevos conocimientos en tu vida que despertarán una nueva consciencia que te ayudará a comprender tu propia existencia y a vivir el presente.

Sui Mei me siento y me ven distinta… siento que he crecido… empoderada… aprendí a aceptar mi historia de vida, todo era hoy un aprendizaje que me ha ayudado a conocerme, aceptarme y estar más en el presente…. Comencé a agradecer día a día y a no quejarme… aprendí a no tener culpa por alejarme de lo que o quienes me hacen mal comprendiendo que era yo quién se sentía a traída a cumplir las lealtades de mi árbol …. Lo más importante es haberme reconciliado conmigo misma….

Por todo lo escrito anteriormente, te doy las gracias mi querida Sui Mei, por entregar además tan valiosa y sanadora información.

JAIME LAPORTE
Coach Neurolingüistico / Terapeuta SAAMA
www.jaimelaporte.com ✉ jaimelaporte@piensopositivo.com
ⓕ @jaimelaporte.cl 🄾 @jaimelaporte.coach

Durante mi desarrollo personal fui trabajando primeramente aspectos de mi vida, fricciones y poniendo atención a los aspectos que no fluían, inicialmente el centro de mi trabajo personal fue sobre mi inconsciente personal, pero con el tiempo descubrí que casi el 90% de nuestros patrones de pensamiento vienen determinados por nuestro clan familia, patrones heredados inconscientes.

Nos conocimos con Sui Mei porque estuvimos juntos en la Formación de la Terapia SAAMA, y al oírla hablar con tanta pasión de este tema, despertó en mi la curiosidad de aprender y conocer más de mi propia historia familiar y de esta maravillosa herramienta de trabajo. Sin duda en sus libros, Sui Mei transmitirá todo su entusiasmo que ella siente por este camino de la autosanación y crecimiento personal.

Este libro de HISTORIAS REALES TRANSGENERACIONALES, te va a impactar emocionalmente, porque en todas las familias se repiten patrones de conducta, patrones de vida, patrones de heridas emocionales, patrones de relaciones de pareja, patrones de enfermedades, patrones con el dinero y se hace determinante para cualquier ser humano la comprensión de nuestra historia familia, ya que ahí está en gran parte nuestra sanación. Estoy seguro que esta Trilogía será de mucha autoayuda. A mí como Coach de Vida y Terapeuta SAAMA una medicina Bionergética de la 5°Dimensión, me ha servido muchísimo esta herramienta y aconsejo a todo el mundo realizar este tipo de sanación.

JIMENA OTERO AURISTONDO
Psicóloga Transpersonal, Regresiones, PNL, Transgeneracional,
Biodesodificación Psicoanálisis y Tapping
ⓕ psicóloga Jimena OTERO Auristondo
ⓘ @psicóloga_jimena_otero

Ejerzo la psicología hace 22 años, tiempo atrás integré la Terapia Transgeneracional y la Biodescodificación a mis terapias y consultas, para mi tanto en el ámbito personal como profesional, el descubrir este nuevo cambio abrió mi mente hacia un nivel terapéutico. Agradezco el aprendizaje que tuve de parte de Sui Mei y Suilang Chung en el conocimiento del Transgeneracional y Biodescodificación.

Sin duda en este libro aprenderán a distinguir y ver como una misma historia se va repitiendo de una generación a hora y cómo estamos dormidos sin darnos cuenta de esta situación. . En esta Trilogía sentirán la pasión que caracteriza a Sui Mei que nos transmite cuando ella habla del Transgeneracional y encontrarán hermosas herramientas de trabajo para la comprensión y sanación de tu vida.

"En la comprensión de nuestra historia familiar está la sanación"

IGNACIO GREZ
Terapeuta Transgeneracional, Master Practitioner PNL
@ @ignaciogrez_

Descubrir quiénes somos, de dónde venimos y qué hemos herededado. Ese es el regalo que nos da Sui Mei a través del transgeneracional y el viaje al inconsciente familiar.

A los 21 años tuve la suerte de encontrar a Sui Mei y resolver una serie de situaciones que desde un enfoque individual no hubiera podido resolucionar. Pese a que estudiaba psicología y tenía bastante dominio en torno a las dinámicas inconscientes y la compulsión a la repetición, con el transgeneracional me di cuenta que sin considerar a la familia es poco probable que encontremos el origen real de nuestros conflictos, los cuales, como habrás visto en páginas anteriores, muchas veces no nos pertenecen.

Agradezco cada día la posibilidad que me dio Sui Mei, y también Suilang Chung a través del análisis Transgeneracional de ser el protagonista de mi propia historia y de poder redirigirla hacia donde realmente quiero y no hacia donde debo por una lealtad familiar. Actualmente tengo 23 años, soy terapeuta transgeneracional hace un año, y ciertamente puedo decir que ha sido un viaje de autoconocimiento y conexión con el otro impresionante. Gracias, gracias, gracias Sui Mei por tus enseñanzas y por darnos la oportunidad de seguir creciendo gracias a esta maravillosa Trilogía de Autoayuda y Crecimiento personal.

LUIS ASTORGA PIZARRO
Terapeuta de Radiestesia y Thetahealing ⊚ @luisatorgap

Soy Luis Astorga Pizarro terapeuta de Radiestesia y Thetahealing vivo en Rancagua una cuidad a 85 Km. Al sur de Santiago de Chile.

Realizo Terapias Holísicas en Amuris SPA y también hago la conducción del programa radial **"El despertar de la conciencia"** en la red de emisoras de **radio Bienvenida** de esta misma ciudad.

Tengo 51 años vivo hace 17 años con mi compañera de vida, soy padre de 5 hijos y abuelo de una nieta.

Después de mucho buscar finalmente encontré mi camino después de estudiar construcción y trabajar por 25 años en el rubro de los materiales de construcción y en paralelo buscar mi lado espiritual pasando por distintas escuelas iniciáticas y esotéricas y grupos de meditación, así fue como conocí a mucha gente de la que aprendí muchas cosas y últimamente vi en televisión a una mujer que me llamo la atención por las cosas que decía y como las explicaba y además hizo un tarot terapéutico y no predictivo lo que me dejó pensando pero su nombre no era muy común y no lo recordaba hasta que un día me apareció está mujer a través de las redes sociales y me grabe en ese instante su nombre Sui Mei Chung.

Comencé a seguirla en las redes sociales hasta que un día me pregunte y si la invito al programa de la radio para hablar de las terapias que ella hace y para mi sorpresa ella acepto asistir al programa, se suponía que venía por un rato y estuvimos hasta la noche compartiendo e intercambiando conocimientos junto su amiga Daniela y a Marjorie (dueña del SPA Amuris) y ese día Descubrí como mis ancestros influyen en mi vida a través de patrones kármicos y energéticos y que puedo sanar mi condición actual a través de ellos justamente y que llevar el nombre de mis abuelos me genera el repetir sus patrones de conducta y enfermedades algo que hasta ese día desconocía totalmente, y me ha ayudado mucho para poder entender cosas de mi vida y también para ayudar a mis pacientes

Estoy muy agradecido de Sui Mei y cuando me dijo que lanzaría sus libros me dije wow!! Esto ayudará a mucha gente a entender cosas de su vida trabas traumas trancas y enfermedades etc.

Estos libros serán de mucha ayuda para todo el mundo Ojalá todos puedan leerlos si tienen la posibilidad de comprarlos no lo duden Sui Mei tiene mucho que entregar y estos libros harán que su conocimiento llegue a mucha gente desde ya quiero darle infinitas Gracias a Sui Mei por sus ganas de ayudar a la gente.

PREFACIO

Este es mi tercer libro de la Trilogía en la cual trabajé en la Mentoría Privada de "Mi Primer Best Seller" con Laín García Calvo. (Autor del Best Seller, "La Voz De Tu Alma".)

EMOCIONES

Lo he dicho en mis dos libros anteriores

1. "Tus Ancestros Quieren Que Sanes"

2. "Sanarás Cuando Decidas Hacerlo" - … amo escribir.

La última vez que lo hice fue hace 19 años… no me puedo permitir el lujo de dejar pasar un cuarto de mi vida, sin cumplir mis sueños.

En un principio no tenía bien definido de que iba a tratar mi primer libro. Recuerdo perfectamente que estábamos de vacaciones con mis hijos y familia en Orlando, USA. No era fácil concentrarme ya que con mis niños esperamos todo el año para pasar este tiempo juntos y yo estaba todo el día con ellos y tarde, muy tarde por las noches comenzaba a escribir. Comencé escribiendo 80 páginas, las cuales por alguna extraña razón no se grabaron… y lo perdí todo. Luego de llorar y desilusionarme, comprendí y recordé que yo soy responsable de mis actos y que, si yo de alguna manera inconsciente me había saboteado a tal punto, significaba simplemente que no era ese el mensaje que debía dar, ni ese mi primer libro a escribir. Y así fue. → *Nuestro inconsciente toma decisiones x nosotros.*

Mi segundo libro salió de la mano del primero. No era posible escribir acerca del TRANSGENERACIONAL, sin hablar de las heridas emocionales que sabemos son heredadas también de nuestros ancestros.

Mi tercer libro es una recopilación de *Historias Reales Transgeneracionales,* que quisiera compartir con ustedes porque estoy segura que muchas de ellas serán el reflejo de tu familia, de alguna vivencia ó secretos de familias que han o siguen atrapadas en tu sistema familiar.

En la vida real suceden cosas que muchas veces escapan de nuestra imaginación, son situaciones crudas, extremadamente violentas, abusivas, increíblemente dolorosas. Cada día suceden hechos desgarradores e incomprensibles para nuestra mente humana.

Es tiempo de tomar consciencia, de "despertar" de poner límites, de enfrentarnos a todo lo que está fuera del amor, y comenzar a crear un mundo mejor. Ese mundo comienza en tí, en tu cuidado personal, en tu hogar, en tu amor propio y sólo así podemos dar Amor. Una vez que reconocemos que somos Amor, que existe una llama cálida en nuestro corazón que no quiere seguir sufriendo, que no desea extinguirse sino crecer y que estamos dispuestos a avanzar, a comprender y a olvidar para poder vivir en paz.

Para vivir en un mundo de paz y amor, esa paz y ese amor debe crecer de nuestras raíces, nuestros ancestros son las raíces que sostienen nuestra vida. De ellos son las semillas que van germinando y son las nuevas generaciones encargadas de hacer crecer estas "semillas".

Si continuamos albergando en nuestro corazón injusticias, abusos, venganza, castigo, odio, nuestro clan seguirá repitiendo más de lo mismo hasta que *"alguien, un corazón bondadoso lleno de amor"* lo detenga. *(el buscador, la oveja negra)*

Para el estudio del TRANSGENERACIONAL la *"oveja negra"* es la que rompe los esquemas, la que busca soluciones, la que quiere comprender, quiere sanar, se resiste a seguir repitiendo "programas y lealtades" de manera inconsciente y no se detiene hasta encontrar el equilibrio, la armonía y la paz. ╕ las encontré en Canmore.

Esta soy yo 100%

Mi intención no es escribir un libro de dramas y extremos sufrimientos, de eso ya todos tenemos suficiente, mi objetivo es solamente narrar algunas historias que he seleccionado para que puedas comprender como es el proceso de repetición de una generación a otra. Sin duda son historias que hablan de dolor, secretos, abusos pero, me concentro más en la cadena de lealtades que existen en un clan para que lo puedas llevar a tu vida y comparar con experiencias vividas, oídas y comprender, así como se han desarrollado y repetido acontecimientos en tu historia familiar.

Algunos nombres están modificados, algunos no, para dar más suspenso a este libro de historias que sin duda no podrás dejar de parar de leer. Muchas historias son similares entre sí, estoy segura que pensarás que hablo de ti, de tu madre o tu abuela. Y quizás así lo sea, estamos todos conectados y las historias se repiten de generación en generación hasta que alguien consciente detiene el proceso para su sanación.

En más de alguna ocasión estas historias me fueron reveladas por primera vez por sus protagonistas.

Con el respeto que siento por el trabajo que realizo y amo, agradezco infinitamente a cada persona que, he atendido en estos años de trabajo, y es un honor para mí compartir historias de vida que me han llegado al Alma. *El escribirlas y compartirlas liberan dolor y los programas emocionales pierden fuerza.* → TO DO

Vamos todos aportando con un granito de arena para despertar consciencia, para que busquemos ayuda, guía, orientación y que cosas tan fuertes que han ocurrido en el pasado no vuelvan a repetirse jamás.

Estas historias reales forman parte de historias de vida y de alguna u otra manera son el reflejo de lo que se ha vivido también en mi clan familiar y el tuyo.

Vendrán nuevas generaciones que reescribirán nuevas historias reales y espero sean los conflictos ya resueltos de muchas familias desde la mirada del TRANSGENERACIONAL.

Te pido leerlas sin enjuiciar, sólo recibe la información que aquí detallo. Todas las historias están resumidas y entrego lo esencial para que sea fácil de identificar con alguna historia, alguna historia tuya, de tu familia o conocidos.

Lo que se debe comprender al leer estas historias, es que en cada familia de alguna manera han repetido las mismas historias, muchas veces no tenemos consciencia porque estamos viviendo en países distintos y no conocemos la historia de nuestras abuelas, o bisabuelas y sentimos y creemos que lo que estamos viviendo es algo nuevo y que jamás nadie antes lo ha vivido y no es así. Las historias se repiten.

Mi familia en Chile necesita eso.

Muchas situaciones de vida de injusticias, abusos y malos tratos eran aceptadas, otros ignoradas y es tiempo de comenzar a abrir los ojos, de pedir justicia, de liberar secretos, de comenzar a tratarnos con dignidad, amor y respeto. Desgraciadamente se han vivido historias desgarradoras y no solamente en tu árbol genealógico, sino, en muchas partes del mundo.

Espero que disfrutes esta lectura, tanto como yo he disfrutado en plasmarlas en la eternidad.

Hasta que no sanes tu relación con la persona más importante en tu vida (Tú Mismo), no sanarás tu relación con los demás.

Acéptate, ámate, perdónate, regálate una nueva oportunidad de ser feliz. Cuando asumas que no es un día más sino, un día menos, tendrás más fuerza y voluntad para comenzar a trabajar en ti.

QUIÉRETE UN POCO

Santigo 2019
Sui Mei Chung B.

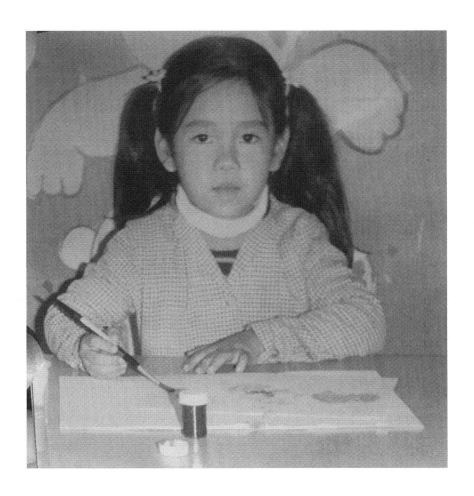

Empezamos… ☺

NO TRATES DE ENTENDERLO TODO, A VECES NO SE TRATA DE ENTENDER, SINO DE ACEPTAR

Al igual que mis dos primeros libros, este libro es de Autoconocimiento y Autoayuda. Quiero que puedas beneficiarte con lo que escribo y que puedas integrar y aplicar este nuevo aprendizaje a tu vida.

Es tiempo de "despertar" de comenzar a vivir mejor, de desarrollar el amor dentro de nosotros para poder amarnos y sólo así poder entregar amor. No podemos entregar algo que no hemos desarrollado en nuestro interior.

Nuestros ancestros han amado como han creído que era amar y es eso lo que nos han transmitido. Sin duda hemos heredado valiosos valores, virtudes y recuerdos familiares, el amor es algo que cada vez vamos comprendiendo más y más, antiguamente hablar de emociones o de amor era un tema tabú. Era muy difícil que nuestros abuelos hayan verbalizado palabras de amor a nuestros padres, por lo tanto, no es de extrañar que nuestros padres hayan tenido esa misma dificultad hacia nosotros.

Cuando comenzamos a "despertar nuestra consciencia" comenzamos a ver el camino de la luz, y esto significa dejar que nuestras emociones afloren, oír la voz de nuestra Alma, comenzar a ser coherentes con lo que pensamos, hablamos y decimos.

Necesitamos ser más compasivos, pacientes, tolerantes, comenzar a dejar el "juicio" que tanto nos separa y destruye como humanos y como sociedad.

Cuando estamos en el "Juicio", lo que de verdad queremos decir es que:

↳ tenemos que ser mas comprensivos :
— con nosotros mismos ⎰ juzgar menos,
— con otros. ⎱ ACEPTAR mas.

41

- *"Yo en tu lugar no lo hubiera hecho".*

Criticamos fuertemente, nos enojamos, nos separamos porque el "otro" no lo hizo o si lo hizo, criticamos y herimos, porque pensamos que nosotros lo hubiésemos hecho mejor, o porque no lo hubiéramos hecho.

La invitación es a comenzar a dejar la crítica y a comprender el *para qué* se hizo y cómo podemos solucionar y poner un grano de amor en tanto sufrimiento.

Sufrimos porque estamos carentes de amor, no sabemos amar, amamos con condiciones:

- Si te portas bien, mamá estará feliz.

- Si haces lo que te digo, te amaré.

- Si te gradúas, estaré muy orgulloso de ti.

Parecen frases muy simples e insignificantes pero, la palabra es un "decreto".

Nuestra infelicidad está relacionada a una gran desconexión con la alegría de vivir y una gran desmotivación.

Busca hacer algo que realmente amas y te motivarás como nunca antes lo hiciste. No hay secretos, *"Todo es amor"*, es la base de todo, es amar y agradecer.

Creemos que no somos críticos, ni pensamos que enjuiciamos, pero a muchos les importa lo que hace una estrella famosa de tv, o un músico conocido, o lo que hace el vecino, como vive su intimidad, su sexualidad, sus ideales, lo que hace o deja de hacer. Estamos pendiente del "otro", porque es más fácil dirigir la vida ajena que hacernos cargo de nuestra propia vida.

Te invito a hacer una pequeña reflexión con respecto al Juicio y la crítica, como lo dije un poco más arriba:

Cuando estamos en el "Juicio", lo que de verdad quieres decir es que:

"Si yo fuese tú no lo hubiera hecho".

- *Si tú fueras yo, hubieses vivido todo lo que yo viví.*

- *Si tú fueras yo, hubieses tenido las mismas experiencias de vida que yo viví.*

- *Si tú fueras yo, hubieses tenido los padres que yo tuve.*

- *Si tú fueras yo, hubieses tenido la misma infancia que yo.*

- *Si tú fueras yo, hubieses vivido mi misma gestación.*

- *Si tú fueras yo, hubieses nacido en la familia en la cual nací.*

- *Si tú fueras yo, hubieses elegido el mismo árbol genealógico que yo elegí.*

- *Si tú fueras yo, hubieses heredado los mismos programas TRANSGENE-RACIONALES que yo.*

- *Si tú fueras yo, hubieses heredado las mismas lealtades familiares.*

- *Si tú fueras yo, hubieses tenido mi mismo nivel de consciencia.*

- *Si tú fueras yo, yo no hubiese nacido*

Una de las maneras de comenzar a dejar de repetir las historias dolorosas de nuestro clan, es dejar de repetir los mismos actos, las mismas palabras y los mismos hechos.

Cuando nos sentimos lastimados, queremos vengarnos, y desde la mirada del TRANSGENERACIONAL, la invitación es a reflexionar:

– *¿Por qué yo me dejo herir?*

– *¿Por qué yo me someto a esta situación?*

– *¿Por qué busco siempre los mismos conflictos?*

Y dejamos atrás el victimismo y comenzamos a asumir nuestra vida y nuestras consecuencias de vida. Sé que no es fácil pero, si quieres comenzar a sanar, es la forma en cómo debes transformar tu manera de pensar y ver la vida.

Cuando te sientas herido, piensa, ¿Por qué lo has buscado? ¿por qué has elegido vivir lo que te ha tocado vivir? Y luego decide: Cómo quieres vivir, y comienza a elegir nuevas opciones de vida, trabajo, amistad para crear una nueva realidad.

Estoy segura que en más de alguna vez te has sentido feliz, contenta, contento, completamente a gusto.

"Yo en tu lugar hubiese hecho lo mismo"

Solamente quiero que pienses y traigas ese recuerdo justo ahora a este momento, lo tienes ¿cierto?

¿Podrías en este momento golpear a alguien, agredir a un ser querido, maltratar a un ser amado?

¿Cierto que no podrías hacerlo?

Ahora sé que estás herida, herido, lo sé, todos lo estamos en mayor o menor grado, quiero que pienses ahora en esa persona que te hirió…

- ¿Puedes imaginar el grado de infelicidad y amargura que tiene o tenía esa persona en ese momento?

Si esa persona hubiese tenido amor dentro de sí, si hubiese recibido un mínimo de afecto, cariño, atención, jamás hubiese actuado como actuó. Y no estoy justificando, jamás lo haría, solamente es comenzar a comprender que **"personas heridas, hieren a personas, y personas sanas, sanan a personas"**.

¿En qué persona te quieres convertir?

"Sólo se puede aprender y evolucionar cuando se comprenden las pruebas que la vida te pone por delante.

Sin comprensión, no hay evolución, y para lograr comprender, es esencial, escuchar, observar, sentir".

Repetimos las historias de nuestros ancestros, pero somos libres de escoger nuestro destino. **"Si no conoces tu historia familiar …tiendes a repetirla."**

Repetimos las historias de nuestros ancestros,
pero somos libres de escoger nuestro destino.

"Si no conoces tu historia familiar ...tiendes a repetirla."

EL ABUSO
Y TRANSGENERACIONAL

"Si no está en tus manos cambiar una situación que te produjo dolor,
siempre podrás escoger la actitud con la que afrontes ese sufrimiento"
- Victor Frankl-

En este libro, titulado *"Historia Reales TRANSGENERACIONALES",*
hablaré brevemente de lo que significa el "Abuso" ¿La razón? Cuando
comencé a analizar árboles genealógicos, en un principio me sorprendió
que el 95% de los casos que atendía eran de abusos. En un momento
llegué a pensar que esto me sucedía solamente a mí, pero comparan-
do con otros colegas nos dimos cuenta que efectivamente era así. A
terapia jamás me ha llegado alguien pidiendo sanar un abuso. Por lo
general, esto se "bloquea", se "ignora", "no se le da importancia", y las
personas llegan con temas de depresiones, tristezas, bloqueos laborales,
personales, síntomas y enfermedades físicas y jamás piensan o creen que
algo que les ocurrió en la infancia puede repercutir tan gravemente para
nuestra Alma y mente.

Diría que el 99% de los casos de abusos que he visto y tratado las personas en Terapia me dicen:

- *"Es primera vez que lo digo."*

- *"Lo había olvidado completamente."*

- *"Increíble, no lo puedo creer, lo había bloqueado."*

- *"¿Abuso es violación?"*

- *"¿Cuándo no hay penetración es abuso igual?"*

- *"Nunca pensé que esto me pudo haber afectado tanto...*

La mayoría de las personas que han sido víctimas de abusos en la infancia nunca llegan a denunciar los hechos. La razón principal es que se dice que más del 90% de los casos, los agresores están en el mismo entorno familiar. Es justamente el lugar en donde la "victima" se siente en confianza. Y si lo vemos desde la mirada del TRANSGENERACIONAL, estos mismos hechos de abusos los han vivido otros miembros del mismo clan, y el agresor, en su momento también fue abusado.

Recuerdo un par de años atrás recibí una llamada telefónica que me dejó impactada:

- "Hola Sui Mei soy Ángela, te llamo porque necesito "un consejo".

- "Dime Ángela, en que te puedo ayudar."

- "Mi hija Rossana, se va de vacaciones con su padre mañana por la mañana y ocurrió algo que quisiera sanar..."

- ¿Qué edad tiene tu hija y qué quieres sanar?

- No sé bien cómo explicarlo... Rossana tiene 11 años.

- Lo que sucede es que hace un par de días atrás, estábamos viendo una película con mi hija y aparece una escena de sexo... (en ese momento ya me pareció todo mal, rápidamente hice mi reflexión, cómo es posible que una madre esté viendo una película con escenas para mayores de 18 años... por lo general como adulto debemos cuidar la información que entregamos a nuestros hijos sobre todo en el ámbito sexual, ya que se puede recibir de maneras muy distorsionadas)

- De repente mi hija me dice que "eso mismo me hace Juan" y me dice que a ella no le gusta...

Yo ya no lo podía creer... hace días que Ángela, sabe de este drama, me habla cómo pidiendo un "tips", un consejo de lo más normal, para que su hija se sienta bien...

Yo quise ver qué nivel de "inconsciencia" tenía Ángela y le pregunto qué tipo de consejo quiere y me responde:

- "Me gustaría que me dieras un Acto Psicomágico o un acto de sanación para que ella se olvide y lo sane."

- ¿Quién es Juan y qué edad tiene?

- Tiene 22 años es hijo de la pareja de mi ex marido.

- ¿Qué piensa tu ex marido?

- "No le gustó mucho lo sucedido", me dijo "que lata, no le cuentes a nadie por favor, tú sabes que yo vivo de "allegado" en esta casa y no tengo dónde ir y si tu denuncias, nos vas a causar un tremendo lío… además, que este fin de semana nos vamos a la playa todos juntos. No embarres nuestras vacaciones por favor …

Denunciar supone, en muchos casos, crear un impacto, romper un equilibrio. Significa, además, tener que afrontar unas consecuencias imprevisibles. Si además tenemos en cuenta que muchos de estos abusos se dan en niños o adolescentes, la capacidad de reacción es más limitada y dramática. Como madres, como padres, es vital atender el comportamiento de nuestros hijos para intuir cualquier señal que pueda indicar un abuso.

Otro de los escenarios en los que ocurren abusos con una frecuencia notable es en los propios centros escolares. Maestros, profesores, guardias, o entrenadores deportivos suelen ser también en algunos casos los responsables de que niños y niñas sean ahora adultos profundamente heridos, personas fragmentadas que deben hacer frente a diversos problemas y traumas psicológicos.

En este caso es evidente que Ángela, había sido abusada en su infancia, es muy simple de adivinar ya que a ella esta situación no le parece grave, "le es conocida" y está actuando de la misma manera que actuaron con ella… ignorando la situación. Entonces en tono seco y fuerte le pregunto:

- "¿Ángela, ¿quién abusó de ti?" (ella pretende no oír bien)

Ángela, comienza a toser... luego me pide disculpas. Y vuelve a toser...

- ¿Ángela, te estoy preguntando quién abusó de ti en tu infancia? Necesito que me lo digas.

En ese momento se le quiebra la voz y yo cambio mi tono de voz también y le digo:

- "Ángela querida, debes sanar ese dolor tan grande..."

- "Le dije a mi mamá y ella no me creyó" (y comienza a llorar al otro lado del teléfono).

Me confesó que por años abusó de ella su padrastro, su madre cuando lo supo la golpeó e insultó y Ángela, nunca más se atrevió a decir algo.

Le pedí de reunirse conmigo inmediatamente, ella debía proteger a su hija y actuar como un adulto responsable.

No fue fácil convencerla al teléfono de venir a verme, ella insistía en un consejo...

Increíblemente me pedía ayuda para enviar a su hija de "vacaciones" con su ex marido, la familia de su nueva pareja y al lado de Juan nuevamente, literalmente la está enviando a la boca del lobo.

"Su hija había sido abusada exactamente a la misma edad que ella lo fue por su padrastro."

Cuando un abuso ocurre, se debe tomar acción inmediata, es lo único que va a liberar al clan de la repetición dolorosa y traumática. La víctima de abuso, necesita de mucha contención emocional y también compañía física. Es muy importante sentir el apoyo especialmente de los padres para que no cargue equivocadamente con un sentimiento de culpabilidad que suele ocurrir. En el presente y en generaciones pasadas, cuando el niño contaba del abuso se le hacía sentir que de alguna manera era su culpa, y además se le carga la responsabilidad de lo *que le pueda ocurrir al abusador*, porque en un casi 98% de los casos son personas de la misma familia y de alguna razón se tiende proteger al que cometió el abuso. Se le protege para evitar el escándalo, para evitar enfrentamientos, discusiones, cárcel, vergüenza.

A Manon

Para el análisis del TRANSGENERACIONAL, si vemos a un adulto que no se respeta, que no sabe poner límites, que está a cada instante expuesto a humillaciones, que de una manera u otra está constantemente sometido a distintos tipos de abusos, podemos ya imaginar que ha sido víctima de abuso sexual y que tristemente ha integrado *este "programa de abuso en su vida"* y estará continuamente sometido a todo tipo de abusos hasta que no sane el verdadero "abuso" que ha ocurrido en su vida.

La razón de que esta persona de adulta, esté viviendo este tipo de situaciones es porque la vida, le está mostrando y "recordando" que tiene temas **PENDIENTES** que resolver y sanar y no lo ha querido ver ni hacerse cargo.

La persona que ha vivido esta situación, debe pasar por un delicado proceso interior, que requiere integrar lo sucedido y no bloquearlo porque el "olvidar, bloquear o ignorar", no significa que la herida haya sanado ni que ha sido borrada, simplemente significa que este recuerdo queda *"en pausa"* por un momento pero, luego buscará salir nuevamente a la luz, justamente para ser sanado.

La ayuda profesional es absolutamente necesaria, paralelo a una terapia psicológica es bueno que los padres de la víctima (por lo general las víctimas de abusos son menores de edad) realicen un estudio y análisis de su historia familiar para comprender los conflictos que se vienen heredando, ver lo que ha sucedido y la tendencia de lo que se seguirá repitiendo si no se hacen los cambios necesarios para no seguir el mismo patrón de abuso. Por lo general, siempre he trabajado con adultos, que liberan este drama por primera vez en terapia y es con ellos que realizo el trabajo de liberación y sanación.

Además de ayuda profesional, se debe recurrir a la justicia y reconocimiento público de este hecho para que nunca más, se sigan repitiendo

y lo que le hicimos a la Ale al enfrentarla y alejarnos.

este tipo de atrocidades. Lamentablemente, aún los trámites y denuncias de este tipo son largas y engorrosas, la justicia aún es muy lejana a la ayuda que realmente se necesita pero, a nivel "inconsciente" es sanador saber de que se están haciendo cargo de esta injusticia.

Tanto es así, que hay muchas denuncias por abuso sexual que acaban prescribiendo. Las resoluciones desgraciadamente en muchos casos pueden tardar años en dictar sentencia, hasta el punto de que el delito prescriba.

Desafortunadamente en nuestra sociedad las víctimas de abuso quedan en un gran "desamparo", me ha tocado verlo en varias ocasiones en donde el tener que declarar en más de una oportunidad hechos tan dolorosos, en dónde no existe un apoyo emocional real, termina por agotar la paciencia, los nervios y ganas de seguir en este proceso. Es por eso que la ayuda familiar acompañada de una Terapia de sanación del Alma, es absolutamente cálida y sanadora. No podemos cambiar nuestro pasado, ni tampoco lo sucedido, pero podemos decidir como queremos vivir nuestro presente.

Si de adultos no hacemos el trabajo de sanación del abuso, quedará dentro de nosotros un niño herido por siempre. Todas tus relaciones de pareja, amigos, trabajo estarán condicionadas al tema "abuso", viviré en la desconfianza eterna, estaré sometido a humillaciones y faltas de respeto, o cambiaré de "polo" y seré yo quien abuse de los otros repitiendo una vez más el mismo patrón.

Muchas veces el miedo a sanar, está relacionado con no querer abrir una herida que creemos que ya cerró. "Grave error", que el tiempo haya pasado, que tú seas hoy un adulto y que hayas bloqueado ese recuerdo, significa que la herida sigue ahí, tu herida está cerrada, pero no cicatrizada. Es exactamente cuando dejamos una pequeña herida que cicatrice sola y si no la hemos limpiado como corresponde esa herida cerrará pero, con infección. Esta herida cerrada dolerá siempre hasta que nos atrevamos a abrirla otra vez, limpiarla, dejar que salga la infección para que pueda cicatrizar correctamente.

Para el análisis del TRANSGENERACIONAL, vamos a considerar "abusos" a todo lo que esté relacionado a invadir nuestra esencia como ser humano, a todo que nos signifique un desequilibrio emocional, una opresión, una obligación, a todo lo que signifique un desagrado y disgusto hacia nuestra persona. El abuso sexual traerá graves consecuencias no solamente a nivel emocional, sino en el tema sexual, social, relaciones personales, de identidad, afectará nuestra generación y las generaciones futuras si no se detiene a tiempo o no se hace justicia.

Seguir sufriendo abusos jugando el papel de "víctima".

Alguien quien sufrió abuso y no se sanó

Se transformará en "abusador" y le hará a otros, lo que le hicieron a él.

ABUSO Y PROGRAMA TRANSGENERACIONAL

Me he extendido en este tema, porque por lo general se oculta, se calla, y es algo que está presente en todas las familias y es lo que veremos en algunas historias que narraré. Si tú dices que tu familia es una excepción es porque aún el abuso sigue encubierto.

En mi primer libro "TUS ANCESTROS QUIEREN QUE SANES", es un libro en el cual explico cómo nos afectan las vivencias de nuestros ancestros en nuestra vida actual. Hablo en detalle de todos los puntos que se deben considerar siendo de gran ayuda para que puedas realizar un trabajo personal de autoconocimiento y sanación.

Ahí también explico que estamos P R O G R A M A D O S, todo en nuestra vida son "programas", es por eso que repetimos las historias pasadas, de manera autómata vamos repitiendo dramas, conflictos no resueltos, penas y alegrías, hasta que decidimos "cambiar nuestra programación", y es ahí cuando se producen los cambios en nuestra vida.

Si has sido víctima de abuso, o en tu familia ya han ocurrido abusos, es porque existe este "programa de abuso en tu clan" y si no se toma consciencia, no se libera la información y se cuida y protege a quiénes han sido abusados, la historia se volverá a repetir en tu generación o en las que vendrán.

La persona silencia el abuso por miedo, vergüenza, culpa y siente en muchos casos que es la única víctima en esta historia pero, cuando es adulto y decide comentarlo se dará cuenta que hermanas, y /o primos también vivieron lo mismo e increíblemente también lo silenciaron.

También lo comento en mis libros anteriores que nuestros árboles no saben amar, la razón es que existen muchos problemas de autoestima y de inseguridad porque no sabemos cómo amarnos. No sabemos darnos prioridad, no sabemos protegernos, no sabemos poner límites, simplemente porque sentimos que nuestra existencia no lo vale, porque no nos amamos, porque nadie nos enseñó a amarnos, porque nuestros padres no se aman, y porque nuestros abuelos tampoco aprendieron a hacerlo. Y es así que protegemos a la pareja de nuestra madre que nos abusó o violó, al padre de nuestro padre, o al tío, porque sentimos que es mejor "protegerlos" a ellos de la vergüenza y del castigo que a nosotros por la injusticia recibida.

Callo y silencio lo que me ocurrió porque siento que nadie me creerá o a nadie le importará y no quiero causar más conflictos en la familia... y con este sentimiento de abandono, desprotección y cargando el *programa de abusos* es como elegiré a la persona exacta que me hará vivir y revivir más abusos en mi vida.

La historia siempre se repite, si no detengo o doy a conocer mi abuso... viviré la consecuencia de ver que mi hijo fue abusado.

El dolor calará profundo en tu Alma y buscarás ayuda, justicia gritando a los cielos para que esto se repare pero, dentro de ti, sigues ocultando y protegiendo a tu abusador...

Guardas dentro de ti lo vivido, prefieres vivir con ese recuerdo a liberarlo y sin embargo buscas justicia para tu hijo. El mensaje que entregas a tu clan y árbol genealógico es que siga enviando "más abusos", porque aún falta mucho que comprender... tu no lo has hablado y tampoco tu madre ni tu abuela.

Pensamos inocentemente que ahora que el abuelo murió y está enterrado se entierran con él sus abusos... pero no es así, la temática del árbol no funciona de esta manera, nada queda sin resolver, llámalo Karma, para el TRANSGENERACIONAL le llamamos "programas", y si el abuelo se murió, el programa de abusos sigue activo, y así tendremos en las generaciones siguientes a un hijo o a un nieto que tomará su papel, seguirá actuando hasta que alguien consciente detenga el proceso y lo libere.

El primer paso para *"Desprogramar el abuso"* en tu clan, es confesar lo ocurrido. Cuéntalo a tus hijos, hermanos, pareja, padres, y deja que cada cual haga lo que sienta, ese no es tu problema no debes cargar con eso, ya han tenido años de cargar con una herida mal cerrada.

No importa si el abusador está vivo o muerto, pero deja de protegerlo. No eres culpable de nada, todo lo contrario, eres víctima del dolor, la injusticia y abandono.

Detrás de cada abuso que sale a la luz, tenemos en la misma familia cadenas de abusos e incestos que no han sido sacados a la luz y los perpetradores cargan con el mismo programa.

Cargar con el programa de abuso, puede generar que en ti o tu generación siguiente aparezcan, víctimas o abusadores.

Yo sé que es muy fuerte lo que diré, pero es una realidad. Detrás de cada abuso que hemos oído, para el análisis del árbol genealógico es una gran liberación. Con cada abuso público que somos partícipe se vienen una ola de abusos por descubrir, las personas toman la fuerza para liberarlo, denunciarlo, hacerlo público, lo que significa desde una mirada más evolucionada que estas pequeñas Almas, han reencarnado con una misión muy importante, son de un amor infinito, son Almas extremadamente evolucionadas, que eligen llegar a estos árboles con la finalidad de cortar de raíz los abusos que por miles de años se han venido ocultando. (Tanto dentro de sus familias como en el inconsciente colectivo) *↗ Yo 100%*

¿Sabías que más del 90% de los abusos ocurren dentro del círculo familiar o de conocidos?

Cómo lo dije un poco más arriba. Si crees y dices que en tu familia que no hay abusos, es porque aún no han salido a la luz.

Te compartiré algunos de los casos que me ha tocado ver en Terapia y que se repiten en una misma familia casi de manera exacta.

Mi abuela Vivia, mi mamá y papá protegieron al tío (casado con una hermana de mi abuela)

La hija que descubre que fue concebida por un abuso, es también abu- *quien* sada y queda embarazada. La abuela lo mismo. *abusó de mi hermana Toto.*

Cuando esto ocurre, la madre que se queda sola debe salir a buscar traba-jo y deja al hijo al cuidado de sus padres, tíos o hermanos. (por lo general viven muchas personas en un mismo lugar) y el hijo o hija, sufre abuso por parte del abuelo, tío, primos o hermanos, incluso del bisabuelo.

Tristemente la abuela o tías del mismo hogar saben del abuso y protegen al abusador, exactamente como ocurrió con ellas en el pasado.

También está el caso de que la madre se compromete y se va a vivir con su nueva pareja y su hijo o hija y por alguna razón la pareja está al cui-dado del menor, gana su confianza y abusa del niño, sin querer la madre verlo o aceptarlo.

El abusador amenaza al menor con hacerle daño a su madre, o lo con-vence de que no es abuso, y lo mantiene en una situación de miedo, angustia y gran desvalorización.

Me tocó una vez un caso de una niña que había sido abusada reiteradas veces por su padre y cuando ella estaba en el jardín el padre la mira fi-jamente, toma en sus manos a su mascota preferida, su gatito y enfrente de sus ojos lo mata. Generando así un miedo y terror a la niña quién comprende que si habla el abuso, su padre la va a matar. *+ Sick*

Historias como éstas he visto muchas y es muy desolador, la hija cuenta a la madre que es abusada por su pareja y la madre decide dejar a la hija al cuidado de su madre pero, no separarse del abusador.

En el mismo caso las madres se enojan con sus hijos porque sienten que a causa de este abuso ella va a perder a "su hombre" y quieren evitar la vergüenza y conflictos y lo callan y siguen viviendo bajo el mismo techo por años.

Otro caso que ví fue que el padre llegaba borracho a casa, muy violento golpeando a la madre porque quería tener sexo, y la madre desesperada, buscaba a su hija de 11 años, le pedía ir a acostarse con el padre y la dejaba ahí toda la noche para calmar a su marido, y su hija era abusada bajo su consentimiento toda la noche.

Luego esta misma hija, presentó varios tipos de enfermedades, herpes, epilepsia, porque su cuerpo buscaba una manera de escapar del abusador.

Recuerdo también una historia en donde era una familia del Sur de Chile, eran 12 hermanos, la mayor era mujer, la familia era muy pobre y tenían dos camas de dos plazas en donde dormían todos juntos.

Cuando el padre llegaba borracho por las noches, se iba a la habitación en dónde estaba su hija mayor se acostaba a su lado y comenzaba a abusarla toda la noche. Esta niña, arañaba y pellizcaba a su hermana que estaba acostada a su lado con la intención de despertarla para que la salvara… pero su hermana que era más pequeña, sabía que algo muy malo estaba ocurriendo y tenía mucho miedo por lo que fingía dormir.

En esta historia real, la hija queda embazada de su padre, y ese bebé fue criado como un hermano. → Película del Rumpy

Es común también en familias en dónde el padre o el hermano abusan de su hija o hermana y ellas quedan embarazadas. Para evitar vergüenza y enfrentar el abuso, lo más doloroso es que la madre lo sabe y lo encubre y luego este bebé nace y lo hacen pasar como hijo de los padres, guardando un terrible y doloroso secreto y este bebé crece junto a su madre creyendo que es su hermana.

He visto muchas veces este caso y los hijos son por lo general rebeldes, suelen caer en adicciones, son violentos y agresivos, saben que algo se les oculta pero, no lo logran descubrir.

Años atrás también supe de otra historia dolorosa. Una hija había sido abandonada por su padre en el primer año de vida, y por años fue su madre quién trabajó duramente para darle lo mínimo necesario. Su madre trabajaba haciendo aseo y limpieza en hogares y pasaba muy poco tiempo con su hija.

Un día cuando la niña cumple 12 años regresa el padre. Él vivía fuera de la ciudad, llegó con regalos y pidiendo perdón por la ausencia … finalmente las invita a su hogar que quedaba a horas de la capital, y lo hace por meses, hasta que él les paga un departamento hermoso a su hija y a la madre de su hija, pero le dice a la hija que desea que a cambio que ella viaje cada fin de semana a "acompañarlo" y que ahora que les paga el departamento no tiene dinero para el pasaje en bus de su madre.

Y la madre acepta… y por años esta hija fue abusada por su padre incluso cuando cumplió 15 años, le decía que él estaba enamorado de ella y que cuando cumpliera 18 años se quería casar con ella…

Recuerdo en terapia, que esta joven mujer llorando había bloqueado absolutamente todo pero, sí recuerda que al llegar a casa de su madre, ella le decía que amaba el departamento, que jamás podrían pagar algo así que era muy feliz .. por lo que la hija, se sentía "obligada" a "acompañar" a su padre cada fin de semana, de lo contrario no habría más un hermoso lugar dónde vivir. + Manipulación al máximo.

Podría dar una lista enorme desgraciadamente de todos los casos que he visto y he atendido. Nadie va a terapia porque quiere sanar un abuso. Es decir, nadie me dice:

Hola, quisiera sanar el abuso que sufrí a los 5 años por parte de mi padre, tío abuelo.

A terapia llegan las personas porque tienen conflictos sexuales, porque jamás han tenido un orgasmo o porque no comprenden la razón del porqué rechazan tanto el sexo.

También el abuso presenta graves problemas de desmotivación, sobrepeso, diabetes, problemas en huesos, insomnio, problemas al colon, problemas dentales, visuales, asma, gastritis en muchos casos.

Solamente en Terapia descubro el abuso y en la mayoría de los casos, el consultante reconoce que lo había bloqueado, olvidado o que no pensaba que lo ocurrido podría afectarle tanto ahora que es adulto.

El haber sufrido abuso, significa también que gran parte de tu infancia está bloqueada… por lo general ocurre desde muy pequeño hasta la pre adolescencia, edad en que las niñitas pueden quedar embarazadas, es ahí cuando se acaba el abuso, porque el abusador teme ser descubierto a causa de un embarazo.

Te compartiré cómo se puede ir sanando un abuso, es algo muy doloroso, muy fuerte que requiere de ayuda de un profesional. Se puede sanar, se puede vivir mejor, pero para esto debes hacer un trabajo personal intenso y guiado.

Las secuelas del abuso son muchas, pero de adulto la persona ya quiere olvidar, sabe que debemos avanzar y perdonar y se enfoca en "perdonar", en querer hacerlo, pero no es fácil sino se ha liberado, el odio, la amargura, la impotencia, la ira, la desilusión.

¿CÓMO PERDONAR EL ABUSO?

"Perdonar es mi función por ser la luz en el mundo"
- Un curso de Milagros Lección 62-

Perdonar no cambia el pasado... pero sí el futuro

Paso a paso. El perdón es aceptar una situación, un hecho vivido. Es dejar de vivir en la negación e integrar lo ocurrido. Perdonar es aceptar.

Pronunciamos el perdón, pero no lo sentimos. No debes preocuparte de eso ahora. Muchas terapias fracasan cuando se concentran más en el perdón que en el drama por sanar,sin comprender como trabajar el perdón desde la compresión.

Se necesita realizar un profundo y detallado trabajo con tu niño interior, amarlo, contenerlo, sanar cada momento que fue quebrado y destruido.

Reconstruir la infancia desde la etapa adulta es posible.

El niño interior es quién sana.

En mi segundo libro *"SANARÁS CUANDO DECIDAS HACERLO"*, es algo que explico muy bien, la importancia de sanar nuestras heridas de infancia es vital para tener una etapa adulta en armonía, equilibrio, paz y tranquilidad.

Cuando trabajas en tu infancia y conoces tu historia familiar, comienza también la sanación. La comprensión nos lleva a la sanación y la sanación al perdón.

ACTO DE LIBERACIÓN PARA EL ABUSO

"No va a terapia quien tiene traumas o heridas, a terapia va quién quiere realmente sanar."

Te daré un trabajo a realizar. Si sientes que necesitas hacerlo. Siempre recomiendo hacer un trabajo personal para sanar nuestras heridas, no va a terapia quién tiene traumas o heridas, a terapia va quién quiere realmente sanar.

Este acto de sanación es justamente "liberar la emoción" y dolor que han estado atrapados dentro de ti". Vas a escribir una carta, para tú **"inconsciente"**, es muy importante que digas lo que realmente sientes ya que, para él, el tiempo, no existe, (es atemporal, pasado, presente y futuro es una misma línea de tiempo) por muy doloroso que sea debes A C E PT A R, lo sucedido, de lo contrario, sacar todo lo que quema y duele en tu interior para dejarlo ir, de lo contrario será siempre un fantasma en tu vida.

Vas a buscar un momento de silencio y soledad, en donde puedas sentir que puedes liberar todas tus emociones sin reprimirte, sin guardarte nada.

Necesitas una hoja y un lápiz y vamos a comenzar:

Reconocer el abuso:

La primera parte de esta carta, ahora que ya lo haces consciente, quiero que lo escribas en papel con puño y letra. Escribe tu nombre completo, la edad que tenías, dónde estabas, con quién estabas, a cargo de quién y el nombre del abusador. Acepta, lo sucedido, verbalizalo, luego escríbelo, para que este "programa heredado" comience a perder fuerza.

Liberar emociones:

Acá te vas a permitir expresar tu dolor, la carta la diriges ahora al "abusador" (escribes su nombre), no importa si la persona ya falleció, al realizar este acto se trabaja con el recuerdo, las emociones y la energía. Para ti esa persona aún vive dentro de ti y es lo que vamos a liberar.

Dile lo que sientes, el daño que te hizo, deja que fluya en ti toda la amargura que has guardado por años, sin miedo, sin culpa, es muy importante no guardarte nada, escribe todo lo que sientes TODO.

Ahora debes repetir esta frase en voz alta, es muy potente y de muy alta vibración y muy sanadora :

"Divinidad en mi, perdona esta situación y la libero, entrégame paz y tranquilidad."

"Divinidad, santifica mi cuerpo y mi alma"

No lo cuestiones, hazlo, es verdaderamete milagroso. Cuando lo hagas debes estar completamente dispuest@ a soltar esta situación y luego de realizado este acto de sanación, no te permitas hablar más de este tema a menos que sientas que debes denunciarlo.

Estas frases que debes mencionar, puedes repetirlas a diario tantas veces sea necesario y son frases de muy alta vibración.

Renuncio a:

Luego que has liberado todo lo que tenías guardado, vas a escribir lo siguiente:

Hoy (colocas la fecha en que escribes la carta, lugar y país) Yo (tu nombre completo nuevamente)

Renuncio a: (te daré algunos ejemplos tú debes seguir llenando la lista)

- Seguir escondiendo este secreto que me quema y tortura.

- Continuar encubriendo el daño que me hiciste.

- A vivir en la amargura y el sufrimiento.

- Renuncio a sentirme culpable.

- Renuncio a sentir vergüenza y reconozco ser víctima.

- Renuncio a dejar que lo vivido controle mi vida.

Luego que terminas con los "renuncios" escribes el siguiente paso:

Yo merezco:

(acá vas a hacer una lista de 50 frases con todo lo que mereces de la vida)

- Yo merezco sentir paz.

- Yo merezco sentirme digna de amor y trabajaré en mí para lograrlo.

- Yo merezco una nueva oportunidad de vivir en paz y en armonía.

- Yo merezco un trabajo que ame.

- Yo merezco salud plena.

- Yo merezco doblar mi salario este año.

_ Yo merezco un departamento en la playa

_ Yo merezco un auto nuevo

NO HAY LIMITES, escribe todo lo que sueñas y deseas para ti, es importante este trabajo personal que despertará en ti una nueva consciencia. Si escribes más de 50 mucho mejor.

El trabajo consiste en "reprogramar tu mente" al merecimiento, a sentir que tienes derecho a existir, a vivir, a disfrutar.

Agradecer:

Mientras más agradezcas, tendrás siempre más cosas porqué agradecer. En esta parte de la carta, a algunas personas les cuesta escribir sus agradecimientos, es normal cuando estamos nadando bajo la amargura, el dolor y la tristeza es casi imposible sentir que podemos agradecer por algo, pero recuerda esto:

¿Sabes cuál es la diferencia entre las personas felices y las infelices?

R: Las personas felices eligen serlo.

Sanar es nuestra opción siempre, nadie ha vivido una vida sin sufrimiento, pero las personas más evolucionadas, iluminadas o que han sanado, han elegido trabajar en si mismos..., han elegido la alegría, han elegido avanzar, han elegido querer vivir mejor, ...tú también tienes la misma opción.

Has una lista con un mínimo de 40 agradecimientos te daré algunos ejemplos:

- Agradezco un día más de vida.

Agradece la oportunidad que tienes de liberar y trascender este dolor.

- *Agradezco la oportunidad de tener esta Trilogía de Libros.* ☺

- Agradezco la oportunidad del Universo, Dios, Los Ángeles de evolucionar.

- Agradezco tener a mis hijos sanos, mi mascota, etc.

- Agradezco mis últimas vacaciones.

- Agradezco tener mi hogar, amigos etc.

El acto de "Agradecer" es profundamente sanador. Es una alta energía que nos conecta con el amor y el perdón.

Para que puedas trabajar en profundidad tus heridas te recomendaré un libro realmente maravilloso, en lo personal me ayudó mucho en un momento de mi vida **"La magia"** de **Rhonda Byrne.**

Decretos:

Luego de terminar con los agradecimientos escribes y te diriges simbólicamente a tu árbol genealógico:

Beautiful message

"Pido iluminar y purificar todo mi árbol, que todo lo que tenga que ser limpiado salga a la luz, para su completa liberación de lealtades y herencias TRANSGENERACIONALES. Pido que la consciencia llegue a cada uno de los miembros de mi clan para integrar de manera menos dolorosa los aprendizajes que hemos heredado. Que el AMOR Y LA DIVINIDAD SE HAGA PRESENTE en todo su esplendor, que inunde nuestras Almas de paz, de armonía y sanación AHORA y SIEMPRE.

Pronuncia en voz alta:

Sé que tendré que integrar lo sucedido y liberar los dolores que esto me ha traído, tendré paciencia comprendiendo que todo tiene un proceso, y estoy consciente que debo ahora vivir mi momento, cerrar este duelo y seguir avanzando en mi vida.

Que así sea,

Gracias, Gracias, Gracias. Tu nombre nuevamente ☺

Luego la carta la lees en voz alta frente a un espejo 3 veces:

- En voz alta (para tu mente).

- En susurro (para tu corazón).

- En silencio (para tu Alma).

Y luego terminada la lectura la debes quemar y las cenizas enterrarlas.

"Perdona a quién te lastime, no porque lo merezca.

Sino porque tu no mereces cargar con odio en tu corazón".

Perdonar no es olvidar, no es justificar, no es aceptar, ni obligar a reconciliarse.

Perdonar es un proceso personal que hacemos por nosotros mismos. Sin esperar nada del otro. Es un acto que realizas para no seguir estancado en el pasado, viviendo en la amargura de recuerdos dolorosos y traumáticos. Perdonar es querer avanzar, crecer, evolucionar y no dejar que las heridas del pasado, sigan afectando mi presente.

"Comprenderlo todo... Es perdonarlo todo."

APRENDIENDO
DEL TRANSGENERACIONAL

Me gusta que aprendas, que integres nuevos conocimientos porque es así como vamos comprendiendo más y más nuestra existencia y nuestra vida.

Antes de comenzar con las "Historias Reales" te hablaré de **LAS LEYES DEL TRANSGENERACIONAL**, con esto aprenderás a analizar tu propia historia familiar y a ver cómo se van transmitiendo los acontecimientos desde una generación a otra.

Vamos a ver las 5 leyes del TRANSGENERACIONAL, lo explico también en mi primer libro, "TUS ANCESTROS QUIEREN QUE SANES", es importante que lo aprendas para que puedas comprender mejor como se van transmitiendo las historias desde una generación a otra.

Hice un cuadro para que lo puedas comprender mucho mejor: Este dibujo representa cinco (5) generaciones.

Tu eres la 4ª GENERACIÓN.

1 GENERACIÓN

2 GENERACIÓN

3 GENERACIÓN

4 GENERACIÓN
TÚ

5 GENERACIÓN

Te lo explicaré en detalle ahora mismo.

Vamos a imaginar nuestra familia, tu familia. *La 5 Generación*, están tus hijos, y sobrinos. *La 4 Generación estás tú.*

La 3 Generación están tus padres, (a tu derecha PAPÁ, y a tu izquierda MAMÁ).

La 2 Generación tus abuelos paternos y abuelos maternos.

La 1 Generación, están tus bisabuelos de ambos árboles (papá y mamá).

En cada GENERACIÓN, un mismo conflicto se vive de distintas maneras:

Heredamos los conflictos de nuestros ancestros, desde nuestros padres hacía atrás, y se incluyen tíos, tíos abuelos, pero primos y hermanos por lo general están en nuestra misma generación.

Para la mejor comprensión de nuestro árbol genealógico, en cada generación se le denominó un nombre especial.

La 1 Generación "El secreto /Tabú"

La 2 Generación "La inconsciencia"

La 3 Generación "Los síntomas, simbólicos o reales"

La 4 Generación "La resolución"

La 5 Generación "El Recurso"

La 1 Generación "El secreto /Tabú"

Comienza esta generación con un "acto traumático" un drama, un secreto. Algo grave, un acontecimiento importante que traerá consecuencias a toda la descendencia. Por lo general está relacionado a asesinatos, suicidios, abusos, incestos, estafas, cárcel, exclusión de algún familiar, secretos de familia.

La 2 Generación "La inconsciencia"

Se genera una desconexión con lo sucedido, de alguna manera las mentes se "anestesian", hay un alejamiento de la "realidad". El miedo a enfrentar este acontecimiento nos vuelve inconscientes. Vivimos enajenados a lo ocurrido, y preferimos creer otra realidad.

La 3 Generación "Los síntomas, simbólicos o reales"

En esta generación surgen enfermedades físicas, síntomas (las emociones ocultas buscan salir) se viven escándalos, *el árbol se agita se remueve.*

La 4 Generación "La resolución"

Nace un "buscador dentro del árbol genealógico", busca comprender, analizar lo sucedido de manera consciente, soluciona el drama heredado. **(La oveja negra buscadora del clan)**

La 5 Generación "El Recurso"

En esta generación convierten el "bloqueo en un recurso", existen para esta generación nuevas herramientas de sanación, nuevas oportunidades, se da libertad de tener sus propias creencias, religiones, se desarrolla más el área artístico y sanador del árbol. El árbol busca revertir el daño y transformarlo.

Existen 4 fuerzas poderosas que interfieren y desequilibran el orden del clan:

Estas son energías que se ha dado mucha fuerza y una connotación más bien negativa, y esa connotación negativa es la que se transmite a las siguientes generaciones.

Dinero, Sexo, Poder, Amor. Para que puedas comprender todo más fácilmente te daré algunos ejemplos para que veas como se aplica esta ley de las 5 generaciones.

PROGRAMA DE ABUSO

La 1 Generación "El secreto /Tabú"

Existe un Bisabuelo Marcos, un hombre aparentemente bueno y decente. Una noche llega borracho a casa y viola a su primogénita Mónica de 9 años de edad. Para el día siguiente el padre no reconoce lo que hizo, pretende ignorarlo, y la hija Mónica se anestesia del dolor y también lo olvida.

En esta historia ya se ha *"Creado un programa de abusos"* que se heredará y transmitirá en 5 Generaciones, trayendo al árbol enfermedades, abusos de todo tipo, síntomas y malestares físicos, disfuncionalidad y perversiones sexuales.

La 2 Generación "La inconsciencia"

Se confunden las historias, no existe clara noción de lo que es bueno o malo, se pierden los valores, cada quién prefiere "no saber" lo que ha ocurrido antes, el dolor es demasiado grande.

La hija Mónica crece perdida, escondiendo un gran sufrimiento y trauma, le cuesta asumir una identidad propia, tiene dificultad para darse a respetar no sabe poner límites.

En esta generación Mónica ejerce la prostitución y es excluída del Clan. Mónica vive una injusticia y en las futuras generaciones alguien será leal al dolor de Mónica y buscará liberar este daño.

La 3 Generación "Los síntomas, simbólicos o reales"

Patricia, sobrina de Mónica y nieta de Marcos contrae matrimonio con Manuel, (la sombra y doble del abuelo Marcos, vemos que ambos nombres comienzan con M y ambos trabajan en bancos).

Manuel es aparentemente correcto, al igual como lo era para el resto de las personas el Bisabuelo Marcos. En esta generación Manuel termina abusando de sus hijos y todo es evidente.

No hay secretos, no hay tabú, todo sale a la luz en el mismo momento. El drama es evidente. Esta generación tuvo que buscar un "abusador" para repetir el programa de abuso ¿La razón? "Todo debe salir a la luz y ser liberado". El dolor e injusticia que vivió un miembro del clan, debe ser sanado.

La 4 Generación "La resolución"

Los Bisnietos de Manuel, desarrollan cada uno una distinta manera de relacionarse frente a lo ocurrido en la 1 Generación.

De los tres hermanos uno es homosexual. La razón es simple, de esta manera, evitará tener hijos y así evitará tener que repetir el programa de abusos. Busca su propia forma de "resolución".

No tengo hijos = No abusaré de ellos

La segunda hermana es reprimida sexualmente. Frígida en la intimidad. La razón, no se permite disfrutar de algo que fue traumático y doloroso para un miembro de su clan (le es leal en su dolor) Tiene dificultad para encontrar pareja (su inconsciente no quiere), la tercera hermana, vivió fuertes conflictos en la adolescencia, fue muy liberal y promiscua, no se daba a respetar, era abusada en sus relaciones, pero se produce en ella un cambio radical a los 35 años, y logra llevar una vida plena, se enamora, se casa y tiene dos hijos.

La 5 Generación "El Recurso"

Mujer de 25 años, del mismo clan familiar hija de la tercera hermana, trabaja en temas sociales en relación al abuso infantil y además trabaja en terapias de pareja, especialista en conflictos sociales de abuso infantil y terapia de pareja, especialista en conflictos sexuales.

EL KARMA DEL DINERO
(PROGRAMA DE DIFICULTAD PARA TENERLO)

La 1 Generación "El secreto /Tabú"

El Bisabuelo Gerardo comete un "crimen" para apoderarse del dinero familiar. En secreto el bisabuelo Gerardo traspasa bienes y dinero a su propia cuenta.

La 2 Generación "La inconsciencia"

La desendencia se desarrolla como empresarios, nadie cuestiona la riqueza recibida, "se sabe" que quizás algo ocurrió, pero disfrutan del dinero y de los beneficios de éste. Existe una energía densa dentro del clan familiar.

La 3 Generación "Los síntomas, simbólicos o reales"

Comienzan a aparecer accidentes y muertes trágicas...

La empresa va a la quiebra, el inconsciente "familiar" carga con el trauma y dolor del asesinato oculto, se pierden bienes, y ganancias de años.

La 4 Generación "La resolución"

Esta generación entrega el negocio de las empresas, renuncian a invertir dinero que no tienen y no quieren deber dinero a los empleados. Buscan nuevas opciones de trabajo y aparecen artistas, bailarines, músicos, terapeutas.

La 5 Generación "El Recurso"

Miembros del clan son autónomos, viven con dignidad, desarrollan el amor, la empatía, trabajan honradamente para ganar su dinero.

Con estas breves historias lo que he querido transmitir es que aprendas que lo que sucede en una generación se traspasa a las siguientes generaciones con la finalidad de "reparar" el conflicto y quitar fuerza a los programas heredados.

Primera Historia Real
EL SECRETO QUE QUEMA

Con todo lo que ya sabemos de nuestro inconsciente, que lo sabe todo, todo hasta la séptima generación es inútil tratar de engañarnos. En mi primer libro de esta Trilogía, "TUS ANCESTROS QUIEREN QUE SANES", hablo en detalle de la importancia del Inconsciente y de cómo nos rige y nos domina ya que solamente somos consciente del 5% de nuestros actos, el 95% está a cargo de nuestro inconsciente, por lo que nuestro subconsciente tiene siempre la verdad de lo que ocurrió en nuestras vidas o clan familiar.

Así comienza la primera historia:

- A veces tengo la sensación de que mi hija, no es hija de Santi.

- Entonces no lo es.

- ¿Por qué lo dices?

- Tú lo dices, yo lo confirmo.

Llanto, llanto, (más confirmación de este hecho, el inconsciente se alivia, cae la evidencia, el llanto libera la culpa)

- Es que quizás lo sea, pero creo que no lo es.

- No lo es, no es el padre.

- ¿Y cómo puedes estar tan segura?

- Este es mi trabajo, tengo experiencia y sé comunicar con el inconsciente.

Norma, creció en una familia muy humilde. De muchas carencias económicas y emocionales. Sufrió de mucho maltrato físico y emocional durante su infancia. Esto programa mentalmente a las personas, les hace "creer" que es ésa la vida que merecen y no otra. Ni siquiera se cuestionan si viven bien o mal, simplemente viven el mismo dolor que vivió también su madre o abuela en la infancia.

El padre de Norma siempre trabajó en peluquería y fue muy ausente durante su infancia. Muy violento por lo demás. Norma de adulta también trabajó muchos años en peluquería o salones de belleza. Hasta el día de hoy no le gusta, pero no puede dejar el trabajo, sin ella conscientemente quererlo, termina siempre trabajando en lo mismo. Acá vemos claramente una "Lealtad" al padre, como el padre de Norma, la abandonó, ella "busca a papá" y simbólicamente en salones de belleza o peluquería lo encuentra.

Solamente para su inconsciente ella reconoce al padre en el ambiente de las "peluquerías", saber que ella trabaja en el mismo lugar en donde ha trabajado toda su vida su progenitor de cierta manera a ella la hace sentir que lo acerca a él, además que cuando nuestra relación con uno ó ambos progenitores ha sido distante y dolorosa, nuestro "niño interior herido" no se cansa de buscarlo y encontrar su aprobación.

Si nuestro inconsciente sufre el abandono del padre, nuestro inconsciente es inocente y buscará cualquier símbolo, semejanza o similitud que la lleve de regreso a papá.

Norma no puede dejar su trabajo, por más que encuentre otra actividad de manera ciega "regresa a papá".

Una noche en una fiesta Norma conoce a Santi. Viven una relación apasionada y tormentosa, de mucha violencia y mal trato, pero para Norma, aunque esta relación la sufre, no puede dejarla, siente que lo ama y que no puede vivir sin él. Todas las mujeres de su árbol, han llevado vidas de pareja tormentosas, por lo que no es extraño del todo para Norma estar viviendo situaciones de violencia y buso.

En una de las tantas peleas y discusiones Norma, se refugia en los brazos de un ex amor. Fueron unos días en donde ambos revivieron momentos del pasado. Pero muy luego Santi la busca y consigue regresar con ella.

lo vi muchísimo en [75] los tribunales de familia.

Casi dos meses después, Norma se da cuenta que está embarazada, las fechas estaban algo confusas, pero ella quiso creer que su bebé era de Santi. Reconoce que cuando supo que estaba embarazada le entró la duda, pero prefirió dejarlo pasar... La relación que tuvo con su ex pareja duró apenas unos días y no estaba dispuesta a quedar sola con un bebé igual como le ocurrió a su madre. Y así lo hizo, nueve meses después la niña nació y la relación de pareja entre ellos empeoró. Aumentó la violencia verbal, psicológica, insultos, y la relación comienza a deteriorarse hasta acabar completamente.

Una vez separados Norma queda al cuidado de la pequeña y acuerdan un monto fijo mensual de dinero para que Santi ayudara con la crianza de su hija.

Desde un principio tuvieron problemas con la suma acordada, Santi demoraba en los pagos de pensión a la niña, y siempre alegó por esta situación, sentía que daba mucho, que era injusto, y un día él viaja a vivir fuera de Chile por lo que gran parte de la primera infancia (los primeros 7 años) estuvo muy ausente de la niña. Exactamente como el padre de Norma. (la historia siempre se repite)

Regresando al secreto que quema:

Un día en Terapia cuando Norma me comenta acerca de esta duda de paternidad, supe inmediatamente que estaba buscando apoyo y contención, comenzó a "victimizarse":

- "Es que me sentía sola".

- "Nunca pensé que iba a quedar embazada".

- "Nunca quise mentirle a nadie".

- "Ahora todos me van a juzgar y a odiar".

- "No pudo seguir viviendo con esto dentro de mí, pero me da mucho miedo enfrentar la verdad".

Norma ya no podía vivir tranquila, desde que se despertaba hasta que se acostaba recordaba que cargaba con una culpa enorme, si bien nunca se había realizado un test de ADN, sabía perfectamente que su hija no era de Santi. Miraba a su hija y sentía mucho dolor, remordimiento e impotencia por lo que había hecho.

Ya no podía seguir viviendo en la angustia, la duda y la mentira.

Trabajando en su historia familiar, descubrimos que su abuela materna vivió el mismo drama.

Uno de sus hijos, el tío de Norma, no era hijo del padre que le hicieron creer. Este secreto fue contado por su misma abuela a Norma y le hizo jurar que no le contara a nadie… ¡qué dolor del Alma!

No existe nada más traumático, tortuoso y angustiante que guardar un secreto que sabes que no es justo de guardar porque la persona que lo guarda lo vive como una traición, sobre todo si conoce a la persona de quién se le esconde tal secreto. Para la abuela de Norma tampoco había sido fácil vivir con este secreto, pero temía más al juicio de sus seres queridos y la gente que la rodeaba que el poder sincerarse y limpiar su corazón de tanta amargura.

Sucede algo con nosotros mismos cuando sabemos que estamos siendo "injustos" o no estamos actuando de la mejor manera. Buscaremos la forma de herirnos o de "recibir nuestro castigo". Queramos reconocerlo o no, todos tenemos una base de origen judeo –cristiana, luego que cada familia haya seguido esa religión u otra en nuestro inconsciente colectivo guardamos la información de "culpa y pecado". Incluso hoy en día en nuestra sociedad es una de las formas que tenemos de actuar. Cuando alguien hace algo "malo" o "actúa inadecuadamente", existe un "castigo", ya sea una multa, pago, o cárcel. En nuestras familias se rigen por las mismas conductas, si alguien hace "algo malo" o incorrecto, se culpa, se castiga, se reprende, se expulsa.

Nuestra consciencia y nuestra mente es nuestra fuerza e impulso para seguir nuestras metas, pero también puede ser nuestra peor cárcel. Nos enjuiciamos como nadie nunca podría jamás hacerlo. Cuando nuestro corazón siente que hemos sido injustos nuestra mente se encarga de que no lo olvidemos, no nos deja en paz.

Nosotros mismos podemos ser nuestros peores jueces.

Es por eso, como lo hablo principalmente en mi primer libro:

"Tus Ancestros *quieren que Sanes" que la culpa busca equilibrar el "Daño"* que hemos cometido.

Quizás para tu mente racional esto no sea verdad y busque justificar lo que está sucediendo, pero nuestro inconsciente es quién domina nuestros actos y decide por nosotros hasta que nos hacemos conscientes y tomamos el control de nuestra vida.

Ahora es más fácil de comprender nuestros actos cuando sabemos que existe una raíz emocional que está provocando los hechos que estamos viviendo. Nada sucede por casualidad, ni por azar, todo tiene un sentido y una razón de ser. Nuestra vida es un conjunto de vivencias y emociones no expresadas, no sanadas, que llevan a secretos familiares para querer "proteger" a alguien de nuestra familia, pero al mismo tiempo estamos produciendo un desequilibrio porque nadie asume lo que tiene que asumir y así caen "justos por pecadores".

Vamos a regresar con la historia de Norma. Su abuela, pasó de una relación amorosa, siempre recibiendo mal trato físico y mucha violencia. Violencia que fue vista y vivida por todos sus hijos, por lo que tristemente hoy sus hijos no cuestionan si la vida que han llevado es buena o mala, solo la reciben de sus padres tal cual es.

Por eso no es de extrañar que sus hijas mujeres terminen en las mismas relaciones tóxicas de pareja que ella tenía. → Familias ricas, pobres, en todas.

Cuando Norma me vino a ver, ya no aguantaba más. Tenía serios problemas para dormir, estaba muy ansiosa, nerviosa, impaciente porque además ella ha estado en Terapia TRANSGENERACIONAL conmigo, y sabe que todo lo que se oculta sabiendo que se debe liberar para sanar es una carga emocional muy fuerte, no solamente para ella sino para las futuras generaciones en este caso para su hija. Al mismo tiempo que Norma comienza con esta crisis de angustia por la paternidad de su hija, su abuela materna enferma gravemente. Le diagnostican "Cáncer de garganta".

Norma sintió que lo que estaba ocurriendo era una señal para ella. Su abuela ya tenía otras enfermedades y no le quedaba mucho tiempo de vida, pero este cáncer, fue un aviso al cual Norma interpretó que debe liberar "el secreto" que no la deja en paz.

La garganta está ubicada en el quinto chakra. Los chakras son Vórtices de Energía que se ubican en nuestro cuerpo. Es por donde fluye la energía vital donde estos campos energéticos se limpian, se activan y nos ayudan a mantener el equilibrio emocional y también físico. Según la medicina china existen alrededor de 72.000 chakras, muchos conocidos por ser puntos de acupuntura. La medicina China trabaja en liberar o cargar estos puntos de energía para nuestro bienestar. Para el resto de las personas que no trabajamos la medicina china, utilizamos 7 chakras principales para alinear y cargar de energía nuestro cuerpo.

El quinto es el chakra de la voluntad y este situado entre la nuez y la laringe está relacionado la comunicación y la vibración. *Está directamente relacionado con la comunicación, con la voz con lo que digo.*

Diversas Terapias como el Reiki, gemoterapia, canalización de energía, alineación de Chakras, Terapias Saama, trabajan en activar estos vórtices de energía. Se siente mucho alivio en nuestra Alma, en nuestro cuerpo cuando se limpian, los chakras para un mejor funcionamiento de nuestros cuerpos sutiles.

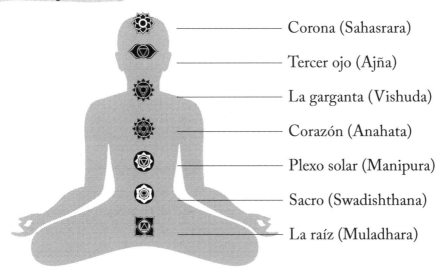

Corona (Sahasrara)

Tercer ojo (Ajña)

La garganta (Vishuda)

Corazón (Anahata)

Plexo solar (Manipura)

Sacro (Swadishthana)

La raíz (Muladhara)

Te recomiendo algunos libros por si quisieras instruirte más acerca de este interesante tema. "El libro de los chakras" de Osho, "El libro divino de los chakras" de Jay Tatsay, y también te recomiendo todos los libros de Deepak Chopra que hablan de espiritualidad, energía, vibración. En el mercado hoy en día hay muchos libros muy buenos acerca de los chakras, puedes también elegir uno que te llame la atención, seguro encontrarás la información que necesitas.

Con esta "pausa informativa" solamente quería que pudieras "asociar" los síntomas de la abuela de Norma con la historia de "secreto familiar" que ellas cargan. Con esto no quiero decir que cada vez que te guardes un secreto te vas a enfermar de algo grave, o de un cáncer a la garganta, esto fue lo que ocurrió con la historia de Norma y ella sintió y asoció el secreto de su abuela con su propio secreto y sintió que era el tiempo de liberarlo. (En mi primer libro hablo extendido acerca de los secretos familiares y TRANSGENERACIONAL)

Norma estaba absolutamente complicada, algo dentro de ella le hacía sentir que no estaba actuando bien y que debía corroborar el presentimiento que tenía acerca de la paternidad de su hija. Le aconsejé hablar con Santi, sincerarse y decirle acerca de esta duda que la estaba torturando. Llevaba 9 años cargando con esta inquietud, nueve años en donde si esto era así, significaba que no solamente se estaba mintiendo a ella misma, además de Santi, era su hija Camila, toda su familia y la familia de Santi que adoraban a la niña, a pesar de siempre tener conflictos con Norma.

La abuela de Norma empeoraba, los síntomas y dolores físicos eran cada vez más fuertes. Norma intentó hablar con su abuela para ver si ella quería decirle la verdad a su hijo (Tío de Norma) acerca de su padre y su abuela se negó. Poco a poco comenzó a desconectarse de la realidad y a ratos perdía la memoria.

Pasaban los días y Norma ya no podía más de esta situación. La ansiedad, miedo y culpa la tenían acabada. Decide hablar con Santi y decirle la verdad. Ya te puedes imaginar su actitud, no se atrevió a mirarlo a la cara se lo dijo por teléfono… faltaron insultos que él le pudiera decir, pero Norma no le cortó el teléfono al contrario, lloraba al otro lado pidiendo disculpas. Entre todas las cosas que Santi le dijo fue que si la niña no era su hija él no quería verla nunca más.

Los resultados estuvieron listos días después. Santi tenía 99,9% de no compatibilidad con Camila, es decir definitivamente él no era su padre.

Al mismo tiempo, el padre biológico de Camila, estaba casado y tenía dos hijas. Muchas veces intentó acercarse a Norma, y un par de veces le insinuó a Norma, que Camila se parecía a él. Vivían cerca, no tenían ningún tipo de lazo, pero en más de alguna ocasión se habían visto.

En una de las veces que Germán (padre biológico de Camila) se acercó a Norma, le dijo que si alguna vez te decides y haces un exámen de paternidad de Camila y yo soy el padre, quiero tener contacto con ella. Vamos a decir también que esto lo dijo en un momento en que Germán, buscaba tener algo extra matrimonial con Norma porque claramente no estaba bien con su esposa.

En ese momento para Norma eso era una locura de imaginar o pensar que Santi no era el padre biológico de su hija, ella se había jurado jamás decirle a nadie acerca de esta gran duda tortuosa y prefería vivir en el drama y sufrimiento que decir la verdad.

Inocentemente Norma, le comunica a Germán, que Santi no es su padre y que ella sabe que Germán si lo es, ya que fue con él y solamente con él que ella estuvo íntimamente cuando estaba separada de Santi. Dudas no había por ninguna parte ni siquiera de él.

Para su sorpresa Germán se hace el desentendido. Le prohíbe estrictamente que ella se acerque a él o a su familia, le dice que jamás quiere saber de Camila y que no quiere verlas nunca en toda la vida. Cambia de número de teléfono y se desaparece de la historia.

Norma hace intentos de contactarlo por redes sociales pero el la bloquea de todas partes. Santi pasa por varios momentos emocionales, del amor, al odio, del odio al amor. Toda su familia se comunica con Norma para expresarles su rabia, decepción y odio por esta situación, una de las hermanas la recriminó por haber contado esto y no haberlo escondido para toda la vida, la otra hermana no paró de insultarla por varios días seguidos, los padres de Santí, sufridos, tristes y amargados porque ya amaban a Camila y estaban destrozados con la noticia.

La familia de Norma le dio la espalda, la abuela de Norma empeoró notablemente.

La familia de Norma pertenece a un tipo de religión que condena todo, por lo tanto, Norma irá al infierno. No la quieren ver, no paran de enjuiciarla y no desean ver a la niña por un tiempo.

Sin embargo Norma siente que se sacó toneladas de culpa y ya nada le importa. Solamente le queda lo más importante, decirle la verdad a su hija Camila. Le aconsejé decirle lo antes posible, ya no había razón para seguir con toda esta situación, ya la "olla se destapó" y ahora hay que dejar salir lo que tenga que salir.

Una tarde de sábado, Norma le confiesa la verdad a su hija, la preciosa Camila, explota en llanto y le dice:

- "Hubiera preferido que jamás me lo hubieras dicho." Luego después de un buen rato, le dice:

- "No quiero saber quién es mi padre biológico, para mi Santi es mi padre y siempre lo será."

Santi por su parte sintió lo mismo, y toda su familia también, ya habían formado un fuerte vínculo con Camila y nadie estaba dispuesto a cortarlo.

La tormenta finalmente sesó, pero Santi se negó a pagar pensión alimenticia y él quiere comprar o aportar según lo que él pueda o quiera, por otra parte, Norma lo acepta, siente que es justo y ella está trabajando también como lo ha hecho siempre para alimentar a su hija.

Las energías dentro de un clan familiar están conectadas, cuando algo se "mueve" trae consecuencias y todo comienza a circular hasta encontrar el equilibrio.

La abuela de Norma había empeorado, se encontraba en casa, nadie le dijo a ella que estaba enferma de cáncer ni que le quedaba poco tiempo de vida. Una tarde Norma siente que debe ir a la casa de su madre a ver a su abuela, aunque no sea bienvenida y no la quieran ver. Entra a la habitación y su abuela estaba en otra dimensión, la reconoció, pero le hablaba incoherencias. Norma se sincera, a pesar de que su abuela pareciera que no comprendía nada, Norma le dijo acerca de la paternidad de su hija Camila y que ya estaba liberada de esa culpa y dolor. Norma lloró junto a ella, su abuela que siempre había sido una mujer fuerte, que fue para ella como una madre ahora divagaba en el presente, sin poder hablar, la mandíbula se le soltaba de la cara, la mirada pérdida y con dolores terribles. Norma se despidió, le dijo que la amaba, que le daba las gracias por lo que pudo hacer por ella y sentía mucho, que su abuela hubiese tenido una vida tan dura y sacrificada. Sufrió siempre y las parejas que tuvo siempre la maltrataron. Norma sentía que se liberaba de eso también. Permitió años de malos tratos de Santi, porque inconscientemente se sentía "culpable y mala" y merecía "castigo" y lo recibía aceptando el daño, porque ella sentía que había causado un daño mayor al mentir acerca de su paternidad con Camila.

Norma se despidió de su abuela que apenas logró mirarla a los ojos porque su mirada ya no era la misma de siempre. Salió de la habitación, luego del departamento y al estar afuera miró hacia la habitación en donde se encontraba su abuela y al igual que en las películas se quedó unos segundos esperando lo peor… sabía que era la última vez que vería a su abuela… a los minutos sintió el grito y llanto de su madre, su abuela acababa de morir.

Sintió un calor invadirla por todo su cuerpo, corrió por las calles llorando hasta llegar a su hogar y sintió que su abuela ahora de verdad iba a estar en paz. Ya no estaba en ese cuerpo enfermo, dolido y mal tratado, comprendía que su Alma, ya estaba lejos de ahí y que ella debía hacer de su vida lo mejor posible, se sentía al mismo tiempo liberada, ya no cargaba con el mismo secreto y se sentía en paz, como hacía años que no lo sentía.

Al hijo de su abuela (tío de Norma), nunca se le dijo la verdad, no fue a ver a su madre enferma ni tampoco a los funerales. Hacía tiempo que él no le hablaba. Y tampoco la muerte de su madre fue motivo de hacerlo.

Al mismo tiempo Norma estaba decidida a hacer todo "bien". Ya las cosas por un lado estaban poco a poco tomando orden, aún habían muchas emociones dolorosas, a ratos Santi la volvía a ofender, pero jamás dijo nada en contra de la niña, la rabia y malestar eran contra Norma. Increíblemente eso que había sucedido lo había acercado más a Camila, como si el saber la verdad había sido un alivio para él. Su familia continuó viendo a la niña y ella ama con locura a Santi.

Germán, brillaba por su ausencia, en redes sociales bloqueó y eliminó a Norma para evitar cualquier tipo de contacto.

Norma quiere que pase un tiempo y está decidida a que se sepa la verdad, en algún momento Camila tendrá que conocer a su padre, verlo, conversar con él y por último si después de eso no quieren verse, al menos, ya no habrá más mentiras.

Esto ocurrió a fines de año. Pasaron los meses y una tarde Camila le cuenta a su madre, que hay una niña nueva en su clase y que tiene problemas con varias niñas del curso. Es un año mayor, repitió de curso y este año es nueva en ese colegio.

Norma no le dio importancia y le habló de acercarse a la niña porque era muy probable que se sintiera sola por llegar a un curso nuevo. A los días, Camila le vuelve a hablar a su madre de esta niña y Norma le pregunta el nombre… Norma descubre que la nueva compañera de colegio es su hermana. Es hija de Germán.

¿ACASO QUIERES QUE ME QUEDE SOLA?

Llega a consultarme Marianne, armando su árbol entre todos los temas que quiere ver y resolver vi que había un tema importante a tratar con su hijo.

Ella venía a verme porque no puede tener relaciones duraderas ni estables con hombres.

No solamente el tema "pareja" le preocupaba, también el problema de autoestima e inseguridad que lo refleja en todos los ámbitos de su vida.

Marianne, fue una hija no deseada. Nunca conoció a su padre biológico. Fue la hija de la vergüenza. Así lo sintió siempre Marianne, ya que desde siempre sintió que el tema de su padre era algo estrictamente prohibido de hablar.

Marianne creció en una antigua casa en la ciudad, nunca comprendió porque siempre estuvo viviendo entre su dormitorio y la cocina. La casa en que vivía solamente su abuela materna, su madre, y ella, la casa era grande, de varios dormitorios y un amplio y gran living comedor, pero a ella siempre se le mantuvo en su cuarto y cocina, como si no tuviera derecho de existir. Solamente salía cuando debía ir al colegio y luego regresaba a su hogar.

Siempre sintió que no tenía derecho a nada, ni a lo más mínimo, siempre se sentía culpable por todo, a donde fuera cargaba con la sensación de que no era bien recibida, agradecía lo poco que recibía y nunca pensó que tenía derecho a recibir más de la vida. Siempre se conformó con muy poco, jamás imaginó que pudiera sentir que merece la alegría de la vida. Tanto su abuela y madre eran de carácter fuerte y duro, de trato frío y distante.

Marianne crecía en un medio inhóspito, en donde no comprendía el encierro en el que se encontraba. Nunca se atrevió a preguntar por su padre, de pequeña sintió que ese tema era tabú. Sonia su madre trabajaba largas horas del día y Marianne después del colegio llegaba al hogar a ayudar a su abuela en la cocina, limpiado, planchado o lo que le indicaran de hacer.

Recuerda que un día llegó Andrés, era amigo de su madre y al poco tiempo fue la pareja de su madre. Llegó a ocupar un espacio en esa casa inmensa. Una sensación muy extraña comenzó a sentir la pequeña Marianne, se sintió por primera vez vista. Siempre se había sentido invisible desde que tenía uso de razón. Ella tenía 8 años cuando Andrés llegó a vivir con ellas. Era la segunda pareja de su madre, la primera duró un par de años, él era alcohólico y de tantos conflictos y violencia finalmente la relación acaba y su madre entra en depresión.

Sonia culpaba a su hija del abandono de su pareja, decía que, si estuviera sola, él se hubiese quedado con ella.

- Por tu culpa maldita, me dejaron por tu culpa. Ahora me voy a quedar sola, igual que tu abuela ¿eso quieres? ¿Que me quede sola y amargada como ella?

Marianne lloraba, temía a su madre porque no solo la insultaba, también cuando le daba la locura no paraba de golpearla con lo que tuviera a mano.

- Me cagaste la vida. Por tu culpa tengo que trabajar y no puedo ser feliz. Me cagaste la vida, ¿estás feliz ahora que estoy sola?

Y mientras decía estas crueles palabras, su madre la zamarreaba y enterraba sus uñas en los bracitos delgados y pequeños de Marianne.

Una vez que Andrés llegó a casa, por unas semanas Sonia parecía feliz. La mujer evitaba golpear a su hija tan seguido y por el contrario hacía intentos por tratarla mejor. Pero al tiempo todo volvió a la normalidad.

Sonia era cajera de un supermercado y tenía distintos horarios de trabajo. Andrés trabajaba de junior en una empresa de correos.

Por las tardes como de costumbre Marianne llegaba del colegio y debía ayudar a su abuela a lavar ropa, plancharla, cocinar o hacer la limpieza. Para eso, si se le permitía recorrer la casa, dos veces por semana se hacía aseo profundo y Marianne limpiaba vidrios, murallas, baños y debían quedar todo extremadamente limpio y reluciente.

Como dato curioso:

- Si en tu familia ha existido la manía de limpiar a fondo todo hasta el cansancio el hogar, pregúntate: ¿Qué es lo que se debe limpiar en mi familia? ¿Qué es lo sucio que se oculta?

Andrés encontró un hogar donde quedarse, ayudaba con algunas compras de comida y se ofreció de pagar algunas cuentas del hogar lo que fue recibido como un acto de amor y agradecimiento por estas mujeres solas y abandonadas.

María, la abuela de Marianne y madre de Sonia, también trabajaba fuera del hogar, tres veces por semana como, asesora del hogar, para una familia bien acomodada.

Aquella familia la tenía contratada desde hace muchos años, María ya era parte de ese hogar y cuando el matrimonio viajaba fuera de Chile, era María quién se iba a quedar al cuidado de la casa y de los niños muchas veces hasta por varias semanas.

Pasaron los días, semanas y Andrés a veces llegaba más temprano que de costumbre a casa, trayendo alguna galleta o dulce para Marianne, quien tímidamente aceptaba los regalos. Marianne no había tenido jamás muestras de cariño y para ella que Andrés fuera amable y le llevara dulces de regalo era algo increíble. La niña esperaba la llegada de Andrés con ansias y felicidad, y él se ofrecía a ayudarla con las cosas en el hogar.

Sonia seguía manteniendo el mismo mal trato de siempre con su hija y comenzó a sentirse desplazada estúpidamente por ella, porque sentía que le quitaba la atención de Andrés.

- ¡¡¡¡ Puta, eso es lo que eres, una puta!!!..

¿Acaso crees que no me doy cuenta que le sonríes a Andrés?

Marianne tenía 9 años, no podía comprender los insultos de su madre.

- Te prohíbo que le hables a Andrés, si veo que lo miras te voy a dar una tanda que te vas a acordar de mí.

Por otra parte, Andrés sabía perfectamente lo que estaba sucediendo. Muchas veces escuchó lo que Sonia le decía a su hija, mientras la tenía encerrada en la habitación o baño.

Una tarde de verano Marianne acababa de llegar del colegio y estaba terminando de lavar la ropa, cuando llega Andrés con un chocolate . La pequeña seguía afanada de rodillas lavando la ropa, cuando Andrés le cubre los ojos:

- Marianne, shhhh soy yo. Llegué antes para ayudarte y para llevarte a un parque que conozco. Tu madre llegará tarde hoy y tu abuela llega este fin de semana. Mientras le hablaba, suavemente le quita las manos frías de la tina en donde lavaba la ropa, le entrega un chocolate y junta sus manos con las manitos de Marianne.

- Te traje este chocolate que te gusta. Puedes comértelo todo. No le digas a nadie que te lo di o se van a enojar conmigo y me van a prohibir que te traiga más dulces.

Por nada del mundo la pequeña iba contar de este maravilloso regalo. Nadie nunca antes le había regalado nada, menos un chocolate entero para ella. Marianne se sentía agradecida, pero algo más. Cada día después de clases ella espera la llegada de Andrés, sus conversaciones, salidas al parque y caminatas por las calles de la ciudad.

Cuando llegaba Andrés, la pequeña sentía su corazón latir. La niña siempre habló y comunicó muy poco, ahora con Andrés se sentía por primera vez vista y escuchada.

Su madre era cada vez más odiosa con ella,como si supiera que entre Andrés y su hija había una complicidad que la excluía. Para Marianne, significada todo lo que nunca tuvo. Se imaginaba que un día Andrés le iba confesar que él era su padre biológico, que la iba a salvar del demonio de su madre y que le iba a ofrecer sacarla de ahí y que ella iba a vivir feliz toda la vida con él, con Andrés, su supuesto y deseado "Padre".

Cada vez que María o Sonia castigaban o retaban a Marianne, Andrés buscaba la forma de consolar a la pequeña. Lo hacía en secreto, "entre tú y yo"… la abrazaba y le decía que era una niña muy buena, que su madre y abuela eran locas y a veces malas. Le prometía que la iba a cuidar siempre y que ignorara lo que ocurría en casa, le decía que él sufría cuando ella estaba mal y muchas veces Marianne, lloró en silencio abrazada al pecho de Andrés.

Una tarde Sonia esperaba por Andrés y éste no llegó. Por el contrario, llegó tarde de noche y pasado de copas. Discuten fuertemente y Andrés amenaza con marcharse esa misma noche. Sonia de rodillas le suplicaba de quedarse y Marianne sola en su habitación, llorando en silencio pedía lo mismo.

Andrés había perdido el trabajo y se encontraba cesante. Hacía trabajos de pintura a domicilio y en eso comenzó a dedicarse un tiempo junto a un amigo.

Una tarde, la pequeña Marianne estaba ordenando la ropa, cuando llega Andrés y no la saluda y se va a su habitación. Marianne no estaba acostumbrada a eso, llevaban dos años de una rutina y ella lo extrañaba y se preocupaba por él. Andrés saca un vaso con vodka y se lo lleva a la habitación oscura. Marianne abre suavemente la puerta…

- ¿Marianne? Déjame solo, vete de aquí.

Pero la niña no cerraba la puerta y permanecía al otro lado en silencio.

- Ya te dije, fuera de aquí, vete, no te quiero ver, ¿acaso no entiendes? Marianne ya había cumplido 12 años, seguía tímida y silenciosa, pero con Andrés era distinto, se sentía en confianza y no le temía, por el contrario, era la única compañía que ella apreciaba en su vida. Andrés toma de los hombros a Marianne y la mira fijamente a los ojos y le dice:

"Me importas mucho, no me gusta verte sufrir, ven acá", y la abraza fuertemente contra su pecho.

En ese momento comenzó todo …primero con abrazos, luego caricias, más caricias y más abrazos. Andrés le pedía varias veces por las tardes que Marianne le acariciara la espalda. Ella lo hacía porque a Andrés le gustaba, le excitaba y ella quería complacerlo.

Marianne estaba sintiendo emociones que jamás antes había sentido. Le gustaba como sentía pero, sobretodo le gustaba agradar a Andrés, porque él era el único que la trataba como una persona que existe.

Andrés era el único que se daba el tiempo de estar con ella. Una noche, Sonia estaba de turno hasta muy tarde y su abuela estaba fuera por dos semanas.

Eran pasada las 10 de la noche y Marianne estaba en su cuarto a oscuras. Era una noche de invierno, no había parado de llover desde el mediodía. La humedad se sentía en los pasillos y las murallas de la casona fría e inhóspita.

La estufa no tenía gas y la casa estaba muy fría, muy sola. Andrés entra en la habitación de Marianne con una bolsa de agua caliente para las piernas. Marianne, se asustó, su corazón comenzó a latir más rápido que de costumbre. Pretendió fingir que dormía, pero fue en vano.

Andrés suavemente se acostó a su lado, dulcemente comenzó a acariciar el cabello de la adolescente, mientras su cuerpo hacía presión contra el cuerpo de Marianne. Andrés se fue recostando a su lado, poco a poco se iba acercando al cuerpo delgado y frágil de Marianne, hasta que lograr estar dentro de la cama, con su cuerpo pegado al de la joven adolescente. Una vez ahí, la temperatura corporal de Andrés comenzó a subir, estaba completamente excitado, y comenzó a susurrar palabras de amor al oído de Marianne.

- Mi niña, tranquila, hace mucho frío nadie llegará esta noche y yo me quedaré contigo para cuidarte. Confía en mí, tu sabes cómo te quiero y no quiero que estés sola.

El frío en la habitación se hacía notar, así también el cuerpo caliente de Andrés pegado al pequeño cuerpo de Marianne. Debajo de las tapas Andrés comienza a desvestirse y poco a poco comienza un suave juego sexual con Marianne, solamente él se excitaba, rosaba su cuerpo maduro y húmedo en el cuerpo delgado y frágil de Marianne.

Una vez que había terminado, la besa en la frente y boca y le da las gracias y se va de la habitación pero, antes le susurra al oído:

- Gracias mi niña, te dejaré dormir tranquila, no quiero que te sientas mal, no hemos hecho nada malo. Prefiero que no le digas a nadie que estuve aquí, o tu madre o abuela se podrían molestar y hasta quizás quieran que me vaya de acá. No quiero que te quedes sola, tu sabes cómo me importas y te cuido. Además, que hay que agradecer que tenemos un techo donde vivir. (este tipo de frases, mezcladas sutilmente con otras frases, lo que finalmente Andrés quería decirle era que gracias a que él pagaba el arriendo tenían un hogar y que, si se marchaba, ellas queda rían en la calle)

Marianne, comenzó a distanciarse de Andrés, pero a ratos sentía unas ganas enormes de tenerlo cerca. Su madre Sonia, era extremadamente celosa y desde que a Marianne le llegó la menstruación Sonia se había vuelto más agresiva con su hija y detestaba verla siquiera cerca de Andrés.

Comenzaron meses muy intensos, Andrés encontraba cada vez más momentos para estar a solas con Marianne y ella se sentía protegida, importante, atendida y por primera vez amada. Nunca antes había sentido que alguien se preocupara de verdad por ella y por primera vez recibía atenciones, cuidados, cariño…

Pasaron los años y esta situación comenzó a incomodar a ratos a Marianne. Cuando estaba con Andrés parte de ella lo disfrutaba, pero al mismo tiempo sentía rechazo. Su abuela ausente muchas veces por semanas, no sabía lo que sucedía en su propia casa. Sonia, continuaba en su trabajo de cajera con horarios irregulares con la misma tóxica relación con su hija. Andrés, tenía extremo cuidado cuando llegaba

Sonia a casa, era muy cuidadoso en no poner su atención en Marianne y al mismo tiempo, Marianne, se refugiaba en su cuarto cando él llegaba y estaba su madre, así nadie se ponía nervioso, ni nadie se molestaba. Una extraña sensación comenzó a invadir a la adolescente, sentía un dolor en el pecho cuando sabía que su madre y Andrés se iban a su dormitorio para dormir. Por un lado, le dolía sentir que estaba sola, sabía que solamente tenía 14 años y que no podía competir con su madre por el amor de Andrés. Por otro lado, se odiaba por lo que sucedía porque no podía comprender las emociones que sentía ni tampoco podía definirlas. Absolutamente nadie, sabía lo que sucedía en el interior de aquel hogar.

Por meses y años, Andrés se ganó el cariño de Marianne y él llegaba al dormitorio de la pequeña con dulces palabras, regalos, que luego se fueron convirtiendo en besos, caricias, tocaciones hasta que un día toda esta relación fue más allá. Hasta el momento eran juegos sexuales, besos, caricias, en donde siempre Andrés terminaba en orgasmos.

Marianne comenzó a desarrollar su cuerpo rápidamente, aprendió el juego de la seducción y sin ni siquiera saberlo su cuerpo y gestos de niña eran ya sexualizados. Estaba comenzando a excitarse con los encuentros y visitas de Andrés, pero aún en su mente este juego era un secreto que le quemaba el Alma, lo disfrutaba. Una noche en que estaban solos Andrés le roba la virginidad en minutos y todo se volvió oscuridad para la pequeña. Nadie nunca antes le había hablado de sexualidad, ni de cómo se llegaba a este punto entre un hombre y una mujer, solamente sintió repudio, asco, culpa y vergüenza. Marianne queda embarazada sin tener conciencia de estarlo.

Esa noche no durmió, lloraba en silencio, le dolía todo el cuerpo de una manera increíble. No deseaba más seguir en ese juego peligroso y decide contarle a su madre lo sucedido, pero no sabía cómo explicar todo lo que estaba sintiendo y su cabeza tormentosa, ya había perdido la cuenta de cuánto tiempo llevaba en esa situación. Tenía miedo, una angustia y una profunda amargura y tristeza que quedaron clavados desde esa noche en el centro de su corazón.

Pasaron tres días en donde la adolescente no pudo levantarse para ir al colegio, su estómago estaba revuelto, tenía dolores de cabeza y cuando nadie la veía se refugiaba en su cama a llorar.

El sentimiento de soledad, abandono, y amargura eran inmensos. Andrés pretendía no enterarse de lo que le sucedía y actuaba como si nada hubiese ocurrido. Al tercer día por la noche Marianne no aguanta más y aprovechando que Andrés no estaba en casa, decide hablar con su madre, no sabía cómo abordar el tema, prefiere acercarse y hablar que seguir sintiendo el dolor clavado en su pecho.

Sonia estaba en la cocina preparando un té y pan. La cocina estaba fría y Marianne se sienta a la mesa con ella. Tenía un nudo en la garganta, comenzó a transpirar frío, y sus piernas a moverse suavemente del nervio, miedo y angustia.

- Mamá, te tengo que decir algo.

- Dime, y dime ahora que no tengo tiempo, habla

(en tono seco y agresivo).

- Silencio… silencio… silencio…

- Habla ¿o crees que tengo toda la tarde? ¿Qué pasa mataste a alguien?

Sonia sentía que lo que le quería decir su hija no era algo sencillo, rara vez estaban sentadas en la mesa con algún tema de conversación.

- Mamá, es Andrés…

En ese momento Sonia le da una cachetada que le da vuelta la cara.

- No te atrevas a decir nada de él, ¿me oíste?

- Ándate de acá, puta mentirosa, puta mala, solo quieres que me quede sola, ándate de acá, desde que naciste me has traído puros problemas. Quieres arruinar mi vida.

Y comenzó a darle manotazos y combos y la sacó a golpes de la cocina. Marianne cumple 15 años. Su cuerpo delgado y fino, mal nutrido escondía increíblemente muy bien lo que llevaba dentro de su vientre.

Comenzó a usar ropa más suelta, sabía perfectamente que estaba embarazada de Andrés.

Pasó semanas vomitando en silencio, en el colegio no tenía amigos, y entró en una depresión, apenas tenía ganas de comer, lo que comía lo vomitaba, y los mareos fueron su compañía los tres primeros meses de embarazo. Por lo que habían visto en clases, supo que estaba embarazada, inocentemente vivía el día a día sin saber qué es lo que iba a suceder, evitaba pensarlo, se había rendido a Andrés y se dejaba tocar y besar y tener relaciones porque así era todo más rápido. Cuando Andrés conseguía lo que quería él la dejaba sola, que era lo que deseaba finalmente Marianne.

Andrés vio el cambio en el cuerpo de Marianne y se asustó. Evito verla, estar a su lado, pero era cobarde, sabía de la necesidad de Sonia de tenerlo a su lado y por otra parte él estaba muy cómodo en aquel hogar. Lo que se vivía en esa casa era de locos, nadie quería ver lo que era más que evidente, todos pasaron a ser ciegos irracionales.

Pasaron los meses y el sexto mes ya fue evidente. Sonia entra al baño cuando se estaba bañando Marianne y le descubre su vientre abultado. Comienza a insultarla y a golpearla fuertemente, mientras lloraba desesperada, entra Andrés y trata de calmarla, sacándola del baño en estado de crisis.

Andrés encierra a Sonia en la habitación, Marianne llorando se va a su dormitorio y se tira en su cama a llorar desconsolada.

A las horas entra Sonia a la habitación de Marianne, estaba perdida, había bebido, olía a cigarro, descuidos, suciedad, amargura y le dice:

- Ya viste lo que hiciste. Maraca desgraciada, te querías quedar con mi hombre. Le hiciste un hijo pensando que se quedaría contigo, pero no lo lograste, perra.

El me ama, y me ha dicho como tú siempre lo has provocado, maldita puta desgraciada.

- Pero no quiero pelear más contigo, es inútil. Me gustaría que te hicieras un aborto, ya lo averigüé, pero ya es demasiado tarde y puede ser muy peligroso y me niego a ir a l cárcel por tu culpa.

- Te prohíbo, escúchame bien, te prohíbo que alguna vez te atrevas a decir quién es el padre de este hijo maldito.

Dos años después…

Arturo, hijo de Marianne y Andrés crece y es criado en el mismo hogar junto a su bisabuela y abuela materna.

Arturo, no es reconocido por el padre, lleva el mismo apellido que su madre.

Sonia sigue su rutina de vida, trabajando como siempre. Marianne tiene más rechazo que nunca hacía Andrés, pero nada puede hacer. Andrés pretende que nada ha cambiado, y él sigue teniendo la relación con su madre.

Nadie habla del tema, tabú absoluto. Ni siquiera su abuela se atrevió a preguntar quién había dejado embarazada a su nieta.

El niño crece en el hogar con desamor y Marianne a pesar de todo siente que lo ama y se niega a darle mal trato físico como el que ella siempre recibió, pero no puede abrazar al niño, intenta hacerlo, pero siente rechazo, y eso le duele el Alma.

Al tiempo ocurre lo inesperado para Sonia y lo que esperaba Marianne, Andrés conoce a otra mujer y se va de la casa de un día para otro. Pasan los años, y Sonia no deja de culpar a Marianne por estar sola, tiene mal trato hacia Arturo, y el niño crece sintiendo que no tiene el derecho de preguntar por su padre. (exactamente igual que Marianne)

El pequeño crece entre cuatro paredes, como escondiéndolo del mundo y del acoso de la gente. Así se evitarían comentarios de su existencia, preguntas referentes al padre y más historias que pondrían en duda el nacimiento misterioso de este bebé.

Marianne, descubre en una discusión con su madre, que ella es fruto de una violación que sufrió su madre a los 14 años, por una pareja que tuvo su abuela materna. La historia se repite, solamente ahí lo comprendió todo, ella también vivió siempre escondida del mundo, de la gente de la familia, así nadie tendría que dar explicaciones de su nacimiento como lo que estaba ocurriendo ahora exactamente con su hijo Arturo.

→ se da mucho en las poblaciones en Chile.

NO ESTOY LOCA

Blanca, era la quinta hija del matrimonio. Amaba la lectura y escribir. Leer se había convertido en su pasión. Su padre un militar de alto rango, solía realizar fiestas en su hogar y deseaba que sus hijas se casaran con hombres profesionales (ojalá militares como él). De una cultura machista, solamente sus hijos fueron a la universidad, sus hijas fueron criadas para seguir criando hijos y atender a sus maridos. De los cinco hijos que tuvo, dos eran mujeres, Dana la mayor y Blanca la más pequeña.

Blanca soñaba con escribir novelas y algún día publicarlas. Guardaba escritos de diarios eternos que tenía desde que comenzó a escribir.

A los 17 años su padre le presenta a un joven abogado para que se casara. Fue exactamente, así como se lo presentó. Hasta ese momento no se le había permitido jamás salir de casa, menos con un joven y este chico era el hijo mayor de un matrimonio amigo, era de "buena familia" y había que asegurar el futuro de sus hijas. El matrimonio fue organizado por sus padres, al año y medio de estar casados nace Luz.

El joven abogado trabaja mucho en el buffet de bogados de su padre, no solamente había heredado el mismo gusto laboral sino también su adicción al alcohol. La vida del joven matrimonio era insostenible. Las discusiones, peleas y desavenencias eran cada vez más grandes.

Blanca tenía ideas fijas y claras, sabía que no deseaba seguir viviendo así, y también sabía que no podría separarse si ella no tenía algún tipo de estabilidad económica.

La sola idea de querer separarse ya era un gran pecado para su familia, por lo que ella guardaba en silencio sus planes. Pablo no era mal hombre, pero era un joven adicto al alcohol, que se volvía violento cuando se perdía en las aguas dulces y oscuras del trago.

Una tarde, Blanca caminaba por la ciudad con su hijita de 6 años de edad, pasaron a tomar un té con pastel a una cafetería de la esquina de su hogar.

Blanca lee un anuncio en donde buscaban a periodistas o reporteros para escribir una columna en el diario "más conocido del momento"; consistía en escribir críticas y resúmenes de libros, algo que ella era adicta y no dudó en hacerlo. Los postulantes debían escribir una crítica de dos planas, a un libro que ellos asignaron por escrito.

Blanca se ilusionó, se había leído el libro hacía años, y como era de rápida lectura lo volvió a leer en días y para cuando antes que terminara la postulación ya había enviado el resumen y crítica solicitados.

Como sabía del "machismo" en el que vivían, Blanca usó un seudónimo. Firmó la crítica como B.J. fingió ser Bernardo Jaramillo, pero en verdad era Blanca Johnson.

Pasaban los días y Blanca esperaba el correo desde muy temprano, cuando ya dejaban las cartas y no había nada del diario para ella, se regresaba a casa y se daba ánimos sintiendo de corazón que el puesto era de ella. Exactamente a los 12 días recibe una carta muy breve y muy específica, citaban al señor Jaramillo a una entrevista personal con el Jefe del Área de **"Libros y Lectura"**.

Blanca se reía sola, bailaba en su living de la casa con la carta entre sus manos... cuando de repente, reacciona y se da cuenta que la entrevista era para "Bernardo"...

Ingeniosa como lo era, no dudo en asistir a la entrevista, a la secretaria le dijo que era la esposa del señor Jaramillo, mostró la carta que había recibido y pidió hablar con el Jefe del Área de **"Libros y Lectura"**.

Su encanto, inocencia y sus ganas de escribir traspasaron las barreras del momento. Nadie pensaba que sería una mujer la nueva integrante del área de críticas de lecturas del diario.

No fue fácil, pero su talento era increíble, <u>lograba en breves palabras plasmar la esencia de los autores y conseguir nuevos lectores tanto para la columna del diario como para los libros.</u>

como yo !!!

Por otra parte, su matrimonio iba cada vez peor, Blanca tenía una meta; establecerse económicamente, comenzar a escribir su propio libro y comenzar a ganar dinero para poder separarse.

Su Jefe, Manuel, era un hombre 6 años mayor que ella. Estaba viudo hacía dos años y no tenía hijos. Una cosa llevo a la otra …ambos compartían la magia de la literatura, lectura, críticas de libros, obras de teatro, opera, él amaba la vida social y Blanca deseaba tener y vivir esa vida.

A pesar de estar en contra de todo lo social, Blanca pide el divorcio y Pablo no tiene como no darlo. Era más que evidente que la relación de ellos fue forzada, que juntos vivían un infierno lleno de infelicidad, amargura y mal trato y que esto era lo mejor para todos. Blanca solicita solamente el divorcio sin pedir ninguna compensación económica a cambio ya que sabía de qué esta manera todo iba a ser más fácil y rápido.

Blanca fue criticada principalmente por sus padres y hermanos sin embargo, se encontraba profundamente enamorada de Manuel y poco y nada le importaba lo que se dijera de ella. Tuvieron un matrimonio silencioso, no querían dar más que hablar y se fueron a una romántica luna de miel a un crucero por Grecia.

Blanca estaba en sueños, adoraba a este hombre culto, compartían muchas cosas en común y su columna en el diario era una de las mejores evaluadas de la empresa. Luz, su hija, se sentía integrada en la nueva pareja ya que con su padre era muy poca la relación que tenían. La pequeña era muy inteligente, le gustaba dibujar, pintar y recitar poemas.

El matrimonio tuvo dos hijos varones, Juan y Baltazar. Con la maternidad Blanca trataba de compatibilizar sus tiempos con sus actividades del Diario, su vida matrimonial y social. Juan, su segundo hijo era muy dependiente de ella. Sufría fuertes crisis cuando Blanca no estaba en casa. Cuando era tarde por la noche, y si ella, Blanca, no llegaba, Juan la esperaba durmiendo en el pasillo de la casa hasta que llegaban sus padres.

La paciencia y buen humor era algo que no estaba en los genes de Manuel.

Detestaba ver a Juan llorando por su madre cuando ella no llegaba por las noches y lo enviaba a empujones a su pieza cuando él estaba en crisis de llanto y desolación por su madre.

Blanca oía en la habitación matrimonial los sollozos de Juan llorando por ella, y Manuel le prohibía de ir a su habitación a consolarlo y mucho más, que el niño fuera con ellos.

Cuando Manuel se quedaba dormido, Blanca suavemente se retiraba de la cama matrimonial, e iba a la habitación del pequeño Juan, se acostaba a su lado, lo abrazaba fuertemente y le cantaba una canción para dormir luego, le susurraba cuentos de súper héroes, magos buenos luchando contra la magia negra, soldados de guerra, ganando la batalla, y muchas historias entretenidas y alucinantes al oído hasta que el pequeño se desvanecía de cansancio y de sueño entre sus brazos. Dormido, enredado en sus brazos, apoyando su cabecita en su pecho, Juan lograba encontrar la paz, entre ellos había un lazo muy especial, mágico, como si Juan tuviera pánico de perder a su madre, algo así como una premunición desquiciada que lo hacía perder la cabeza cuando se alejaba de él.

Solamente Juan se sentía tranquilo y seguro cuando dormido escuchaba los latidos de su madre, un momento que lo transportaba mágicamente a su gestación, cuando eran solamente ellos dos y el mundo.

Luz, había crecido en este mundo inundada de literatura, bailes, reuniones sociales, era de modales finos, amaba la lectura, tenía siempre temas de conversación y a diferencia de su madre tenía una belleza exótica fuera de lugar.

Con los años Blanca, pasaba mucho tiempo en sus escritos, daba charlas y clases en algunos colegios y centros de la ciudad.

Manuel, seguía en su mundo literario cuando Blanca no podía asistir, pedía a Luz de acompañar a Manuel, que para la joven adolescente era un honor, se sentía halagada de llegar a reuniones sociales acompañada de él, un periodista y escritor destacado reconocido por su trabajo y muy solicitado en el momento por la "alta sociedad".

Había un detalle importante, Blanca luchaba con su inseguridad y baja autoestima. Le tomó tiempo reconocerlo, escondía esta inseguridad con su rebeldía, pero a solas, la angustia la invadía. Con el pasar de los años, fumaba grandes cantidades de tabaco, combinados con copas de vino que se transformaron con el tiempo en vasos de whisky.

Manuel siempre fue admirado por hombres, pero mucho más por mujeres. Acostumbraba a realizar viajes fuera de la ciudad por "trabajo" y Blanca no comprendía la razón del porqué ella no podía asistir y comenzaron a tener fuertes discusiones por los celos por parte de ella. Comenzó a entrar en cuadros depresivos cada vez más fuertes. Su codepencia hacia Manuel era casi enfermiza, estallaba en gritos e histeria cuando él llegaba tarde por las noches y se quedaba en vela esperándolo, mientras fumaba y bebía hasta largas horas de la noche, a su lado se acercaba el pequeño Juan invitándola a dormir a su habitación, pero era inútil, Blanca solamente quería que llegara Manuel, se había aferrado a él, y había perdido el interés de estar con sus hijos, hasta de escribir, y de seguir su vida activa como lo había hecho hasta ese momento.

Blanca, estaba completamente perdida, estaba segura que Manuel la engañaba, pero no tenía como comprobarlo. Manuel, comenzó a tratarla de loca y desquiciada, a ignorarla, y Blanca estaba ya completamente desconectada de sí misma, de su entorno y de la vida. Una tarde, esperando a Manuel, y al ver que no llegaba, sale al jardín, saca el auto, había bebido mucho pero, de igual manera sale decidida a buscarlo. Al salir por el portón, entre llanto, desesperación, se pasa una luz roja y su auto impacta con un bus a mitad de la calle. El accidente fue muy grave, Blanca queda inconsciente.

Blanca fue llevaba de urgencia al hospital, con fractura de cuello, brazo derecho y piernas. Los exámenes que mostraban altos niveles de alcohol en la sangre. Debido a las operaciones y a urgencia los doctores la durmieron por varios días.

En una clínica privada fuera de la ciudad, despierta una mañana Blanca, aùn extremadamente mareada, a causa de tantos sedantes y medicamentos para el dolor, e intenta recordar el por qué estaba allí. Resentida por las operaciones, se sorprende de despertarse en una habitación completamente desconocida para ella. No le era fácil imaginar en donde se encontraba, ya que el lugar no tenía apariencia de hospital, sino más bien una habitación de una casa de campo.

Se levanta lentamente de la cama en donde se encontraba, la habitación era completamente de madera, comienza a observar cuidadosamente el lugar, su corazón comenzó a latir cada vez más fuerte, por más intentos que hiciera, no recordaba cómo llegó hasta ahí.

Frente a la cama, entraban rayos de luz del exterior, había una ventaba que reflejaba un pequeño arcoíris que logró robar una sonrisa en el pálido rostro de Blanca. La débil mujer toma fuerzas, toma atención y se da cuenta de que su cuerpo estaba lleno de vendas, sus manos marcadas de agujas venas verdes y celestes que se hacían notar con lo pálido del color de su piel. Camina lentamente y muy mareada hacia la ventana, corre la cortina y mira un paisaje de otoño hermoso, hermoso pero solitario, justo frente a su ventaba había un largo camino de tierra que mostraban una entrada llena de altos pinos, con una inmensa reja negra. Se oían perros a los lejos ladrando, logró divisar a uno corriendo agitado que se cruzó como relámpago frente a la ventana.

El silencio era maravilloso, de pie frente a la ventaba, se dejó hipnotizar por la cálida luz que entraba en ese momento, con su cabeza fija hacia la ventaba cerró sus ojos para sentir el suave calor que entraba por los rayos de luz que atravesaban la ventana, poco a poco comenzó a sentir el cantar de pájaros que parecían coros entonando una canción de madrugada. Sabía que debía ser temprano, el sol parecía estar recién estar saliendo, y a lo lejos se divisaba una leve neblina espesa y blanca.

En eso, entra en crisis, un pánico la embarga abruptamente, su corazón pareciera salirse de su boca, comenzó a transpirar húmedo y frío y trata de abrir desesperadamente la ventaba mientras grita que la saquen de ahí. Su intento de abrir la ventaba eran en vano, sus gritos se oían a kilómetros, pero para su desgracia nadie que pudiera realmente ayudarla podían oírla. En eso se abre bruscamente la puerta de la habitación y entran dos jóvenes vestidos de blanco, que la toman entre sus brazos y la arrastran hacia la cama. Blanca hace inútilmente esfuerzos por zafarse de ellos, pero era imposible, apenas tenía fuerzas para estar de pie, había perdido notable peso y se encontraba bajo fuertes efectos de drogas y medicamentos. Los jóvenes eran paramédicos.

Blanca intentó preguntar dónde estaba, pero se enredaba en sus palabras, la impotencia, miedos y angustia no la dejaban hablar con claridad, comienza una estúpida e injusta lucha de fuerzas, cuando en ese preciso momento por la puerta entra una mujer de aspecto duro, casi insensible que no hace ningún intento por oír lo que Blanca quería decir, saca rápidamente una inyección y se la clava en la parte superior de su brazo derecho. Blanca entre lágrimas y sollozos, cae casi de manera inmediata sobre sus piernas, los jóvenes la acuestan en la cama fría y dura de aquella habitación y la dejan nuevamente sola y angustia no la dejaban hablar con claridad, comienza una estúpida e injusta lucha de fuerzas, cuando en ese preciso momento, por la puerta entra una mujer de aspecto duro, casi insensible que no hace ningún intento por oír lo que Blanca quería decir, saca rápidamente una inyección y se la clava en la parte superior de su brazo derecho. Blanca entre lágrimas y sollozos, cae casi de manera inmediata sobre sus piernas, los jóvenes la acuestan en la cama fría y dura de aquella habitación y la dejan nuevamente sola.

Pasaron largos días en los que Blanca abría los ojos, y cuando esto sucedía eran acompañados de fuertes dolores de cabeza, sintió ganas de ir al baño, ni siquiera se había preguntado como lo había hecho antes, para su sorpresa, ahora estaba amarrada de pies y muñecas. A su lado había una silla de madera, un velador alto con una fuente de metal verdoso, un jarro transparente de agua y un vaso de vidrio.

Grita pidiendo ayuda para ir al baño, y entra una enfermera, y dos jóvenes a la habitación, pide que la suelten, le piden de calmarse a Blanca o de lo contrario tendrá que hacer sus necesidades en una fuente de metal con prohibición de salir de su habitación..

Blanca no comprendía lo que estaba sucediendo, pero si se dio cuenta de que estaba internada, supo de inmediatamente que debía actuar lo más "normal" del mundo para que la dejaran salir de aquel sitio misterioso.

Un joven para su vergüenza la acompaño hasta el baño, luego del brazo la trajo de regreso hasta la habitación.

Ambos jóvenes estaban listos a amarrar a Blanca nuevamente a la cama cuando ella pide dulcemente por favor de no hacerlo. Fue tanto su dolor al pedirlo que la enfermera a cargo pidió a los jóvenes de retirarse del dormitorio.

Quedaron ambas mujeres solas en la habitación, Blanca vestía una camisa de pijama blanca de algodón que le cubría hasta los tobillos. Era solamente lo que llevaba puesto.

Comenzó a sentir que le faltaba al aire, pero quería controlarse, sabía que estaba perdida en aquel lugar.

En ese momento se gira hacia María, y le dice:

- Mi nombre es Blanca, Blanca Johnson, ¿Quién es usted y que hago yo acá?

- Mi nombre es María. Estás internada por intento de suicidio. Ahora tenemos que esperar que te estabilices mentalmente para poder proceder al alta. Es por eso las amarras, por la tarde vendrá el doctor a revisar los puntos de las cirugías, y mañana comienza tu tratamiento psiquiátrico.

- María, están en un profundo error. Lo que dices no es verdad, es un error. Debo irme de acá, tengo mi trabajo, mi marido mis hijos que me esperan, por favor pida que me traigan mis ropas y me lleven a casa. Llame a mi marido, Manuel Barros, él vendrá enseguida a buscarme.

- Blanca, debes calmarte, no lo estás haciendo nada de fácil, tengo órdenes estrictas y debo cumplirlas. Si no cumples ni acatas lo que digo, tengo autorización para hacerte dormir, ¿me entiendes?

Mientras tanto en casa de Manuel y Blanca:

Había un ambiente denso, triste lleno de confusión, se cumplirían casi dos meses de la ausencia de Blanca en el hogar. Manuel, seguía con sus rutinas, reuniones, salidas, amantes y viajes fuera de la ciudad.

Contrató a dos personas para que se hicieran cargo de la casa y los niños menores, Luz ya tenía 16 años y se cuidaba sola, era mucho más madura que las niñas de su edad. Juan tenía 8 y el pequeño Baltazar 6 años de edad.

Sin duda el que más sufría la ausencia era Juan. Los niños sabían que la mamá había tenido un accidente y que estaba recuperándose de las heridas y de las operaciones, pero nadie sabía que la verdad era que Blanca había sido llevaba internada a una casa de salud mental. Luz, había crecido distante de su madre, si bien compartían el gusto por la lectura, las obras de arte y pintura Luz se sentía con más fuerza que su madre, le había perdido el respeto de verla sumergida en el alcohol y el tabaco, y buscaba desesperadamente perder la identidad que la unían a su madre. Físicamente eran diferentes, Luz había sacado los rasgos oscuros y fuertes de su padre al contrario que la piel blanca y cabellos claros de su linaje materno.

Luz sentía extrema admiración por Manuel, había heredado los problemas de autoestima y de inseguridad de su madre, pero ella a diferencia de su madre, sabía perfectamente como esconderlos. Sentía unos celos enfermizos por sus hermanos por el hecho de ser hijos de Manuel, detestaba a su padre quién hacía años no trabajaba, era completamente alcoholizado, y vivía del dinero que le daba su padre (abuelo de Luz). Estos celos habían creado una barrera invisible hacia sus hermanos, en especial con Juan quien era el preferido de su madre.

Las invitaciones a cumpleaños, celebraciones y fiestas llovían a Manuel, quién no dejó de asistir a ninguna, ni siquiera cuando su mujer estaba internada, todo lo contrario, sentía más libertad de vivir su vida, de pasar sus noches con secretarias, cantantes o actrices que conocía en el medio. Esto era un secreto a "voces", Blanca sabía de las andanzas de su marido, lo sospechaba, oía comentarios encontraba cartas y mensajes románticos y siempre Manuel lo negó, la trataba de ingenua, celosa o loca…

- ¿Blanca? ¿Yo? ¿Pero estás segura de lo que me estás acusando?

Me ofendes realmente, sabes como es mi trabajo, es así, y así me conociste, no vengas con tus ataques de celos que me enfermas, estás mal... muy mal... estás loca.

Eran las frases que repetía por años Manuel, cada vez que Blanca lo descubría en una infidelidad o mentira.

La casa había perdido vida, un sentimiento de desolación cubrían las murallas de la fría casona la familiar. Las semanas pasaron y al cuarto mes Blanca va de regreso a su hogar.

Su aspecto físico se veía bastante deteriorado, sus mejillas habían perdido color y forma, su piel estaba pegada a las facciones de su rostro, el peso perdido se hacía notar, y el haber estado tanto tiempo en cama, había hecho que perdiera la musculatura de todo su cuerpo. Caminaba débil a paso lento. Incluso ahora se dejaban ver cabellos blancos que antes no parecían estar.

Estaba feliz de regreso a casa, estaba acompañada de una enfermera que no se despega de su lado, esa había sido una de las condiciones para regresar a casa. Blanca sabía que había un grave mal entendido, también comprendió que era inútil tratar de explicar lo sucedido porque cuando intentó hacerlo, entraba en desesperación, crisis, la hacían dormir, y todo se volvía un círculo vicioso sin fin. Blanca quería regresar a su hogar, extrañaba su dormitorio, su salita de escribir, sus pertenencias, su vida, sus hijos su familia ...pero ya nada era igual. El tiempo había borrado sutilmente lo que años atrás parecía una vida familiar activa, en donde ella se sentía protagonista de la historia o fue lo que quiso creer su mente.

En la casona no había nadie, era temprano, Blanca fue atendida por las auxiliares que contrató su marido. Manuel, debía estar en el trabajo, y sus niños estudiando, los vería a la tarde, se encontraba muy cansada por la excitación, de regresar, y los medicamentos la hacían estar en pausa y actuar con lentitud constantemente.

Llegó a su habitación y pidió que le abrieran el ventanal. Le molestaba profundamente estar siempre acompañada, pero para todos, ella había tenido un intento de suicidio y querían evitar lo peor... Blanca era una persona de carácter fuerte, escondía gran inseguridad y miedo al abandono. Su madre había fallecido cuando tenía 9 años de edad a causa de un problema al pulmón. Su padre se casó con una prima de su madre y fueron criados por ella en un ambiente frío, distante, carente de cariño, amor, dulzura.

Ahora sabía que debía seguir el juego por unas semanas, y cuando estuviera bien, todo volvería a la "normalidad".

En la habitación entraba el viento fresco de la mañana, Blanca estaba de pie afirmada del borde del ventanal en donde había un pequeño balcón. Ahí estuvo unos minutos, respirando el aire hasta llenar a fondo sus pulmones. Una vez que había oxigenado todo su cuerpo, sintió un leve mareo que la llevó casi de manera inconsciente a su cama.

Por la tarde sus niños estaban felices de tenerla de regreso, los niños la acompañaban por las tardes y le leían libros que era lo que ella amaba.

Su hija en cambio, fue fría y distante, la sensación era muy extraña, era como si a ella le incomodara el regreso a casa de su madre. Era verdad que ya no era la mujer de meses atrás, ahora Blanca a ratos tenía la mirada perdida, estaba con movimientos y reacciones más lentas que lo habitual, pero eran mucho a causa de los medicamentos que estaba tomando.

Manuel, brillaba por su ausencia, había cambiado sus pertenencias a la habitación de abajo lugar donde comenzó a dormir y ahora Blanca estaba sola en el dormitorio matrimonial en el segundo piso, él dijo que era para darle más tranquilidad y para que la enfermera pueda dormir en la cama extra que instalaron en la misma habitación. Él seguía con su vida activa, reuniones, celebraciones, y viajes que realizaba regularmente. Blanca pedía acompañarlo, pero era en vano, físicamente no se sentía en forma, y Manuel, estaba acostumbrado a tener una vida activa libre e independiente. Hubo una noche que llegaba de Francia el cónsul de visita, había una ceremonia importante y Manuel manifestó la intención de llevar a Luz a la cena. Blanca se sorprendió, pero accedió, le pareció justo que fuera acompañado por su hija en vez de "solo" o que buscara otro tipo de compañía.

Egocéntrico

Sin darse cuenta, como se fueron dando las cosas, Blanca comenzó a sentir celos de su propia hija y se odiaba por eso. Luz acababa de cumplir 17 años y ella era una bella mujer, culta, inteligente, increíblemente hermosa. Había heredado de ella el gusto por la literatura, la música, el arte y los libros, y de su padre heredó la frialdad, y la poca gracia para comunicar sus emociones. Era de pocas palabras, muy reservada, todo lo contrario de Blanca que parecía que hablaba por dos.

La cuidadora de Blanca era una mujer mayor, sentía mucho cariño y lástima por ella, ya que veía en el abandono en que se encontraba encerrada en una casona inmensa, sin mucho que hacer. Ana se llamaba aquella mujer, le conseguía cigarrillos que era lo único que le causaba placer en sus días, Blanca estaba encerrada en un castillo de arena.

La enfermera terminó su trabajo, Blanca parecía estar estable, obedeció todo lo que se le dijo, y lo único que quería era volver a escribir y retomar su vida. Ya había pasado casi un año del accidente y la recuperación.

Una noche, Manuel, sale con Luz al aniversario de una empresa americana, y Blanca se queda en casa. Los niños ya estaban en sus habitaciones, era tarde, y no llegaban. Blanca aún tomando medicamentos tenía absolutamente prohibido tomar alcohol. Baja al salón, y saca una botella de whisky. El salón era grande, de cortinas gruesas y pesadas, estaban abiertas y las ventanas daban al camino que llevaba al portón. Ahí tenía visibilidad para verlos llegar. Las horas pasaban, los cigarrillos eran prendido unos tras otros, y de un vaso de whisky, pasó a casi terminar la botella cuando ve reflejada a lo lejos las luces del auto. Estaba evidentemente en muy mal estado, quiso pararse rápidamente del sillón, al pararse pierde el equilibrio se enreda con la manta que cubría sus piernas y cae de golpe al suelo golpeando parte de su cabeza con la mesita del centro.

Cuando entra Manuel y Luz al hogar, ambos entraron riendo de una velada que parecía haber estado de lo más divertida, ven encendida la habitación del salón y encuentran a Blanca en el suelo, llorando y tratando de moverse. La escena era deprimente, la mujer en pijama, olía a cigarro hasta el último poro de su cuerpo, la evidencia del alcohol era tan visible como el tabaco, y no tardaron en ver el "chichón" que tenía a un costado de su cabeza producto del golpe que había recibido. Ambos la tomaron como pudieron, Blanca miraba a su hija y le pedía perdón, perdóname hija mía, sintiendo una culpa que o podía explicar su origen.

A la mañana siguiente, Blanca se despierta y baja, había un silencio fúnebre en casa, Ana, la cuidadora la atiende y prepara un té. Blanca le pide ayuda para vestirse, siente una euforia que la invade por completo y estaba decidida a salir de casa y comenzar a vivir. Revisa sus pertenencias, y aún tenía algo de dinero y una tarjeta de banco. Busca las llaves del auto, y cuando Ana, estaba preparando "huevos y tostadas" que fue lo que Blanca pidió para que la dejara sola, toma al auto, lo arranca y sale.

Se dirige al centro, iba manejando con las ventanas abiertas recibiendo el aire fresco de la mañana, y pasa más de la mitad del día de compras. Compró ropa para ella, Luz, los hijos, para Ana, y no solo eso, compra una plancha, cocina, lámparas, un refrigerador, vajilla, vasos, copas, y cubiertos.

De regreso a casa la esperaba Luz que estaba indignada, la acuso de ser irresponsable, su madre le mostraba feliz sus compras, y Luz, le reclamaba que estaba cansada de su inmadurez, estorbas, nos tienes a todos preocupados, nadie puede vivir en paz pensando que te quieres matar. En eso entra Juan, que escucha la discusión y corre a abrazar a su madre, le ayuda a guardar las compras en sus bolsas y la acompaña a su dormitorio. Juan, la amaba profundamente, era el que más resentía la lejanía de su madre, era cierto que ya no era la misma, pero él la quería así, inmadura, débil, miedosa e insegura, era su madre y para él era su mundo.

A la semana comenzaron a llegar las compras que había realizado, se llenó de vergüenza, y negaba las compras, pero era inútil, todas tenían sus firmas y no podía seguir negando lo sucedido.

Era un jueves por la noche, Blanca se despierta con mucha sed y baja a la cocina, va en busca de agua, pero también por algo de beber más fuerte, quería tomar una copa de alcohol. Siente murmullos y risas en el salón y su corazón comienza a latir, presentía que lo que iba a vivir no iba a ser de su agrado …

Coloca su cabeza y oído pegado a la puerta de madera y solo oye voces y risas muy bajito, no podía distinguir que se estaba conversando, pero distinguió perfectamente las voces de Manuel y su hija Luz. Se quedó unos minutos al otro lado de la puerta, una angustia atravesó su corazón y el dolor se instaló en su garganta, y comenzó sin querer a toser. En segundo Manuel abre la puerta y la ve parada ahí.

- ¿Pero que haces acá, nos persigues? ¡Qué pasa contigo mujer!

Blanca observa rápidamente el salón y Luz estaba sentada en la punta de escritorio, y ambas se miran y Luz, sale de la habitación sin mirarla corriendo a su habitación.

- Manuel, ¿Qué hacen ustedes solos acá? ¿Dime que hacen solos acá?

¡Maldito! Y comienza darle golpes en el pecho, y Manuel la empuja, estás loca, loca de remate hace tiempo que no escribes y el periódico necesita llenar tu espacio y le propuse a Luz de comenzar a escribir las críticas de libros hasta que te mejores.

- Déjame hacerlo por favor Manuel, dame la oportunidad, es lo que necesito, por favor Manuel, no me ignores más, por favor por favor Manuel, y se arrodilla ante él, llorando y suplicando ser vista.

- Estás mal, mira todo lo que has gastado, cada noche bajas y te emborrachas, o ¿acaso crees que nadie lo nota? Ya no puedes hacer nada, pasas de la euforia a la tristeza, no eres capaz de cuidarte a ti misma, necesitas ayuda, esto va a pasar, pero necesitamos todos seguir con nuestras vidas.

- Ahora déjame acompañarte a tu cuarto, y mañana hablaremos ahora estás mal.

En la habitación le da sus medicamentos más la píldora para dormir.

A los días, una tarde Blanca, va a la habitación de Luz, nunca antes había sentido la necesidad de hacerlo, pero esta vez quería "buscar", no sabía qué, pero necesitaba husmear entre sus cosas.

Encontró varios perfumes caros, carteras, zapatos, vestidos, lo que le llamó la atención, pero no solamente eso. En el último cajón debajo de unos libros encontró unas cartas. Comenzó a leerlas, y mientras leía su corazón palpitaba cada vez más fuerte, eran cartas de amor, románticas, que hablaban de un amor secreto que debía ser vivido a pesar de las consecuencias.

Al mirar las firmas reconoció de inmediato la letra de Manuel, las cartas estaban firmadas, pero él, pero desde hace tres años atrás…

La cabeza de Blanca estalló, tomó las cartas y comenzó a romperlas, intentó llamar a su marido a la oficina, pero la secretaria le dijo que estaba fuera en ese momento, le dejó más de 100 mensajes.

Entró en crisis, pánico, llanto, y baja en busca de consuelo, con lo único que la podía calmar y se toma todo lo que encuentra en el bar, así también como pastillas y medicamentos.

La historia la puedes imaginar, Ana la encuentra, Manuel después de tantas llamadas telefónicas acude a su casa de inmediato y encuentra en estado deplorable a su mujer y la interna nuevamente. La acusan de loca, de suicida, de inmadura, de infeliz, de inconsciente, mala mujer y mala madre. +En cierta medida es mala madre c/sus 2 hijos menores.

Los años pasan

En casa, todo seguía prácticamente igual, pasaban los años y Blanca seguía internada. +Tal como Blanca creció.

Los niños crecen sin su madre, hablar de Blanca fue "tabú", se les permitía visita dos veces al mes, Luz no tenía tiempo de visitarla, Manuel llevaba a los niños, esperaba la hora y los regresaba a casa. Blanca quedaba desgarrada cuando eso ocurría. La soledad y abandono le tenían desquiciada, la falta de amor y de comprensión hacían más profundo el dolor en su corazón.

La mujer, que una vez soñaba con escribir, que tuvo una vida de viajes, vida social, no era ni la sombra de aquella persona. Su cuerpo había perdido sus formas, su única compañía era ella misma, se hablaba en voz alta y se contaba cuentos e historias para vivir en un mundo imaginario que se había creado para no sentir en el espacio vacío y frío en el que se encontraba. Para todos ella estaba "loca", ella sabía que no, pero también sabía que no podía luchar bajo esa fuerte creencia. Blanca sabía que ella había creado su mundo, era más consciente de lo que el resto creía.

Recordaba las cartas de amor de Manuel hacia su hija y al igual que una niña, lloraba sin consuelo.

Y años después...

Mientras tanto en la casa, las cosas estaban completamente distorsionadas. Luz estaba contratada y estaba a cargo de la columna que años atrás escribía su madre. Tenía una relación amorosa con Manuel, lo que era "secreto a voces" nadie se atrevía a preguntar o confirmar algo, pero todo era más que evidente. En casa, no compartían el mismo dormitorio, pero era habitual que una vez que los jóvenes dormían ambos se iban a juntos a una misma habitación. La nueva pareja creía que lo estaban haciendo muy bien, pero en silencio sus hijos y hermanos sabían perfectamente la atrocidad que estaba ocurriendo entre ellos bajo el mismo techo.

Juan creció odiando a su padre. No hablaba con nadie, se guardaba su frustración y dolor en lo más profundo de su corazón, era el primero en estar listo las dos veces al mes que era cuando se le permitía visitar a su madre. Cuando estaba con Blanca volvía a ser un niño, le llevaba libros y se los leía y se dejaba abrazar por ella y sentía que esos minutos eran la fuerza que necesitaba para regresar a vivir. Con los años se le permitieron más visitas. Era el único que la visitaba, al mismo tiempo que odiaba ver como a nadie le importaba ya su madre, él era feliz teniendo ese momento solo para él.

Juan creció rebelde, era todo lo opuesto de su padre, si el era de derecha Juan de izquierda, si su padre estaba a favor, él estaría en contra de lo que fuera.

Así vi varios abogados. Sus secretarias le compraban los regalos de cumple de sus hij@s.

Manuel nunca hizo mayores intentos por comunicar con sus hijos, era un excelente conversador, extrovertido, pero para el resto de las personas, en casa solamente tenía ojos para Luz.

Tampoco nunca se había desacatado por ser un padre presente y no lo fue tampoco con la ausencia del hogar de Blanca.

A los 20 años recién cumplidos, Juan postuló a estudiar arquitectura en el extranjero. Sentía una culpa enorme por dejar a su madre, pero sabía que nada iba a cambiar, detestaba la idea de vivir en la ciudad y tener que ser cómplice del amor de su hermana con su padre, era algo que lo volvía loco de dolor.

Su madre había caído internada la primera vez cuando el cumplía los 9 años de edad, ya habían pasado casi 10 y ya había acostumbrado a su mente estar sin el calor de su madre, sin sus caricias de noche, con nostalgia recordaba los cuentos, abrazos y besos de su madre a la hora de dormir.

Juan había postulado a la mejor escuela de arquitectura de Inglaterra, estaba a la espera de recibir la notificación. Por sus excelentes calificaciones estaba becado, estaba seguro que lo llamarían sin embargo le angustiaba recibir la "esperada carta de aceptación".

El estado de Blanca no mejoró. Habían sido años de muchos secretos, abusos, malos tratos. La casa en donde estaba internada, era su hogar desde hacía años. Ahí podía ser a ratos ella misma. La dejaban horas en el jardín tomando el sol mientras ella se hablaba así misma de la vida, de los sueños y en palabras relataba historias de libros que había leído o historias de libros que nacían de su corazón.

Juan recibe la carta y debe partir en menos de tres semanas a Inglaterra. Sentimientos encontrados lo abruman, por una parte la alegría de ser aceptado en aquella Universidad y por otro lado la trsiteza de sentir que pierde su madre en cada instante.

Juan va casi día por medio a visitar a su madre. Cuando llega a verla una tarde le dice:

- Mamá, escucha, estaré fuera un tiempo. ¿te acuerdas que te dije que estaba postulando a una Universidad de Inglaterra?

Bueno me han llamado y debo partir. Nos escribiremos te lo prometo y a fin de año regresaré a visitarte. Encontraré un buen trabajo y te llevaré a vivir conmigo, te lo prometo mamá, por favor espérame, ten paciencia. Yo te sacaré de aquí. Estaba esperando tener la mayoría de edad y ahora cuando tenga el dinero lo haré.

Blanca miraba los rayos del sol, oía con atención lo que Juan le decía, pero parecía no comprender con exactitud lo que eso significaba.

- ¿Entonces vendrás los fines de semana?

- Mamá, creo que no has entendido bien, me iré al extranjero a Inglaterra, ¿te acuerdas?

- Sí, claro y ¿por qué te vas de viaje?

Juan sintió una puñalada en su corazón, era verdad que con su madre era muy poco lo que podían comunicar la mayoría del tiempo eran lecturas y conversaciones de libros, Juan nunca abrió la puerta para hablar de sus emociones, se sentía perdido y solo, y solamente estaba enfocado por años en leer para compartir esos momentos con su madre, entre ellos había un vació inmenso de dolor, de faltas, carencias, afectos, conocimiento mutuo. Blanca tenía grabado en su mente sus "buenos momentos" los que de verdad habían sido muy pocos años.

Borró de su mente la relación de su hija con Manuel, y siempre preguntaba por ellos y esperaba sus visitas.

- Juan, ¿Cuándo vendrás a verme otra vez?

- Mamá, esta semana debo hacer los últimos trámites de mi viaje.

- ¿Qué viaje?

- A Inglaterra, me voy a estudiar.

- ¿Verdad? ¿y por qué no me habías dicho antes?

- ¿Y tu hermana? ¿vendrá otra vez?

Juan se acercó se desplomó en el pecho de su madre, por unos segundos cerró sus ojos y quiso imaginarse niño. Comenzó silenciosamente a llorar, sintió que lo que quedaba de su madre ya se estaba perdiendo, acababa de comprobar que ella olvidaba rápidamente lo que le acababa de decir.

Le dijo que la ama, le volvió a hablar del viaje ya repetir lo mismo un par de veces más.

Juan guardó el silencio de lo que acababa de descubrir, no deseaba más ver a su madre en esas condiciones y no quería que fuera más medicada aún. Firmó el documento de visita, le preguntaron cómo había visto a su madre y el afirmó con un dolor en su Alma, "mejor que nunca".

Camino a casa, llegó un poco trastornado, triste, luego de mucho reflexionar sintió que mucho que su madre no recordara nada el presente y pensó que no era tan malo que ahora ella se fuera olvidando de las cosas, quiso creer que era su regalo de viaje, así ella no tendría noción del tiempo y la espera y no sufriría de su partida, y así no sufriría más dolores esperando su regreso.

En Inglaterra, Juan fue recibido por la mejor Universidad, era una ciudad de Universitarios de muchos jóvenes alrededor del mundo. Comenzó a estudiar como refugiándose en libros gruesos y trabajos. Su mente estaba ocupada a mil, había dejado atrás años de dolores, traumas y estaba decidido a comenzar a vivir de una manera distinta. Aùn sabiendo el estado emocional de su madre, sus sueños seguían en pie. Quería terminar su carrera, comenzar a trabajar y retirar a su madre de la casa de reposo en la que ya llevaba diez años de su vida.

Juan participaba de charlas antiguerra, recolectaba alimentos, vestimentas para familias humildes, visitaba centros comunitarios y hacía todo lo que podía en contra de lo que él sentía era "injusto en la vida", pero una de las cosas más injustas, fue el no haber podido tener a su madre, desde muy pequeño la perdió desde que fue internada.

[Nota manuscrita: Opino lo mismo. Muchos abogados son psicópatas y muy conservadores.]

Ahora de grande, creía fuertemente que todo había sido un macabro plan de su padre para sacarla de su camino y quedarse con Luz.

Si lo vemos TRANSGENERACIONALMENTE, tanto Blanca como Luz son nombres que reflejan "claridad, luminosidad" en mi primer libro "TUS ANCESTROS QUIEREN QUE SANES" hablo del significado de nuestros nombres, en este caso, la necesidad de "esclarecer, sacar a la Luz lo escondido, lo sucio, viene de muchas generaciones atrás", sus nombres son el reflejo de las heridas del pasado no resueltas.

[Nota manuscrita al margen: Me pasó en Oz]

La soledad y vacío de un nuevo país calaron hondo el corazón de Juan, no solamente se sentía solo y abandonado en aquel nuevo país, sino que su mente estaba "activando memorias dolorosas del pasado"

Esto lo hablo en mi segundo libro que trata de heridas emocionales y heridas de infancia.

"SANARÁS CUANDO DECIDAS HACERLO", cuando de adultos vivimos pérdidas, separaciones abandonos, parecemos que nos perdemos en un dolor profundo y desgarrador, pero lo que sucede es que nuestro inconsciente y nuestra Alma, guarda cada dolor, cada momento alegre o triste en nuestro interior y estos recuerdos y memorias dolorosas quedan Almacenados de manera intacta. Cuando estas emociones no son liberadas en el momento adecuado y a cambio se guarda el dolor y el sufrimiento, de adulto cuando vuelvo a sufrir de abandono o soledad, lo vivo más profundo aùn, porque no solamente estoy viviendo en el presente un momento de abandono, sino que se activan en mi mente, Alma y cuerpo "todos los abandonos" que he sentido y vivido en el pasado y a lo largo de mi vida". *[Nota manuscrita: → Probablemente Alyssia ya tiene traumas gigantes]*

Por lo que Juan, no solamente está resintiendo el cambio de una nueva vida en donde se sentía solo y abandonado, sino que su mente y Alma, le trajeron los sufrimientos de su infancia y el dolor era insostenible.

Una tarde de verano Blanca es dada de alta después de 11 años de estar internada. Estaba evidentemente acabada, frágil, ya no hacia resistencia a nada, estaba convertida en una pequeña niña que necesitaba cuidados básicos y mucho amor. El diagnóstico de su estado era ya sabido por

Fue tanta la pena que decidió olvidar.

todos. Solo vivía del presente no era capaz de recordar nada ni siquiera si había comido o ido al baño.

Dos cuidadoras estaban a su servicio. Las lecturas seguían siendo su mayor compañía. Recuerda que tiene tres hijos, al rato los olvida, pero siempre solamente pregunta por Juan. Ana con mucha paciencia le ecordaba de la ausencia de Juan, y a diario le leía las cartas que su hijo enviaba una vez al mes. Durante todo ese mes, Ana le leía la misma carta todos los días a Blanca que se emocionaba como si fuese la primera vez que la escuchaba. Solo por eso lo hacía Ana, sabía que cada minuto de lectura eran minutos de felicidad que le regalaba a la ya vieja, enferma, y perdida señora Blanca. *(Grande Ana!)*

Increíblemente el entorno sentía lástima por Manuel, quién había enviudado a los dos años de casarse y ahora hacía años que estaba solo por la enfermedad de su mujer… seguía siendo secreto a voces la relación que mantenía con Luz.

El último adiós…

Manuel, debe viajar a Inglaterra por trabajo y decide visitar a su hijo. Juan duda de verlo, pero acepta la visita principalmente porque deseaba enviarle unas cartas, fotografías y un pañuelo de cuello a su madre. También se había armado de valor porque tenía atrapado en él mucha amargura que estaba decidido a expulsar y quería que su padre lo oyera por primera vez en su vida y le daba exactamente lo mismo si después de eso su padre no quisiera verlo más. *→ CONOZCO ESE SENTIMIENTO CON LA ALF*

Se acercaba los días de la llegada de su padre y Juan sentía que le faltaba el aire, dos veces al mes llamaba por teléfono a su madre y las conversaciones eran siempre las mismas, ella olvidaba que estaba fuera y lo invitaba almorzar en cada llamada. ☹

↑ Un ex-pololo consumió cocaína cuando sus padres peliaban.

Juan comenzó a probar la cocaína, en un principio se convenció que era por estudio, lograba estar más despierto por la noche y sentía que rendía más cuando lo consumía, pero muy luego, perdió el control de lo que acostumbraba a consumir.

Desde que le dije todo lo que pienso de ella, No me habla y me borró de todo (facebook, Instagram) Ha pasado casi 1 año desde ese día.

Las últimas semanas, Juan perdió varios días de clases, no se sentía en ganas ni fuerzas para tomar atención y a cambio se quedaba encerrado en su habitación.

Comenzó a combinar drogas y alcohol, y los últimos cinco días ya no se apareció en clases, dio aviso de estar resfriado y simplemente no asistió, algo muy inusual en él ya que siempre fue una persona extremadamente responsable.

Habían quedado de juntarse con su padre en el Hall de entrada de la universidad un viernes 6 de enero al medio día. Manuel, quién era en extremo puntual había llegado a tiempo, le extrañó de no ver a su hijo. Esperó media hora, cuarenta minutos y a la hora va a preguntar en la recepción.

Nadie había visto a Juan, lo llamaban a su habitación y nadie contestaba el teléfono. Manuel, pidió ir a su habitación, pero no sabía en qué edificio estaba ni el número. Comenzó a asustarse, y pidió que personal de la Universidad lo llevaran a la habitación de su hijo.

Pasaron los minutos más largos de la historia de Manuel, sus manos comenzaron a transpirar húmedo, sentía una muy extraña y desagradable sensación, hasta que llegaron a la habitación del piso B en el cuarto piso Dpto. 401 B.

Golpean y llaman a la puerta sin éxito, el guardia saca la llave de la habitación y abre la puerta… Manuel es el primero que da un paso dentro de la habitación, lo primero que ve es el cuerpo sin vida de Juan, la mitad de su cuerpo seguía en un angosto sillón azul oscuro, su cabeza colgaba al igual que la mitad de su lado derecho del cuerpo al suelo. La habitación comenzaba a oler muy mal y el cuerpo del joven Juan estaba frío sin color y yaciendo solo en la habitación. Manuel se acerca a su pequeño, lo recoge del suelo, grita pidiendo ayuda, ambulancia, doctores, auxilio, pero era inútil, el cuerpo parecía inerte hace ya bastantes horas atrás. Muere por una sobredosis que le produjo un ataque el corazón.

Manuel regresa a casa con el cuerpo inerte de su hijo en el mismo avión. Una tristeza enorme y un gran sentimiento de culpa habían llenado su corazón. Al igual que un niño no podía parar de llorar.

Manuel y su historia

Se parece a la historia de mi prima Patty.

Su madre, era sirvienta de una casa de la alta sociedad, sufre acoso del dueño de la casa y queda embarazada. Para evitar comentarios, juicios y críticas, su madre queda en casa hasta dar a luz y luego la despiden quedando el bebé (Manuel) a cargo de su padre y esposa de su padre.

Manuel, nunca supo la verdad de sus padres, fue un secreto que oyó en una conversación de su madrasta con una amiga. Se prometió estudiar, luchar salir de casa y tener éxito necesitaba sentirse valioso, importante pare esconder así tanto dolor. Nunca nadie le confesó la verdad, fue ahí que comprendió la distancia de su madre y el maltrato de su padre hacia él.

Blanca y su historia

Su madre fallece cuando ella cumple los 9 años de edad. Su madre se llamaba Juana de Dios. Llama su segundo hijo "Juan", que no por nada fue su preferido. cuando su hijo Juan cumple los 9 años ella es internada y su hijo la pierde para siempre al igual que ella a su madre.

NO LE HAGAN DAÑO A LA NIÑA

Era un cálido día de verano los niños estaban jugando en la piscina, se divertían entrando y saliendo del agua, jugando con flotadores y pelotas plásticas. Fabiola era la nieta de Muriel y Joaquín, hija de Marianela. Era la más pequeña de la familia. Acababa de cumplir los 4 años de edad, y para ese verano acababa de aprender a nadar.

Era la primera en bañarse y la última en salir de la piscina. Fabiola era hija única, tenía tres primos mayores, una prima, y dos primos de tres y cuatro años mayores que ella. Fabiola, era la preferida de todos, especialmente de sus abuelos por ambos lados.

Esa misma tarde pasada las 18 horas, Fabiola era la última en salir de la piscina, el agua estaba tibia, y ella disfrutaba hundiéndose, nadando de un lado a otro, se sentía feliz y orgullosa de estar sin flotadores. La acompañaba su abuelo Joaquín, quién adoraba a la pequeña y la quería casi más que a una hija. Como ya estaba jubilado tenía todo el tiempo para dedicarlo a sus nietos, en la parcela, se entretenían plantando flores, cosechando, tomates, lechugas, duraznos.

Muriel, la abuela de la niña, estaba preparando la cena, estaba preocupada y molesta porque era tarde según ella, y la niña seguía en la piscina "sola". La verdad no estaba sola, estaba con su abuelo Joaquín, pero ella quería que la niña regresara para bañarla y cambiarle de ropa.

Su nieta mayor Soledad, le estaba ayudando a preparar las ensaladas y palta. Los otros nietos estaban en el comedor armando legos minúsculos.

Joaquín escucha los llamados de su mujer y una vez más le pide a Fabiola salirse del agua. La última fue la vencida, su abuelo le prometió de ver una película juntos si ella se salía en ese momento del agua.

Joaquín, como siempre, muy cuidadoso y suave cubre a la niña con una toalla grande y la lleva al interior de la casa, sube hasta la habitación matrimonial y la deja sentada sobre la cama para que su abuela la bañara y le cambiara por ropas limpias y secas. Como Muriel estaba preparando la cena, no se había percatado de que Fabiola ya estaba lista para ducharse, y no oye que la llaman.

La niña comenzó a quejarse de frío y su abuelo la lleva al baño, le saca el traje de baño estilando, la toma en brazos y la deja sobre la tina mientras abre el agua y busca como colocar el agua tibia.

Muriel estaba afanada preparando hamburguesas y estaba pendiente del horno para que la carne no se quemara, Soledad estaba cortando los tomates, aliñando la lechuga cuando escuchan gritos y llantos de la pequeña …

- ¡No, no, no más me duele!

Bastó esas palabras para que Muriel se desquiciara… lanza un grito desgarrador a todo pulmón que dejó a todos perplejos

- No le hagas daño a la niña, gritaba a todo pulmón, mientras corría a verla ¡no le hagan daño a la niña!

Y dio un fuerte empujón a Soledad para abrirse paso y subió corriendo las escaleras, abrió la puerta del baño, tomó a la niña en sus brazos, y la pequeña lloraba y se quejaba que le dolían sus partes íntimas.

Muriel con la niña en brazos, comienza a golpear patadas y combos a Joaquín (abuelo de la niña) mientras gritaba desquiciada…

- Qué le hiciste a la niña desgraciado, te voy a matar, desgraciado, hay que llamar a la policía y denunciar a este desgraciado infeliz …

Los niños subieron asustados a la habitación y veían con espanto la escena, Joaquín estaba de rodillas y clamaba su inocencia…

- Yo no he hecho nada te lo juro no le he hecho nada ¿como puedes pensar algo así? - decía Joaquin en llantos-

Soledad gritaba y trataba de detener a su abuela que estaba descontrolada golpeando a Joaquín.

Justo en ese momento llega Marianela y escucha la escena de gritos y llantos. Su padre apenas la vio llegar le dice:

"hija por favor créeme yo no he hecho nada, tu sabes cómo amo a la niña por favor"...

Marianela le quita de los brazos de su madre a su pequeña hija, envía a los niños a otra habitación y le pide a Soledad de explicarle lo sucedido. Nadie entendía bien lo que había pasado, Muriel, estaba transformada, su cara parecía ser de otra persona, ella seguía repitiendo insultos a su marido, y si no fuera por Soledad ella seguiría golpeándolo, Marianela sienta a su madre a la fuerza y la obliga a quedarse callada.

- ¿Alguien me puede explicar que cresta es lo que pasa acá? ¿están todos locos?

Todos llorando, crisis en el ambiente, miedo, desesperación.

Muriel tenía su voz gastada de tanto gritar, y gritando porque no podía hablar dijo:

- Es tu padre, tu padre un desgraciado infeliz le hizo daño a la niña. Hay que llamar a la policía y denunciarlo a este infeliz ....

Marianela, entra al baño a solas con Fabiola, la pequeña estaba muy asustada y no paraba de llorar, Marianela, logró calmarla y le preguntó si podía decir que había sucedido, la pequeña decía no saber.

- Mami yo no sé qué paso, yo no sé mami, de verdad.

Marianela, miro la entre piernas de su hija, y tenía efectivamente irritada la vagina

- ¿Te duele hija?

- Si me duele

- ¿Quién te hizo eso?

- ¿Qué?, nadie, me duele, mami

Marianela, la observó con cuidado, tenía la virtud de tener todo siempre bajo control. Sin desesperarse, sabía que algo estaba muy mal, muy mal, pero no con su padre.

Efectivamente, Fabiola tenía irritada sus partes íntimas, pero al mirar la irritación parecía superficial.

Mientras Marianela, estaba en el baño con su hija, Soledad separaba a sus abuelos porque Muriel hacía intentos de lanzarse contra él una y otra vez y lo amenazaba con matarlo, fue tanta la locura que Marianela, sale furiosa y con voz fuerte grita:

- Y basta de este show, hay niños, mi hija y todos están siendo cómplice de esta locura.

- Tu padre hija, hay que llamar a los carabineros, y denunciarlo, le hizo daño a la niña.

- Te lo juro que no he hecho nada… clamaba el abuelo destrozado… me duele que puedan pensar algo así de mí, yo la amo tanto.

- Yo no pienso nada, cálmense por favor y tu mamá, escúchame bien. No sé qué estabas pensando en tu cabeza retorcida, voy a llevar ahora mismo a la niña a urgencias, pero no por una prueba de abuso, sino para que tú veas que la niña no tiene nada y pediré por escrito el diagnóstico para revolcarlo en tú cara y escúchame bien:

- Ultima vez que pongo un pie en tu casa, ni mi hija ni yo vamos a estar nunca más cera de una loca desquiciada como tú.

Miró a Soledad, le pidió de acompañarla y las tres se fueron a la urgencia. En el auto la niña ya estaba tranquila, le dijeron que la llevarían para ver la irritación que tenía y ella decía que necesitaba una *"cremita"*.

Llegaron a la Urgencias y tuvieron que esperar casi hora y media de atención, finalmente la llaman y pasan las tres.

El doctor pregunta el motivo de la urgencia.

- La niña salió de la piscina, la bañamos para sacarle el cloro del cuerpo y se quejó de dolor de vagina.

El doctor la revisó y le preguntó:

- ¿Usted tiene más hijas?

- No es la primera y la única.

Bueno se va a tener que acostumbrar, lo que la pequeña tiene es *"vaginitis"* y es una irritación muy común en las niñitas sobre todo ahora en tiempo de piscinas, calor, tiene mil maneras de activarse y es difícil saber cuál fue la razón. Evite darle baños de tina, sobretodo calientes porque produce un efecto reactivo a la piel, y esta se enrojece, arde, pica y duele.

Ahora tiene una tonalidad rosada pálida pero cuando la piel este en contacto con el agua más caliente, estos tejidos se van a irritar nuevamente.

Le dejaré una crema, debe cambiarle ropa interior tres veces al día, revisar que cuando vaya a baño se limpie bien y si la va a bañar que se duche con agua más bien tibia.

- Doctor, ¿me puede escribir en una receta lo que tiene la niña por favor? Fabiola estaba aliviada, ya nada le dolía, ella había escuchado muy bien las indicacions y repitió:

- "Baño con agua tibia, no caliente", ¿Escuchaste mami?

Buscando una explicación

Marianela, llegó a mí meses atrás, por otros temas personales. Claramente siempre había tenido conflictos con su madre, pero lo que había sucedido ahora la habían alejado por completo de ella. Marianela, estaba profundamente dolida, no podía creer la locura de su madre, su reacción, se impresióno de ver que su madre parecía haber estado poseía por un demonio.

Efectivamente cumplió su palabra y ni ella ni su hijita Fabiola habían vuelto a pisar la casa de sus padres.

La pequeña preguntaba por sus abuelos, los extrañaba, y al mismo tiempo Joaquín visitaba a la niña y le pedía a su hija de regresar a visitar la casa,que su madre estaba arrepentida de lo sucedido.

No era tan fácil, esto debe tener una explicación y fue con esa razón que Marianela, regresó nuevamente a una consulta.

Revisamos su árbol, las enfermedades de su madre hablaban de falta de dulzura y también abusos. Había mucha desvalorización.

Marianela, jamás había oído que ni su madre o su abuela hayan sido abusadas, ella tampoco lo fue… por lo que era extraño esa crisis que tuvo con Fabiola.

Yo insistí en que había secretos. Lo sentía y había que encontrar la razón de esta escena traumática para todos.

Por mi trabajo y experiencia, cuando suceden este tipo de situaciones es nuestro inconsciente que saca a "flote" un recuerdo doloroso del pasado, y el desborde emocional se debe a que no solamente vivo y sufro el conflicto presente, sino que estoy reviviendo al mismo tiempo varios conflictos del pasado que no he solucionado. *Por eso vives las crisis como si fueran pesadillos.*

Su madre estaba tan arrepentida y estaba dispuesta a todo para reconciliarse con su hija, marido y traer de regreso a su nieta a casa.

Marianela, le puso como condición asistir a una terapia y a cambio la niña regresaba a estar con ellos.

Mientras tanto en Terapia con Marianela:

Cuando Marianela, estaba en Terapia, uno de los temas era el sobrepeso, le pregunté:

- Dime, ¿cuántos kilos perder?

- No lo sé, eso no me importa ahora, quiero saber que sucedió con mi madre que reacciono así.

- Por eso lo pregunto, ¿cuántos kilos quieres perder Marianela?

- Dudó unos segundos y dijo segura ¡10! Diez kilos.

- Vamos a encontrar lo que sucedió a tu madre cuando ella tenía 10 años de edad…

Increíblemente pero cierto el sobrepeso está relacionado a muchos conflictos emocionales no resueltos, en este caso también está vinculado con el "peso a cargar", hay un abandono profundo y doloroso que se transmite a través de las generaciones. Marianela, cargaba con 10 kilos que no podía perder, y yo sabía que estaba relacionado con su madre, además que ambas llevan nombres con la misma inicial **M**, y tal como lo hablo en mi primer libro, cuando llamamos a un miembro de nuestra familia con un mismo nombre, inicial, o segundo nombre, se hereda y se traspasa información al nuevo integrante que lleva el mismo nombre.

Marianela, no recuerda haber sido abusada, sin embargo, recordó un grave accidente que tuvo a los diez años de edad… estaba jugando con unos amiguitos al correr y al pillarse, y no sabe cómo choca contra un niño cae brutalmente al suelo y pierde casi todos los dientes que ya estaban definitivos tanto de la parte superior e inferior de su boquita.

En Terapia

Comencé la Terapia con Muriel (la madre), la primera sesión ella hizo mucha resistencia, cuestionaba y negaba situaciones que eran evidentes. Con mi experiencia, cuando analizo los árboles genealógicos descubro muchas lealtades, patrones como también secretos en su historia familiar.

Comencé a trabajar en ella, especialmente con sus heridas de infancia, y herencias de su madre.

Pude descubrir "el hilo conductor" que llevó al "clímax" ocurrido con el evento de Fabiola y su "abuelo".

María Inés, madre de Muriel y abuela materna de Marianela, era del sur de Chile. Eran diez hermanos y María Inés era la octava. La precedían 5 hermanos hombres, unas hermanas gemelas y luego ella. La vida para su familia era muy dura, no tenían dinero, su padre era alcohólico. De familia machistas, las mujeres sufrían de maltratos, abusos, y eran sometidas a atender a los "hombres" del hogar, entre otros grandes abusos.

María Inés trabajaba en el campo con su marido e hijos, pero también trabajaba lavando ropas ajenas, limpiando hogares y hacía variedades de mermeladas para ayudar a cubrir los gastos de la familia.

> Muchas familias chilenas son así.

La casa de campo era compartida por otros miembros de la familia, Muriel, era la preferida de papá, lo que causaba celos de sus hermanas, pero especialmente de su madre.

En aquella casa, era costumbre que algunos familiares pasaran largos meses cuando no estaban bien de dinero, ya que eran acogidos por el gran espacio que había.

German, era hermano de María Inés (madre de Muriel y abuela materna de Marianela), tenía 22 años y estaba pasando algunos días de vacaciones en el campo. Muriel, era la encargada de "atenderlo", de lavar sus ropas, y de servirle la comida, todo esto a petición de su madre.

Una tarde cuando estaban todos a kilómetros de distancia, Germán había bebido más de la cuenta en el almuerzo, fue al fondo del campo en donde era la sala de lavados. (Es aquí donde enviaban a la pequeña a lavar las ropas de la familia).

Entra a la habitación, y cierra suavemente el portón, y Muriel que tenía 10 años de edad entró en pánico. No pudo moverse, ella estaba de espaldas, la invadió un miedo tan grande que no pudo girarse para ver quién estaba tras ella. Sentía el olor a trago, la respiración agitada del joven, y los pasos mover las pajas secas del suelo. Germán comenzó a avanzar hacia la pequeña…

- Shhhh, silencio mi niña, no te muevas no grites, y no te haré daño.

La aborda de espaldas, la abraza fuertemente, excitado y agitado comienza, a refregar sus partes íntimas contra la espalda de la niña. Caliente, mal oliente, comienza a pasar su lengua por su cuello, y con su mano sucia y húmeda, pasada a vino barato tapa la boca de la pequeña con toda su fuerza.

No satisfecho y más excitado aún, comienza a moverse bruscamente contra el delgado y frágil cuerpo de Muriel, la niña hace intentos por zafarse del joven, pero era inútil, él la tenía totalmente inmovilizada por la espalda.

Pasaron minutos que se hicieron una eternidad para la pequeña, Germán la suelta para poder bajarse los pantalones. Estaba tan ebrio, y la excitación era tanta, que apenas se podía mantener de pie sin perder el equilibrio.

En la sala había una fuente rectangular llena de agua fría, había ropas en remojo, y en el suelo varios baldes de metal con agua limpia enterrados entre la paja amarilla y seca.

Había un gato gris que se escondió tras la montaña de leña que se guarda para el invierno en una esquina de la habitación que quedó enmudecido al presenciar tan impactante escena.

German suelta a la niña, y hace intentos por no perder el equilibrio, y al mismo tiempo por desnudarse. Era tanta su desesperación que cae de lado y hace un fuerte impulso por levarse rápidamente y tropieza con unos de los baldes del suelo y vuelve a caer ahora de espaldas.

En ese mismo momento casi por sincronía, el gato salta del escondite y huye hacia la puerta como mostrando e iluminando el camino y la pequeña sin pensarlo aprovecha la oportunidad y sale corriendo tras el gato y logra escapar de la habitación extremadamente agitada, con el corazón en la mano, con un nudo en la garganta, con sus ojos grandes de impacto y miedo, sin saber dónde ir. Muriel, corre, y corre rumbo a la casa que en ese momento le parecía una eternidad, sus piernas las sentía desfallecer, y la distancia se le hacían kilómetros infinitos donde la tierra que se iba levantando tras sus pasos temblorosos, la hacían perderse en una nube de desolación y angustia.

Germán, ni siquiera hizo intentos por levantarse o salir, no estaba en condiciones de ir corriendo, y ya la niña se había alejado lo suficiente como para poder alcanzarla. El joven queda ofuscado, indignado, caliente porque no pudo satisfacer sus deseos sexuales insanos.

Nadie se percató de lo sucedido y Muriel, aún tiritaba de miedo por lo que había vivido esa tarde en la sala del lavado.

Germán era el hermano menor y preferido de su madre, era imposible poder contar lo sucedido porque apenas podía encontrar las palabras para expresarlo, temía que nadie le iba a creer y no quería causar problemas ya que en casa los problemas y discusiones sobraban.

Al día siguiente era domingo, día de "semi descanso", acostumbraban a tener un almuerzo familiar incluyendo a todos los miembros que estaban de paso en ese momento.

Muriel, evitaba mirar, o estar cerca de Germán y a su vez el joven pretendía ser un "niño bueno" fingiendo perfectamente que nada "extraño" había ocurrido. Reía con sus primos, ayudaba a servir la mesa a su hermana, conversaba con los más ancianos mostrando un profundo interés y respeto… Era tanto el cinismo, la buena onda del joven, las risas, y lo cordial, que en un momento Muriel pensó que lo vivido había sido una terrible pesadilla. La pequeña llegó a dudar de lo que vivió…

Pasaron varios días con la misma energía entre el sueño y la realidad. A ratos la pequeña entraba en cuadros de susto y miedos y luego de la nada se le quitaban, lo que la hacían dudar de lo que vivió el domingo pasado con Germán había sido verdad o lo había imaginado.

La casa familiar era grande, y ese verano fue la cede del matrimonio de un primo lejano de la familia.

Todos estaban ensimismados en ordenar, limpiar, cortar el pasto, cosechar la fruta, separando la leña, armando mesas, sillas, que nadie podía sospechar que algo "fuera del matrimonio" pudiera ocurrir.

Vecinos del campo eran productores artesanales de vino, y estaban trayendo barriles y barriles de vino y chicha. Había más trago que comida, decían todos en forma de chiste y broma.

Las jóvenes estaban encargadas de hermosas el lugar con decoraciones de flores, y encintados blancos que habían traído de la ciudad.

Los hombres estaban preparando el cerdo y cordero al palo para la celebración ya que era tradición celebrar más de tres días cuando se hacían matrimonios familiares.

El día era perfecto, luminoso, cálido, el lugar estaba realmente embellecido, todos estaban felices y emocionados, era el primer primo que se casaba y eso era motivo de celebración.

Los familiares iban a alojar en la casona, habían preparado las salas del lavado, y tres habitaciones del fondo para recibir a los invitados.

Los animales estaban encerrados en un corral grande atrás de la casona. Pasada las horas, cerca de las 12:30 de la noche, todos los adultos estaban aún celebrando, agunos tocando instrumentos, varios cantando, otros repitiéndose los platos de la cena, otros dormitando en el suelo o cerca de escenario. Muchos niños corriendo a esas altas horas de la noche producto de la energía, y movimiento que había en el lugar.

Tristemente a esa hora eran varios los que habían perdido la "razón" producto a tanta celebración y "brindis".

La habitación de Muriel estaba en el segundo piso, compartía el dormitorio con tres hermanas más, la pequeña estaba muy agotada ya que llevaban días lavando manteles, servilletas, ropas para ese día y al ver que nadie se acostaba, subió sola a su habitación.

El ruido que había a causa de las risas, brindis, música era tan fuerte que por más que puso su cabeza bajo su almohada fue inútil no sentir el bullicio. Bajo las tapas de su cama, con su cabeza bajo la almohada de lana la pequeña tampoco siente la respiración agitada, y los movimientos bruscos que hizo Germán al entrar a la habitación.

Los detalles sobran, en la oscuridad de la noche, entre ruidos, inconsciencia, desprotección, ocurre el abuso, reiteradas veces esa misma noche.

El secreto, el tabú

Al día siguiente María Inés, descubre lo ocurrido. Encuentra en las sabanas de la pequeña la evidencia de película de terror vivida por su hija.

Para el dolor de Muriel, su madre se muestra fría y distante. Lleva las sábanas al fondo de la parcela para luego quemarlas. Aún quedaban varios fuegos prendidos de los asados al palo del matrimonio, y nadie se percató de lo que estaba ocurriendo.

La pequeña estaba mal, su piel estaba pálida, sentía un miedo que le calaba el corazón, su mirada estaba perdida, y no había un ser humano que mostrara interés por su evidente malestar y estado emocional. Su madre se mostraba enojada, la corría bruscamente de la habitación y la envío a bañarse y a cambiarse de ropa.

- No quiero que me hables, (le dijo a la niña en tono brusco y seco).

- Esto puede ser muy grave, muy grave, tu sabes cómo es tu padre de agresivo cuando algo lo enoja… (haciendo claramente alusión de que ella, "Muriel", era su hija preferida e intocable).

- "Esto puede terminar muy mal"… muy mal, tu sabes que tu padre guarda un rifle cargado en la bodega, ¿cierto?

Con esta frase subliminal, era evidente lo que le quería transmitir María Inés a su hija, en pocas palabras era:

- "Quédate callada, esto es un secreto, nadie lo puede saber o tu padre va a matar a mi hermano". *Que madre mas penca !!!*

La historia siempre se repite

Muchas veces nos cuesta ver la repetición de historias que han vivido nuestros ancestros, simplemente porque el "escenario es distinto", algo que ocurre en el campo, y generaciones después en la playa, o ciudad nos parece que son historias distintas.

Los dramas familiares tienden a repetirse, a veces se saltan una generación y otras veces se vive de una generación a otra, cada vez con más intensidad y cuando el drama no se reconoce, el drama se repite con mayor fuerza.

La razón es "calmar el sufrimiento"; comprender el "dolor" que uno o varios miembros de nuestra familia han sufrido para poner término a una cadena de acontecimientos tristes, injustos y tormentosos. Se repite para "liberar el secreto", y dejar ir el daño atrapado en Almas de nuestro clan familiar. Más que el secreto en sí, son las emociones que están atrapadas en él.

Todo refrente a los secretos de familia, lo explico en detalle en mi primer libro d e esta TRILOGÍA, "TUS ANCESTROS QUIEREN QUE SANES".

LA HISTORIA ANTES DE ESTA HISTORIA

María del Carmen era madre de María Inés, quién se casa muy joven, tiene 8 hijos y cuatro abortos, uno de ellos nace y a las horas fallece.

Es una mujer maltratada física y verbalmente por su pareja, y ella como madre es una madre triste, depresiva, agresiva y maltratadora con sus hijos. Odia, a los hombres, odia el sexo, odia su vida. Con sus hijas ejerce una fuerte presión castradora. Las hace vivir dentro de una energía temerosa, reprimida, y es inflexible con ellas y con sus vestimentas. No les permite llevar faldas cortas (a los tobillos solamente), ni siquiera mangas muy cortas o ropas ajustadas. Nada que pudiera despertar si quiera la vista o atracción del sexo opuesto, en definitiva solamente para evitar el mismo drama que ella sufrió.

Lo que de verdad su inconsciente quiere hacer, es "proteger a sus hijas del abuso y violación" que ella fue víctima.

Con su hija María Inés, es muy castigadora, físicamente es la más parecida a ella. Muriel tuvo una infancia igual o más cargada y sufrida que su madre. Cuando algo no hacía a tiempo o bien, María del Carmen cargaba toda su furia e ira en ella, muchas veces la dejó en el suelo en un estado deplorable, de tanto golpearla.

Laura, era la hermana menor de María del Carmen y madrina de María Inés. Tenía una adoración por la pequeña. Su sueño era haber tenido una niña, a cambio tuvo dos varones. Laura muchas veces se peleó con su hermana por el mal trato que le daba a la pequeña María Inés.

A causa de tener tantos hijos Maria del Carmen, entregaba largos fines de semana y vacaciones a su hija en manos de Laura. Era un alivio tener un "problema menos" y al mismo tiempo para María Inés era la "gloria" estar en casa de su madrina, ahí ella era "única" se sentía amada, protegida, su corazón estaba lleno de alegría y amor cada vez que pasaba tiempo con ellos.

Al pasar los años, eran menos días lo que María del Carmén permitía a su hija pasar en casa de su hermana Laura, ¿la razón?: ahora que estaba más grande le servía de ayuda para ordenar, limpiar y criar a sus hermanos menores. Esto fue un verdadero duelo para la pequeña y una gran trsiteza, sintió que sus días de paraíso y gloria se estaban terminando…

El mal trato seguía y los golpes también.

Laura llevaba algún tiempo pidiendo a la niña para traerla a casa. Logró hacerlo para cuando terminaron las clases en diciembre y así pasar las fiestas de año nuevo y algunas semanas de enero.

María Inés estaba feliz, en casa de su madrina, la esperaban calcetines blancos tipo soquete con vuelos, zapatos negros de charol, tres vestidos hechos a la medida por una costurera amiga de Laura, cintillos para el cabello que hacían juego con los vestidos, y algunos regalos sorpresas que abriría para la noche de navidad.

Amaba sentirse así, única, amada, atendida, regaloneada por su madrina. Esa relación era el único vínculo de amor que recibía la pequeña.

Su tío Román, también la amaba mucho, era algunos años mayor que su esposa Laura. Trabajaba en una fábrica de madera y acostumbraba traerle de navidad algunos regalos que hacían ahí, la novedad de esa vez fue una cajita musical, donde una bailarina giraba al son de una hermosa canción de amor.

La pequeña María Inés, pasaba largo tiempo abriendo y cerrando la cajita de madera y alucinaba de ver como la perfecta y diminuta bailarina, danzaba y giraba como expandiendo una energía se serenidad, armonía y paz.

La familia de María del Carmen, para esa navidad, habían decidido pasarla en casa de Laura. Sus hermanos, cuñadas, hijos, suegros y otros familiares políticos hacían su llegaba en la casa grande del centro de Santiago.

La casa del matrimonio de Laura y Román, era ya muy antigua, en el pasado era una casa esquina de campo, pertenecía a los padres de Román y antes a sus abuelos paternos.

Para el mismo 24 desde muy temprano comenzaron a llegar los integrantes de la familia, a medida que iban llegando se iban instalando en las habitaciones que les tenían designado, y luego comenzaban ya a hacer los preparativos de la cena, postres, cocteles y ensaladas surtidas.

Había un enorme pino de verdad que habían traído del cajón del Maipo, estaba decorado con luces, faroles, cintas, y hasta pequeños juguetes reales que quedaban en el fondo de las ramas y el tronco del pino.

María Inés ayudaba a su madrina a hacer magdalenas de vainilla con chocolate y el tradicional "Pan de Pascua"; estaba preciosamente vestida con los atuendos nuevos que sus padrinos habían comprado especialmente para ella.

Durante la cena, siempre terminaba ocurriendo lo mismo. Los hombres acostumbraban a celebrar y de ir de brindis en brindis hasta no dar más. Las mujeres estaban "parejito" que sus hombres, era como si colectivamente eligieran las fiestas para usar el alcohol como "anestesia" de tantos dolores vividos durante el año.

Cae la noche, terminan los postres, viene el bajativo, los brindis, los cantos, la música, y pasadas las 12:30 de la noche la pequeña María Inés, cae rendida de sueño. Laura le pide a su marido Román de llevar a la niña arriba al segundo piso que es donde ella duerme. Abajo la fiesta seguía, mucho baile, música fuerte, y entremedio, hay discusiones, críticas, risas, ruido, baile, ruido, mucho ruido…

María Inés duerme en su habitación, despierta de un salto, siente el cuerpo caliente de un hombre sobre ella. Está oscuro, una mano húmeda, con olor a descuido y alcohol le cubre fuertemente su boca, era tanta la presión que la mano sobre su boca le cortaba a ratos la respiración.

En la cama había mucho calor, ambos cuerpos estaban bajo las tapas de sábanas y frazadas. Mientras una mano le cubría a boca, el joven hombre con la otra mano le abría las piernas y comenzó a manosearla, bruscamente.

La niña intentaba moverse sin parar. Estaba desesperada, su cuerpo era muy frágil delgado y con apenas **10 años** de edad, era aún un cuerpo de niña no desarrollado. Esto no fue impedimento para que la pequeña por todos los medios siguiera intentando inútilmente de escaparse.

Pasaron los minutos y el joven hombre logra su objetivo. Introduce fuerte y violentamente tu sexo dentro del pequeño cuerpecito de María Inés. Con excitación y furia lo hace varias veces más hasta acabar…

Excitado, da un salto de la cama y la niña comienza a gritar a todo pulmón, llanto y gritos desesperados, desgarrados tan fuerte que la casa del bullicio se silenció en un segundo. El joven quedó impactado, no midió las consecuencias de su acto ni pensó que la pequeña pudiera tener tanta fuerza en sus gritos, en el mismo momento, abajo en el primer piso se escucha el grito de su madre ; María del Carmen, corriendo hacia las escaleras va gritando:

- ¡No le hagan daño a la niña!, ¡no le hagan daño a la niña!

La escalera se le hacía interminable, los gritos de su hija estaban incrustados en sus tímpanos, y cada grito eran puñaladas en su corazón.

La casa pareció quedar congelada, todos los integrantes de la fiesta quedaron perplejos como momias sin moverse, ni conversar, apenas la respiración se hacía posible, nadie quería mover un dedo, el ambiente era grave, tenso, amargo. La atmósfera se inundó de una energía pesada, que caía sobre los hombros y espaldas de los asistentes.

María del Carmen llega finalmente a la habitación de su hija, su corazón golpeaba fuertemente su pecho y lo sentía oprimido de dolor, en un segundo abre la puerta, prende la luz y ve a su sobrino, Gabriel, hijo mayor de su querida hermana Laura frente a la cama de su hija en evidente acto de abuso sexual.

En un minuto ya estaba el padre de María Inés dentro de la habitación, quién enloqueció al ver a su pequeña acostada, pálida, llorando y gritando, estaba en un fuerte estado de shock, era como un "trance de euforia" en donde no podía parar de gritar, sus ojos se abrían a segundos y cuando esto ocurría era como si el diablo se apareciera sobre ella, y luego volvía a cerrar los ojos, y a gritar nuevamente.

Nadie supo cómo, pero el padre de María Inés, estaba dando de golpes, patadas y látigos con su cinturón al joven de 18 años. Estaba decidido a matarlo, no paraba de golpearlo y Laura se agarraba de las piernas de su cuñado suplicando que parara de hacerlo, mientras su marido trataba de quitarle a su hijo de entre las manos.

La escena era macabra, impactante y muy triste también. María del Carmen abraza a su hija, y ambas miraban paralizada lo que estaba ocurriendo.

Román toma bruscamente a su hijo, lo empuja por las escaleras y le echa de casa; enfurecido lo insulta, lo maldice: desgraciado, vete de acá y no regreses nunca más. Román se agarraba la cabeza, llorando se pone de rodillas, y el joven sale corriendo escaleras abajo y se va. En eso el padre de María Inés completamente exaltado, le grita:

- Te mataré, te lo juro que te mataré, y no pararé hasta encontrarte, maldito degenerado.

Laura lloraba tirada al suelo, no podía creer todo lo que estaba sucediendo, María Inés, toma a su hija en brazos, llorando y profundamente dolida, promete que nunca más, jamás volverán a ver a su hija…

- Te lo juro Laura, nunca más, jamás nos volverás a ver y sale de la habitación y Laura se agarra de la niña, hace inútiles intentos, por detenerlas, intenta abrazar a la pequeña y su hermana la empuja con fuerza y se retiran del hogar.

Para dolor del Alma de la pequeña María Inés, su madre cumple su promesa. Desde ese momento no deja a sol ni sombra a su hija, sigue el mal trato de siempre, y nunca más hablaron del tema. María Inés, vive en una cárcel dentro de su hogar. Con restricciones para todo, solamente podía ir al colegio y regresar a casa y pobre de ella, si osaba regresaba algunos minutos más tarde.

Se le prohibió salir con amigas, amigos, jamás fue a un cumpleaños, fiestas o celebraciones, prohibido salidas de paseo de curso, y así pasaron hasta los 17 años que un día María Inés, se logra escapar de la casa de su madre y llega de sorpresa a visitar a su querida y amada madrina Laura.

Se había conseguido la dirección por las "páginas blancas" de la compañía de teléfono.

Su madrina había envejecido mil años, estaba enferma, y ahora con pérdida de la memoria. Le tomó minutos creer que esa bella joven, esbelta mujer era su pequeña y adorada ahijada. No se veían hace casi 8 años.

En esta historia se repiten las edades, el drama, el abuso.

María Inés, pasa la tarde con su madrina, y Laura a ratos le volverá a preguntar:

- Disculpe bella joven, ¿quién es usted?

- Madrina, soy yo María Inés ¿te recuerdas?

- ¿ María Inés? m m m, puede ser, puede ser.

Fué muy doloroso ese momento para la joven María Inés, que esperó años por ese reencuentro. Tristemente prefirió guardar en su Alma y corazón el recuerdo de su madrina joven, activa, jugando y amándola. Su madrina Laura, había sido la persona de quién más amor sientió en toda su vida, guardaba los más bellos recurdos de una infancia dura, estrica, llena de golpes, abusos y castigos. → como much@ chilen@s

María Inés, luego de saber en integridad la historia familiar de, su madre, de las fuertes y profundas heridas que ella había heredado logró comprender lo sucedido. Su madre tenía intacto su abuso y éste había quedado "bloqueado" en su mente y en todos sus cuerpos emocionales.

Conocer y comprender nuestra historia familiar nos ayuda a encontrar respuestas a lo que nos sucede en nuestra vida.

María Inés, pudo liberar su dolo del abuso que sufrió de pequeña. Necesitó llorarlo mucho, como si las lágrimas limpiaran su Alma de tanto sufrimiento reprimido. Comprendió el origen de su sobreprotección, y su tendencia a ver el abuso en todas partes. María Inés se sintió por fin en paz.

En su familia, su hija, su nieta, su marido pudieron entonces comprender a su madre cuando ell acusaba a Joaquín de abusar de su nieta. Dentro del cuerpo de María Inés, había una niña que había quedado atrapada en un abuso, un abuso de tantos, y exploto el dolor de manera equivocada, porque esa llama de fuego y sufrimiento debía salir para liberar tanta amargura.

SI TE VAS ME MUERO…

Daniela era hija única del matrimonio entre Ana María y José Miguel. Sus padres eran ambos de familia muy acomodada, tenían sus días llenos de planes, y una agenda mensual muy ocupada.

Daniela nació entre aviones y cruceros, de pequeñita era llevada a los viajes de negocio o placer de sus padres, pero en aquellos maravillosos viajes no pasaba el tiempo precisamente con ellos, sino con una niñera que estaba los días enteros a su cuidado.

Tenían bellas fotografías de sus viajes, y lo más bello era justamente ese "momento" el de las fotos, donde la familia se daba el tiempo para posar juntos, una vez que el fotógrafo capturaba un lindo "marco" familiar cada uno de sus padres regresaba a sus rutinas y la niña regresaba en brazos de su niñera Carol. → Muchísim@s cuic@s son así.

Carol estaba cargo de la niña desde que tenía dos años de edad. Cuando comenzó la época escolar, Daniela ya no fue llevaba a los viajes y se quedaba en casa al cuidado de Carol, quién no solamente jugó un rol importante en su crianza, sino que también pasó a ser simbólicamente como una madre para ella.

José Miguel, era un tipo de buena presencia, manejaba dos empresas a su cargo, le gustaba la vida social, los viajes, y las mujeres. Era un seductor empedernido, era común oír fuertes discusiones entre él y Ana María a causa de una nueva amante. Algo que el negaba y se defendía inútilmente aùn que los "rouge" en los cuellos de sus camisas, mensajes escritos en sus bolsillos, y sus llegadas tardes los fines de semana eran una clara evidencia.

La relación del matrimonio, con los años empeoró. Cada vez estaban más distantes y más mujeres pasaban entre medio de la pareja.

Una ex-secretaria que tuve cuando trabajaba como abogada en Stgo, tenía una hija así.

Daniela creció en un evidente abandono, tanto simbólico como real. Se apegaba a sus padres cuando ellos estaban en casa y ella comenzó a tener todos los síntomas de una niña "abandonada".

Para comprender mejor de los temas emocionales y heridas de infancia te recomiendo de leer mi segundo libro. *"SANARÁS CUANDO DECIDAS HACERLO."*☺

La pequeña Daniela, se caía, se torcía la muñeca, se quebraba una mano, el tobillo, la pequeña necesitaba constantemente tener la atención de sus padres. Siempre algo le dolía, siempre algo le sucedía. Su madre tenía también la misma herida, pero más crónico. Sus enfermedades eran diabetes, sufría constantemente de dolor de huesos, y dolores de cabeza. Se había convertido a su corta edad un conjunto de quejas y dolores.

Ana María también era hija única, ella heredó la joyería de su padre, quién a su vez lo había heredado de su abuelo. Nunca sufrió la falta de dinero o bienes materiales, pero si demasiadas carencias afectivas y atenciones. Su madre Antonia (abuela de Daniela) había fallecido de cáncer al cólon cuando Ana María tenía 12 años de edad, y cuando esto ocurre su padre se vuelve a casar y rápidamente pasa a ser la mayor de tres hermanos.

Ana María se enamoró de José Miguel, quién era 7 años mayor que ella, porque él era muy paternal, estaba atento a cuidarla, mimarla, consentirla en lo más mínimo. Ella había crecido en una familia acomodada, pero muy carente de afecto, y se apegó emocionalmente a su marido y se convirtió "simbólicamente" en una hija a quién cuidar. *y Muchos wic@ son así !!!.*

Todo se lo preguntaba a su marido, incluso la elección de su vestimenta y zapatos, Ana María sentía la necesidad de sentirse apoyada, se acomodó a depender de él y se sentía protegida y amada. Con el paso del tiempo la relación comenzó a deteriorarse, y esto fue aburriendo a su marido quién sentía que ya no tenía una mujer sino a una hija como esposa.

Ana María no quería tener relaciones sexuales con su marido y cuando él estaba en casa, ella se sentía débil, con dolores de cabeza, espalda, que solamente lograban alejar poco a poco a José Miguel de su lado.

José Miguel había intentado separarse muchas veces de su mujer, ya no la amaba, en un comienzo de la relación se sentía bien de poder entregar tanto a su mujer, pero con el paso de los años comenzó a sentirse vacío, triste y solo, ya no estaba enamorado y él tenía una relación paralela de años. José Miguel, seguía y se quedaba con su mujer en un principio por pena, pero esa pena se fue convirtiendo en rabia y amargura.

Cada vez que él tocaba el tema y hablaba de divorcio Ana María caía enferma. Era como si inconscientemente por medio de la enfermedad lo castigaba, lo hacía sentir culpable de querer irse y lo obligaba a quedarse a su lado.

Con esta manipulación inconsciente lo único que lograba era que José Miguel sintiera cada vez más rechazo y resentimientos hacia su mujer que lo mantenía en contra de su voluntad amarrado en una relación tóxica, fría, en donde el amor se había perdido hacía años atrás.

Sin embargo, si miramos las heridas emocionales, en este caso esta Alma, clama y suplica por amor. En especial cuando durante la infancia hemos sufrido el abandono simbólico (padres viajan, trabajan mucho) o abandono real (papá o mamá mueren, o abandonan de verdad)

Danielita crece en el limbo, a pesar de recibir el amor de Carol, no tiene lo que más necesita que es el amor de sus padres y el cariño y atención de mamá. Su madre está más pendiente de que no la deje y abandone su marido que de ser una madre presente y equilibrada para Daniela. Hay un dolor profundo no sanado que es la muerte de su madre que la hacen estar en codependencia emocional, la herida del abandono hace que la persona viva momentos injustos, dolorosos y aguanta situaciones, que otras personas en su sano juicio no aguantarían, porque su programa mental le dice:

- **Engáñame, maltrátame, miénteme, "pero no me abandones",** el dolor del abandono es más grande que cualquier otra herida. Prefiero vivir el dolor del mal trato a vivir tu abandono.

La situación matrimonial entre Ana María y José Miguel ya no podía ser peor, él la ignoraba por completo, cada vez pasaba menos tiempo

Muchísimas mujeres son así, yo pienso que hacer eso es patético.

141

en casa y eran discusiones terribles cuando él quería marcharse de casa. Daniela desde su habitación lo escuchaba todo. Su corazoncito se apretaba de dolor al escuchar a su madre suplicándole que no la abandone, o cuando discutían por celos y engaños.

Daniela era completamente no vista, crecía entre dos personas que se ignoraban entre sí, por completo.

Un sábado de otoño por la mañana, Daniela siente ruido, gritos, llantos, mira por la ventana y ve a su padre que está saliendo de casa con una maleta, luego el padre la guarda la maleta en el auto y rápidamente, como evitando que alguien pudiera detenerlo, sale del hogar con rumbo desconocido. Daniela observando aquella escena lo que mas le duele es que su padre no subió a su habitación para despedirse, avisarle que se iba, su padre simplemente se marchó. Daniela lo comprendió todo, sintió una puntada en su pecho, y un calor la invadió de los pies a la cabeza. La pequeña no supo si llorar, llamar a su padre, gritar y se quedó mirando a través de la ventana rezando y suplicando que su padre regresara.

Años después reflexionó mucho acerca de lo vivido, y reconoció pedir que su padre regresara no por ella, sino por su madre, temía que algo terrible pudiera suceder o que algo comenzar a salir mal ahora que él ya no estaba en casa.

Y Daniela no se equivocó…

A las semanas que José Miguel se marcha de casa, su madre es diagnosticada de cancel al cólon, comienzan los tratamientos, pero Ana María se entrega a su enfermedad. Cada día que pasaba se sentía más débil, más sola, más triste. Había perdido la conexión con las ganas de vivir, nada le causa felicidad ni motivación, y a su enfermedad la acompaña una gran depresión.

Muere al año de declararse su enfermedad. Daniela acababa de cumplir los 12 años de vida.

Su padre se casa con su amante, Daniela descubre que tenía una hermanita de dos años, y pasa a vivir con ellos a la muerte de su madre. Su

Eso le pasó al papá de Shayne
y a mi abuela Vinia.

madrasta se encarga de hacerla sentir una extraña, y como si este dolor fuera poco, decide despedir a Carol, y Daniela queda refugiada en su mundo de tristeza, soledad, injusticia, y abandono.

La historia se vuelve a repetir...

Daniela vino a terapia para "sanar y comprender mejor su vida". Cuando alguno de los padres fallece cuando se es niño, se produce un conflicto emocional y un duelo no resuelto.

Es necesario poder expresar y vivir todas las emociones para poder integrar en nuestra vida lo sucedido, pero la muerte de un progenitor a muy temprana edad es algo "injusto" para el niño, además de cargar con el vacío de esta pérdida, el dolor de no poder compartir tu vida con tu padre o madre, genera muy inconscientemente mucha rabia, impotencia, amargura, cólera, desilusión que no es posible expresar. ¿La razón? Debemos "honrar a nuestros padres" es una ley que todos tenemos grabados en nuestra memoria ancestral y es justamente lo que nos bloquea en este tipo de situaciones.

Nos sentimos "malos hijos" si sentimos rabia, cólera, impotencia, odio hacia el progenitor que ha fallecido. Pero debemos recordar que no eres tú, el adulto que siente este tipo de emociones, es tu niño interior herido, es el adolescente que se ha sentido abandonado. Muchas veces se mal entiende la palabra "honrar" y no nos permitimos expresar nuestras emociones por miedo a ofender a nuestros padres o ancestros. Pero para liberar el dolor, en un momento debemos enfrentarnos con el dolor, con la verdad, mirarla a los ojos y luego aceptar nuestra realidad para poder liberar el sufrimiento.

En este caso Daniela, tuvo que sacar toda su rabia y resentimiento hacia su madre, por años vivió la pérdida de manera injusta y dolorosa, culpando a su padre por la muerte de su madre, hasta que llegó un momento dónde lo vivido lo vio con otros ojos.

"No le perdono a mi madre que haya preferido enfermar y morirse, a quedarse sola"

Ahora entiendo por qué mi abuela Vinia odia
a los hombres. Los 2 que ella mas
amó: uno murió y el otro la abandonó.

Why do we get sick? Razones detrás de

las Enfermedades.

Esta reflexión le tomó años poder aceptarla, después de trabajar en ella, aprender acerca de las emociones, ya que hoy sabemos que todo lo que no expreso, se convierte en síntomas y luego en enfermedades.

①- *Enfermamos cuando hay una culpa por asumir.*

②- *Enfermamos cuando reprimimos nuestras emociones.*

③- *Enfermamos cuando estamos desconectados de nuestra Alma.*

④- *Enfermamos cuando guardo rencor en mi corazón.*

⑤- *Enfermamos cuando vivimos pegados del pasado.*

Daniela pudo en Terapia sanar el vínculo con su madre, es verdad todas las razones emocionales por las cuales podemos enfermar, pero en este caso Daniela, profundizó la vida de su progenitora, ella también perdió a su madre a la misma edad y quedó absolutamente sola. Comprendió la soledad en la que vivió y aceptó que ella hizo lo que pudo, con el conocimiento y herramientas que tuvo… buscó compañía, se casó y se convirtió en la **"hija mimada"** de su marido, por lo tanto, al convertirse en "hija simbólica de su marido", no le fue posible ser una verdadera madre para Daniela, ni una mujer y esposa para su marido.

Mi mamá y hermana mayor Ale son como "hijas mimadas" de sus maridos.

→ Si eres "hija simbólica" de tu marido cuidado!, porque:

① No serás lo suficientemente madura para ser una real partner para tu marido.

② No protegerás ni educarás a tus hij@s como corresponde. (serás inmadura como ellos, no una real "guía").

APRENDIENDO DEL TRANSGENERACIONAL Y LOS ROLES DENTRO DE UNA FAMILIA

Tal como lo acabamos de ver en la historia de Daniela, esto ocurre mucho y lo veo muy seguido. En una familia en la cual el padre fallece, rápidamente la hija mayor (o también hijo) toma el rol del padre. Se encarga de la casa, sin importad la edad, la necesidad la hace buscar trabajo y estudiar al mismo tiempo para mantener su "hogar" cuidar de su madre y la crianza de sus hermanos.

Acá hay *"disfunción de roles"*, en muchos casos la madre se *"convierte simbólicamente en hija de su hija mayor"*, y sus hermanitos pasan a ser *"sus hijos simbólicos"*.

Cuando esto ocurre podemos ver que una generación atrás, su madre por alguna razón no fue criada por sus padres y busca a papá o mamá una vez adulta (en la pareja todos, en mayor o menor grado, de manera inconsciente buscamos lo que no nos fue dado, o lo que sí nos fué dado por nuestro padres) Buscamos al padre o a la madre, el amor, contención, cariño. Y es así cuando su marido fallece, toma el rol de hija y su hija toma el rol de "Madre", y la madre que se convierte en hija, y tiene como "Madre simbólica" a su hija. ¿Se entiende? Si no lo entiendes léelo una vez más. ☺ ↳ Mi mamá es "mamá simbólica" de mi abuela Vinia y mi papá es su

En algunos casos la madre quién no ha tenido madre en su infancia (o padre) se convierte en hija de su hija o hijo mayor, o bien sigue en el rol de madre y mira a su hija o hijo como esposo, persona que provee económicamente, el hogar, a ella y sus hijos. En este caso, le exige como marido, la controla, espera que llegue a casa, que la acompañe, que la sa-

"papá simbólico" también.

que a comer, a salir de compras (la madre quiere a un marido), la cela, no le gustan sus parejas, así evitará que su hija o hijo se case y la abandone.

Y para el árbol genealógico, que es un árbol que vive, no permite "incestos". Y la disfunción de roles dentro del clan se llaman "Incestos simbólicos". Esto significa que si la hija Mayor toma el rol de padre, "está casada simbólicamente con su madre", es decir YA ESTÁ CASADA PARA EL ÁRBOL GENEALÓGICO, y por esta razón vemos después que la hija que hace el rol de padre, le costará tener relaciones de pareja estables, sus parejas estarán ya casadas o comprometidas o no se querrán comprometer, ¿La razón?

Es lo mismo si el hijo mayor es hombre, si el padre fallece y toma el rol de "padre" pasa a casarse simbólicamente con su madre, y esto también traerá problemas de pareja si la fusión y el compromiso con la madre es muy grande.

Podrá estar con mujeres que no quieren comprometerse o podrá ser muy infiel y mujeriego, porque de esta manera, sabe de manera inconsciente que no estará nunca definitivamente con una mujer, porque la única mujer de su vida es "su madre", se ha casado simbólicamente con ella y le debe respeto y amor, y es fiel solamente a ella.

En mi primer libro "TUS ANCESTROS QUIEREN QUE SANES", hablo en detalle y en forma sencilla de las disfunciones de roles dentro del clan familiar. Y todo lo relacionado a lealtades invisibles, secretos familiares, dobles, y más.

ACCIDENTE EN EL MAR

Carlos era el segundo hijo de tres hermanos del matrimonio de sus padres. Su madre fallece de cáncer cuando él tenía solamente 10 años de edad.

Su padre al verse solo con tres niños decide internar a sus hijos en un colegio privado fuera de la ciudad.

El tiempo que los niños pasan con su padre era mínimo, los veía solamente algunas semanas para el verano, y fiestas importantes de navidad, o alguna celebración religiosa. El padre de Carlos, llevaba su mismo nombre. Era un hombre muy rígido, extremadamente estricto, y en varias ocasiones golpeó físicamente a sus hijos para castigarlos principalmente cuando las notas del colegio no eran lo que él esperaba, no terminaban su comida o sus habitaciones estaban desordenadas.

Los niños crecen lejos del afecto del padre, ausencia de madre, y todos sienten la obligación de ser los mejores en sus clases y luego en sus estudios, ya que era lo que más le importaba al padre Carlos y también lo único que les exigía.

Carlos hijo, estudia derecho, antes de terminar su carrera se casa con una joven mujer llamada Solange, y la razón del matrimonio era el embarazo de la joven. Su padre no podría perdonarle jamás que no se casara, o peor, que hicieran un aborto.

Solange, era un mujer joven un tanto retraída, de finos y ducles modales, muy ineligente, apasionada por el arte, la música clásica y la ópera. A éstos talentos de su ser, la joven mujer nace excatamente el mismo día de la fallecida madre de Carlos.

→ El marido de mi hermana Ale nació el mismo día que mi papá Agosto 1º.

Lo curioso, es que Carlos, no sabía si Solange, le atraía por sus gustos musicales o por el echo de haber nacido el mismo día de su recordada y amada madre.

Para el análisis del Transgenercional, este tipo de coincidencias" es una fuerte carga emocional dentro del árbol genealógico. Lo vemos en detalle en mi primer libro lo que significa llevar el mismo nombre que un ancestro o familiar, así como también lo que significa nacer o morir en la misma fecha de un miembro de nuestra familia.

Claramente para Carlos, su carencia afectiva, abandono de la madre a tan temprana edad dejan profundas heridas emocionales que luego con el pasar de los años buscamos reparar, cubrir, bloquear, congelar. Recordemos que para nuestro inconsciente asume un "abandono", cuando los padres están muy ausentes, enfermos, viajando fuera del hogar, o han fallecido, como es este caso.

Para el inconsciente de Carlos,(y su herida de infancia que se ha generado) *"él encuentra a su madre"*. Las relaciones de pareja que se unen por este tipo de razones (doble dentro del árbol, carencias afectivas, roles equivocados) tienen muy pocas probabilidades de desarrollar una relación de pareja sana ya que la razón que los une en una "reparación de un ancestro" y no el verdadero amor como inocentemente se busca. Lo primero que se acaba en este tipo de relación es la química fisca, la atracción y el deseo sexual, ya que **ambos "inconscientes" se reconocen como "madre e hijo, padre e hijo, abuelo y nieta" y esto para el árbol genealógico se llama** *Incesto simbólico*.

En un principio la relación funcionó bien, nunca fue una relación muy afectiva ya que Carlos tenía serias dificultades para expresar sus emociones, y para Solange que fue criada por su abuela y tía paterna, se sentía amada, valorada y protegida por Carlos, por su presencia, preocupación, y porque él se fijó en un principio en ella, y a su vez la falta de ambos progenitores de Solange la hacen ser codependiente del amor de los otros.

→ La Ale cometió "incesto simbólico" con el Beto (ella vió a mi papá en él).

148

Carlos y Solange tienen tres hijos hombres, el mayor lleva también el nombre de su padre y abuelo…

Durante los primeros 5 años de matrimonio ya existían los tres niños, Carlos trabajaba largas horas durante la semana y algunos fines de semana, y Solange estaba completamente al cuidado del hogar y los niños. El matrimonio llevaba más una relación de "responsabilidad familiar" que una relación de pareja que mantiene unida a la familia por amor. La relación de "pareja" entre ellos dejó de existir al nacimiento de su primer hijo.

Solange sufría constantemente de dolores físicos, fue operada en los primeros 5 años de matrimonio, de quistes en el útero, quistes en su axila izquierda, problemas de rodilla, vértebras, dolores de cadera, sin embargo todas sus dolencias físicas y operaciones solamente eran una razón más para alejar a Carlos de su mujer. Él, en vez de contenerla y estar con ella, Carlos la rechazaba, no sabía cómo comunicarse con ella, detestaba verla tan dependiente, enferma, víctima de la vida y sin ningún tipo de ganas de querer sentirse mejor, ni con visibles deseos de vivir. Al mismo tiempo Solange, sufría por esta relación fría e impersonal, cargaba heridas de infancia muy fuertes que no supo asumir, aceptar ni sanar, y eso la hizo de ella una joven mujer depresiva, amargada, infeliz. Sentía que su felicidad dependía completamente de su marido y tenían muchas discusiones, muy fuertes y violentas, donde ella reclamaba *"qué él no sabía hacerla feliz"*. → Tú te haces feliz a ti mismo

Este tipo de conflictos es muy común, entre la parejas se acusan mutuamente porque sienten que el responsable de su estabilidad y su felicidad es justamente el "otro", piden y exigen que los hagan felices, pero renuncian a tomar la responsabilidad de sus vidas y ésta es una de las razones más comunes de los fracasos matrimoniales, en donde las personas se sienten "decepcionadas", pero una vez que acaban la relación, y entran en una relación nueva vuelven a caer en lo mismo si no han cambiado este patrón mental. "Creer que la responsabilidad de tu vida la tiene tu pareja".

4 Así fui yo con mis primeras parejas y relaciones serias.

Las vacaciones familiares eran un drama y tortura para todos. Solange no estaba conforme, con nada, se quejaba por todo y apenas se podía mover a causa de dolores físicos *(lo que en realidad sucede en estos casos es el dolor del Alma lo que no los deja vivir)* Carlos la ignoraba, las discusiones y peleas eran cada vez peor. Un par de veces Carlos habló de separación, y cuando esto ocurrió, solo lograron tener más drama familiar ya que Solange entraba en un estado de crisis, llanto y en varias oportunidades hablo de querer terminar con su vida, sin importar que sus niños hayan sido espectadores de toda esa triste escena.

Era costumbre que en la época de verano salieran a la costa y pasearan en el velero familiar. Carlos era apasionado al deporte en vela y disfrutaba estar largas horas negando en el fondo del mar. Sus hijos no tenían opción de no ir, y su mujer prefería ir antes de quedarse sola, pero cada vez que estaban en el paseo eran discusiones seguras.

Era una cálida tarde de verano, primos de la familia estaban vacacionando en el mismo lugar y los niños se quedaron en compañía de familiares mientras que Carlos y Solange se fueron a navegar, ya eso era algo muy extraño, no acostumbraban a hacer nada en pareja, menos paseos los dos solos.

A la hora de almuerzo habían tenido una fuerte discusión en frente de todos, muy embarazosa, ya que la pareja ya no tenía cuidado en proteger su privacidad.

Solange llevaba años tomando medicamentos para la depresión, y en ese almuerzo familiar había tomado más copas de vino de lo normal, algo que se le tenía absolutamente prohibido.

Pasaron las horas de la tarde, el sol se estaba escondiendo, se veía un hermoso paisaje naranjo rojizo al fondo del mar.

Los niños seguían jugando en el amplio jardín que tenía vista al hermoso y profundo mar azul. La pareja llevaba más de 4 horas navegando…

Algo no estaba bien, no era costumbre que navegaran tantas horas, por lo general antes de que se ponga el sol, ya estaban de regreso. Los pequeños son llevados al interior de la casa, los adultos comenzaron a inquietarse ya que no había señales del velero, y la radio de comunicación no estaba funcionando.

Carlos, hijo mayor que en ese momento tenía 10 años de edad, era el más preocupado, sus hermanos pequeños estaban con una tía en el comedor alrededor de una pequeña chimenea, ya que al anochecer bajaba bruscamente la temperatura, y estaban muy cansados y a punto de quedarse dormidos.

Cae rápidamente la noche, Carlos hijo se rehúsa a entrar a casa y se queda afuera en el jardín con la mirada fija al fondo del mar, esa noche en especial, hacía mucho frío, su tía al ver la negativa, y la preocupación de su sobrino de Carlos por entrar a casa comprendió su actitud, y cubrió las espaldas del niño con una manta de lana. Le llevó también un delicioso, y caliente chocolate, el cual no fue bebido por el niño. Carlos, apenas podía respirar, le costaba tragar su saliva, su mirada estaba fija, inmóvil frente al oscuro mar.

Nadie tuvo la fuerza de obligarlo a entrar a casa, el niño seguía firme, afuera, a pesar de la hora y del frío.

La noche estaba muy oscura, a medida que pasaban las horas, el frío se hacía más y más intenso, pasada las 1:00 de la madruga se comienzan a ver señales y una vaga luz que se acerca a la orilla de la playa. Carlos, tira lejos la frazada, se levanta de la banca de madera en la cual estaba sentado por horas, y sale corriendo en dirección al mar, su garganta estaba apretada, no podía decir palabra ni gritar, ni hablar, corría lo más rápido que podía y tenía la sensación que mientras corría el camino se hacía más y más largo. La sensación de llegar a orillas del mar, era eterna, Carlos corria, y sus piernas poco a poco iban perdiendo fuerza.

Tras el niño iban también algunos adultos que estaban en ese momento en la casa de playa atentos a la llegada del matrimonio.

Carlitos, al llegar, mira y busca desesperadamente a mamá, no la ve, y rápidamente observa que su padre se baja solo del velero, una imagen que jamás pudo borrar de su mente, su padre estaba completamente mojado, de aspecto acabado, ojos y hombros caídos, sus ojos rojos parecía haber llorado mucho, con la cabeza baja camina al borde de la arena y queda detenido, de pie con la mirada perdida.

El niño sube corriendo al velero, lo recorre entero y grita:

- Mamá, mamá ¿dónde está la mamá?

- Mamá, mamá ¿dónde está la mamá?

El corazón del niño se aceleró a mil, sintió su pecho completamente orpimido y adolorido, amigos del padre intentaron abrazarlo, era evidente que algo trágico y terrible había ocurrido. El niño se dejó abrazar y fue frente a su padre y con voz fuerte y dolida vuelve a preguntar:

- Mamá, mamá ¿dónde está mi mamá?

El padre baja a la altura de su hijo, lo toma de los hombros, y mirándolo fijamente a los ojos le dice:

- No hay más mamá, no hay más mamá …

Dos años después …

Carlos hijo, tiene la misma edad en que su padre perdió a su madre de un cáncer.

Tras el fallecimiento de Solange, comienza una nueva, dura y difícil vida especialmente para sus hijos. Carlos, Omar y Sergio (10, 6 y 4 años de edad).

Los tres niños fueron enviados a un internado escolar y tenían salidas los fines de semana en casa de su padre. Carlos papá, se vio envuelto en una seguidilla de juicios e investigaciones. El cuerpo de Solange no fue encontrado inmediatamente.

La versión de Carlos siempre fue la misma:

"Estábamos navegando, Solange había bebido mucho, y se encontraba bastante mareada. Yo estaba agotado, había tenido una semana muy intensa en el trabajo, recuerdo de ir a una esquina del velero a descansar y caí rendido, cuando desperté, Solange ya no estaba en el barco a vela"

Los amigos y algunos familiares que estaban esta tarde en la casa de veraneo llamaron de inmediato a bomberos, guardias marinos, policías y se comenzó una búsqueda por el cuerpo de Solange.

Finalmente, luego de largas horas de búsqueda el cuerpo es hallado y llevado a la morgue. Los análisis mostraron que la mujer tenía un fuerte golpe al costado de la frente, efectivamente tenía altos grados de alcohol, y se cree que se golpeó, perdió el equilibrio y cayó al mar... Con los años, todo parecía muy sospechoso. El informe indicaba "altos grados de alcohol" que correspondían a más de una botella de vino. Si bien, Solange, en el último almuerzo familiar había bebido, no era su costumbre hacerlo.

Carlos hijo, cuando cumplió los 14 años se sentía profundamente dolido, perdido, y tiene ideas suicidas, y recuerda estar solo un fin de semana en su habitación, era de noche, y miraba por el balcón, y tenía en su mente pensado en cómo terminar con su vida cuando ve reflejado por la ventana la imagen de su madre que le dice que ella está con él, que está a su lado y que no haga tal estupidez. Carlos, rompe en llanto e increíblemente la siente por primera vez en mucho tiempo cerca de él. Sintió una sensación extraña, una paz lo invadió y sintió como nunca antes, a su madre en él.

Lo curioso fue que años después Carlos comenta lo sucedido a su hermano Omar, y él, le confiesa exactamente lo mismo. En un momento de su juventud sintió exactamente los mismos deseos de terminar con su vida, lo mismo que sintió su hermano mayor y vio aparecer la imagen de su querida madre clara y nítida.

Durante los dos años que duraron los juicios, Carlos hijo tuvo reiteradamente una misma pesadilla. Revivió el momento en que sus padres se fueron juntos a navegar en el barco a vela, Carlos, quería ir, lo recuerda perfectamente, insistía en ir, su madre se veía mal, sus padres habían discutido, ella había bebido y su padre estaba de muy mal genio. En un momento Carlos, se va con ellos al borde del mar y su padre simplemente lo echa, se sube al barco y le dice:

- Vete de acá, anda a jugar con tus hermanos y primos, es una órden.

Carlos por alguna razón, no quería regresar a casa con sus primos, él sentía que debía quedarse con su madre, pero su padre ejercía una presión muy fuerte sobre él también. El niño no se atrevía a llevarle la contraria.

Carlitos regresó a casa, pero no pudo jugar, se quedó esperando sentado en la banca horas y horas hasta el anochecer.

Durante ese tiempo, además de tener ese recuerdo desesperado de querer ir con sus padres a navegar y no poder, un par de veces tuvo pesadillas de imágenes borrosas que lo despertaban durante la noche.

Veía a su madre discutiendo, en otro momento la vio caer al mar y hacer intentos de subir al barco, pero se veía que no la ayudaban y por el contrario la hundían en el mar. Cuando este sueño aparecía por las noches, Carlos despertaba con el corazón acelerado, con sus manos mojadas, y con una tristeza profunda que calaba hondo su pequeño corazón herido.

El miedo y el terror lo invadían. La relación con su padre era cada vez más fría y distante, y no solamente con él, con los niños más pequeños también lo fue.

Pasado los dos años de juicios e investigaciones la Jueza del caso no encuentra pruebas de un asesinado y cierran el caso por un accidente infortunio y por faltas de prueba el caso queda cerrado.

Al año y medio de terminado el juicio, Carlos padre comienza una relación amorosa con la "jueza" que atendió el caso…

(muy raro que Carlos padre, se haya emparejado con la Jueza que vió y atendió el caso de su mujer fallecida, muchas veces por las mentes de sus niños, entró la duda y la deseperanza, los tres, en distintos momentos pensaron de que esto había sido cruelmente planeado)

Durante mucho tiempo, para Carlos hijo todo fue muy confuso. Ha tenido miles de pensamientos e ideas con respecto a lo que sucedió. En sus relaciones de pareja, de manera inconciente busca a mujeres mayores que él. Esto nos refleja que sus heridas de infancia no han sanado completamente y sigue buscando el amor de mamá.

Al terminar la enseñanza media comienza sus estudios de derecho. Se especializa en violencia intrafamiliar y hoy día da charlas de ayuda y autoayuda, especializados en el tema de violencia en contra la mujer.

NO PERDONO A MI MADRE

Elizabeth, tiene tres hijos. El motivo de su consulta es que no comprende porque sus dos hijos mayores no quieren tener ningún tipo de relación ni contacto con ella. Sus hijos tienen 28, 26 y 25 años. (Paula, Mauricio, y Elena)

De profesión ha sido secretaria siempre. En la actualidad está casada por segunda vez y en este segundo matrimonio no tienen hijos.

Desde que se separó la relación con sus hijos fue siempre distante. Ella dice haber hecho todo lo posible, por estar cerca de ellos, pero al pasar los años la distancia fue cada vez más evidente, hasta llegar al punto en que hoy sus hijos no la quieren ver.

Su tercera hija, también tuvo distancia con ella, y solamente hace dos años volvieron a entablar una relación.

LA HISTORIA SIEMPRE COMENZÓ ANTES...

Elizabeth se casó muy joven, acababa de cumplir los 18 años. Reconoce no haber estado nunca enamorada, sino que vio en su pareja la posibilidad de "escapar" y de "huir" de casa.

Raúl era 5 años mayor que ella, trabajaba en el negocio de su padre, era el hijo mayor de sus hermanos, y estaba a cargo de la empresa familiar, labor que tomaba muy enserio y pasaba largas horas dedicabas al trabajo y a viajar fuera de la ciudad por la misma razón.

Los padres de Raúl se habían separado cuando él era adolescente, eran cuatro hermanos sus padres al separarse dividieron la custodia de sus cuatro hijos, dos hijos pasaron con el padre y los otros dos hijos con la madre. Los padres fueron los que decidieron este acuerdo sin considerar jamás la opinión de sus hijos.

Raúl se quedó con su padre en la ciudad junto a su hermano que lo seguía, principalmente fue así porque por ser el mayor era él quién se debía aquedar con el negocio familiar, y sus dos hermanos menores se fueron con su madre al sur del país. Esta separación no fue fácil para nadie, nunca se supo bien cuál había sido la razón, pero el padre de Raúl, (que llevaba el mismo nombre) no quería ver, ni oír hablar de su ex mujer y para él ella había muerto. Retiró del hogar todas las fotos familiares, recuerdos, y lo guardó en la bodega de la casa.

Tristemente, esa fue la sensación y la vibración de todos en la casa, sentían que su madre había muerto y con ella, habían desparecido sus dos hermanitos pequeños. Raúl, padre, prohibió tajantemente que se hablaba de ella, no se le permitió jamás la entrada a casa a su ex mujer, y los niños pasaron largos años sin tener ningún tipo de contacto con su madre, ni los niños menores con el padre. La familia estaba destruída.

Raúl hijo, el mayor, era el que había sido más cercano a su madre, en el momento de la separación, la que fue abrupta y dolorosa, su madre sale una mañana cuando los dos hijos mayores estaban en el colegio. Ni siquiera se despidió de ellos, solamente les hizo una llamada telefónica para despedirse días después y rara vez los llamó para saludarlos.

Claramente, la no conexión que tenía el matrimonio entre sí, fue lo que se transmitiño a sus cuatro hijos. Nadie sabía como llevar esta situación, como superarla, como encoentrar alivio en tanto dolor y sufrimiento. Raúl, detestaba ver a sus hijos deprimidos o trsites y una vez que vió a uno de sus hijos llorando, no dudó en abofetearlo fuertemente diciéndole, que recordara que era un hombre y no una débil mujer.

Cuando Raúl conoció a Elizabeth, se sintió muy atraído hacia ella, de alguna manera el verla desprotegida, sola, triste, hizo que él sintiera de manera inconsciente ganas de cuidarla, y creyó que podría hacerla feliz. Al mismo tiempo pensaba que era una linda "coincidencia" que Elizabeth llevara el segundo nombre de su madre.

Al mismo tiempo la joven Elizabeth, aprovechó esta oportunidad de sentirse protegida, vio en él el apoyo que le ofrecía este joven hombre, junto con la seguridad económica, y pensó que bastaba con sentirse atraída a él para estar juntos, pensó que con el tiempo sentiría más pasión y creyó que lo amaba, en un principio ella era muy compañera de raúl, lo acompañaba a todos lados, compartían mucho tiempo juntos hasta que muy luego quedó embarazada.

Raúl, no dudó en pedirle matrimonio y antes del año ya estaban casados y viviendo juntos. En un principio, la relación funcionaba bien, ambos disfrutaban del tiempo juntos y vivían la ilusión de sentirse enamorados.

En el principio de la relación entre ellos hubo una química muy fuerte, pero para el nacimiento de Paula, su primera hija ya el matrimonio estaba absolutamente acabado.

Elizabeth se vio viviendo un embarazo y una maternidad muy solitaria. Raúl pasaba largas horas en la oficina, y muchos fines de semana fuera de la ciudad. Además, como dato importante ese joven hombre tenía serios problemas de comunicación y no podía *"hablar"*, cada vez que su mujer intentó expresar lo sola que era su vida, lo duro que ella sentía la maternidad, los miedos que sentía, o lo distanciados que estaba como pareja, Raúl en silencio se iba a su "cuarto" y se encerraba por horas, sin hablar, ni decir absolutamente nada.

En la misma casa, Raúl tenía una "sala", era un cuarto de una habitación muy pequeña, de paredes oscuras y una ventana vertical que daba al jardín. Era ahí donde se encerraba a leer, trabajar, oír su ópera y a pasar largas horas cuando se encontraba en la ciudad. Con el pasar de los años, era esa habitación dónde más tiempo de sus días pasaba en solitario. Cuidaba en extremo su espacio y pasaba más horas encerrado ahí, que compartiendo su tiempo en familia. → La Ale era así (qvizas aún es).

Para Elizabeth esto era lo peor, el sentirse ignorada, no valorada, le daban ganas de salir arrancando y huir, pero no tenía donde ir y tampoco se atrevía a irse con una bebita recién nacida sola y sin dinero. Detestaba el *"cuarto oscuro"* como ella lo llamaba, porque las veces que entró a la habitación Raúl estaba sentado frente al escritorio, con una luz muy tenue leyendo, oyendo su música y nada ni nadie lo podía sacar de la inercia. Raúl, no hablaba.

La relación de pareja entre ellos estaba destruida, Raúl acostumbraba beber por las noches y cuando esto ocurría pasaba largas horas encerrado en su "cuarto oscuro" y comenzó a ser habitual, que cuando esto ocurría, él pasaba las noches durmiendo solo en el dormitorio de visitas.

Elizabeth trabajaba mucho, la niña era cuidada por una niñera y Raúl, se ausentaba mucho, pero tampoco era mucho él dinero que entraba en ese momento en el hogar. Se justificaba que era mal tiempo para las ventas, que estaban en crisis, que era culpa el gobierno, del estado y sin dares cuenta comenzó a pasar más tiempo encerrado en su "cuarto oscuro" que trabajando para la empresa de su padre.

Del matrimonio nacieron muy seguido dos niños más. La carga emocional y de trabajo en la crianza para Elizabeth se multiplicó por tres.

Raúl a este momento estaba muy descuidado físicamente, comía grandes cantidades de comida chatarra, bebía mucho, era un bebedor silencioso, era absolutamente sedentario, y cada vez estaba más encerrado en su mundo triste y apagado. No era feliz, nadie lo era.

Elizabeth lo acusaba de ser egoísta ya que llevaba una vida en "solitario", no se encargaba de los niños, no mostraba interés en ellos, no participaba en cosas cotidianas de familia como almuerzos, cenas, paseos, o vacaciones, a Raúl, solamente le interesaban sus libros, que leía de manera adictiva y repentinamente sus viajes fuera de la ciudad por trabajo.

Elizabeth comenzó a detestarlo, la sensación de rechazo, rabia y odio que ella sentía hacia su marido eran cada vez más intensas, ella se ponía de mal humor cuando llegaba a casa y tenía que atenderlo, ya que no intercambiaban palabras y su presencia le era desagradable y fastidiosa, por lo que evitaba llegar temprano a casa, y poco a poco comenzó a llegar cada vez más tarde a casa, para así evitarloy no sentir esa sensación de repudio y malestar que sentía a diario.

> Muchos padres ciclos son así.

Elizabeth estaba muy mal emocionalmente, se sentía sola, infeliz, estaba depresiva. No podía darse cuenta de cómo estaban viviendo sus niños esa vida. Ella estaba sumergida en su propio dolor y amargura, que nole permitía relacionarse bien con ninguno de sus hijos.

Hacía tiempo que no le importaba llegar tarde a casa, Elizabeth pensaba que los niños tenían cubiertas sus necesidades básicas, no había grandes discusiones en el hogar y Paula, su hija mayor, era la que comenzó a encargarse de sus hermanitos, de preparar algo para comer en las noches cuando su padre estaba encerrado y su madre no llegaba del trabajo.

Cuando Paula *cumplió los 8 años de edad*, ocurrió un hecho inesperado. Su madre Elizabeth se enamora de otro hombre. En el momento en que se siente enamorada comienza no solamente a llegar tarde por las noches, sino que comenzó a inventar "viajes de trabajo" para poder estar con su enamorado fuera del hogar, lo que causó grandes conflictos a nivel familiar.

Por primera vez Elizabeth se sentía valorada, amada y no estaba dispuesta a renunciar a este amor por nada, por nadie, ni siquiera por sus hijos.

Tan rápido como lo descubrió su marido (todo fue muy evidente y ella no pudo negarlo) él le exigió irse de casa, pero sola. Elizabeth había llegado a un estado emocional muy inestable, pasaron días de angustia y su enamorado (Juan) la estaba esperando para vivir con ella. De alguna manera Elizabeth quería estar "sola" disfrutar de este momento de locura, pasión y amor, y no pensó que sus hijos podrían estar sufriendo. Cuando Raúl le exigió de irse del hogar sola, ella reconoce que en ese momento no le afectó tanto porque ella sentía que había entregado años de su vida a una relación vacía, triste, solitaria y que era justo que por todos los años que ella dedicó criando a sus niños, ahora el padre se ocupara de ellos.

Todo sucedió muy rápidamente, no se acuerda cómo sucedieron exactamente las cosas, pero terminó viviendo con Juan una apasionante historia de amor. Se fue de casa y en su cabeza solamente existía su amor, y no era capaz de medir las consecuencias de lo que estaba ocurriendo, en ese momento se fueron a vivir a casa de Juan, y vivieron una apasionada luna de miel que duró muchos meses…

En ese tiempo ella hizo un par de llamadas a casa, pero no logró contactar a los niños, Raúl estaba furioso, muy herido, pero no era capaz de expresar su sentir por medio del habla, sino que representaba su ira con su comportamiento aún más frío, distante y evitando cualquier tipo de contacto con su ex mujer.

Elizabeth luego de pasar meses en este *"sueño dorado"* despertó, sintió un gran dolor en su pecho, un vacié inmenso caló profundo su corazón y al mismo tiempo una gran necesidad de estar con sus hijos e hizo varios intentos de volver a retomar contacto con ellos.

Raúl, estaba completamente negado a la posibilidad de que ella regresara a ver sus hijos a casa. No se estaba dando cuenta que estaba repitiendo exactamente lo que su padre hizo con él cuando se separó de su madre. No estaba en condiciones de comprender nada, sus heridas de abandono y rechazo eran muy profundas ya que de manera inconsciente no solamente estaba viviendo el engaño, ausencia y abandono de su mujer, sino que estaba *reviviendo* dentro de él, el abandono y gran ausencia de su madre. (estos temas de heridas emocionales lo explico en detalle en mi segundo libro "SANARÁS CUANDO DECIDAS HACERLO")

Finalmente, después de mucha negociación, llantos, discusiones, Raúl acepta que su ex mujer tenga contacto con sus hijos. Ella podía llegar en las mañanas muy temprano (cuándo él aún durmiera) y por las noches visitarlos e irse antes que él llegara del trabajo.

La mujer buscó un hogar muy cerca de la casa en dónde vivían sus hijos y ex marido. Muy rápidamente obtuvieron el divorcio y a los meses ella se casó en secreto con su pareja actual. La casa familiar y muchas cosas materiales dentro del hogar habían sido compradas por Elizabeth, de alguna manera ella sentía culpa por estar enamorada y haberse ido y el divorcio fue sin ningún tipo de compensación monetaria, y los niños quedaron bajo la custodia del padre. Ella lo aceptó todo, lo único que quería era terminar con todos esos trámites y no volver a ver jamás en su vida a Raúl.

A cuadras el hogar familiar vivía la nueva pareja de enamorados. Juan permaneció en el absoluto anonimato, ya que Elizabeth no quiso llevar por años a sus hijos a su nuevo hogar, ni presentarles a su nuevo amor.

La dinámica que se desenvolvió por mucho tiempo fue de "locos". Ella se despertaba muy temprano en las mañanas de lunes a viernes, llegaba a despertar a sus niños, les dejaba preparado el desayuno, preparaba los almuerzos y colaciones para los colegios de sus hijos, y se iba corriendo por las calles hasta llegar a al paradero de buses y se dirigia a su trabajo, y por las tardes hacía exactamente lo mismo.

Por las tardes llegaba a casa a cocinarles, lavar sus ropas, hacer un poco de aseo y se retiraba antes de que Raúl llegara al hogar.

Los fines de semana era muy relativo, ella se daba el tiempo de estar en pareja, y a ambos les gustaba pasar tiempo juntos en solitario, ir al cine, a cenar a bailar o viajar. Para evitar su culpa Elizabeth decía que debía viajar fuera de la ciudad por trabajo y así tenía todos los fines de semana para ella y su nuevo amor.

Si bien de alguna manera sentía que debía disfrutar los fines de semana, dado que pasaba toda la semana corriendo de un lugar a otro, la culpa revivía en ella, y volvía los lunes frenéticamente a tener su rutina esclavizante.

Pasaron largos 8 años de lo mismo. Sus hijos Paula, Mauricio, Elena ya estaban adolescentes. La relación con sus hijos era distante, ella tampoco sabía comunicar, el único diálogo que tenían por años en las mañanas de lunes a viernes estaba relacionado al desayuno, las mismas preguntas como:

- ¿Cómo les fue en el colegio ayer?

- ¿Quieren más pan, leche,cereal?

- ¿Cómo están?

Y luego se iban apurados al colegio porque Elizabeth trabajaba al otro lado de la ciudad.

A este momento su hija Paula, no le hablaba, había entrado a la adolescencia, y era muy arisca para responder las mismas preguntas de siempre. Muchas veces por las noches discutían porque Paula se encerraba en su habitación y no quería salir a cenar, tampoco quería ver a su madre y solamente salía de su cuarto una vez que ella ya se había ido.

Con la angustia y desesperación que su madre sentía por esta situación, muchas veces Elizabeth ofendió diciendo a Paula diciéndole que ella era igual a su padre.

Por las mañanas Paula se levantaba sola y se iba al colegio más temprano para no tener que cruzarse con su madre.

Mauricio y Elena observaban todo en silencio, obedecían todo sin discutir y por las noches cuando su madre se iba, Paula los enfrentaba y los ofendía muy dolida:

- Ustedes son "chuecos", no entiendo cómo pueden ser así de tontos.

- ¿Acaso no se dan cuenta que esta vieja nos abandonó? Abandonó al papá, y por culpa de ella él está así ahora. (deprimido, gordo, más solitario que nunca y viviendo prácticamente todo el día después del trabajo en su cuarto oscuro)

- Esta mujer no nos ama, ¿nunca han pensado por qué ella no nos ha llevado nunca a su casa? ¿Saben por qué?

- Porque ella se avergüenza de nosotros.

- Tampoco creo que tenga una pareja, jamás lo hemos visto, yo creo que ella se fue simplemente porque no nos ama.

A los años Elizabeth dejó de ir a casa de sus hijos, ellos ya estaban grandes y podían ocuparse ellos mismos de sus cosas, como tampoco iba por las noches a cocinarles o a limpiar.

Cada vez que ella fue a esta casa, se llenaba de amargura, detestaba estar en el mismo lugar que su ex marido, y Elizabeth hacía todo con disgusto, rabia, malestar y de manera obligada, lo que le hacía mal estar ahí, ver su antiguo dormitorio, el cuarto oscuro, recordar tantos momentos de desagrado, soledad, impotencia, todo lo que ella detestaba, debía lidiar a diario por años, y fue un gran alivio cuando sus hijos menores dejaron de necesitarla.

Todo lo que ella emocionalmente sintió a diario al ir a ese hogar fue recibido por sus hijos, ella no era consciente que sus emociones eran percibidas por sus hijos de manera intacta, y que todo su malestar fue lo que finalmente cargó y transmitió a sus niños, por mucho aseo que hiciera, por muchos desayunos o cenas que preparaba.

En Terapia

Al oír la historia de Elizabeth, yo le pregunto por su familia (padres y hermanos). Ella relató su separación y todo lo que ya has leído.

La mujer queda en silencio y pone sus manos sobre su pecho y me dice:

- ¿Mi familia? No tengo, están muertos.

- ¿Muertos?

- Si, los eliminé de mi vida no existen.

Y sus ojos se llenan de lágrimas…

- ¿Y tú madre?

- No le hablo hace muchos años

- Elizabeth estás acá porque quieres comprender, por qué tus hijos no te hablan, y sin embargo tú, tampoco te hablas con ella…

- ¿Y tu padre?

- No sé nada de él, cuando se separaron él se fue y no lo vi nunca más.

La infancia de Elizabeth

Ella era la mayor de dos hermanos. Al igual que sus hijos, eran dos mujeres y el del medio era un varón.

Ambos padres trabajaban juntos en un Almacén familiar que estaba cerca de casa, para atender este Almacén, sus padres trabajan de lunes a domingo, y era principalmente Elizabeth quién se encargaba del hogar desde muy temprana edad.

Sus hermanitos eran muy seguidos, y ella ayudaba en las mudas, preparaciones de leche, lavado a mano de ropas, aseo y limpieza del hogar. En pocas palabras de niña tuvo que hacer el *"Rol de madre"*. Podemos comprender entonces su agobio al ser madre y estar sola en la crianza de sus tres hijos, y de las ganas que tuvo de escapar de su hogar para casarse con Raúl, pensando de alguna manera que su vida iba a ser mejor.

Para Elizabeth el nacimiento de su pequeña hermana Elena, a pesar de todo el trabajo que significaba lo recibió como una bendición. Pasaban largas horas solas en casa, su hermano Pedro, jugaba mucho con amiguitos que vivían cerca de su hogar y prácticamente no lo veía y ella pasaba horas con su hermanita pequeña, jugando, abrazándola, besándola y habían hecho un lazo de amor muy fuerte. Era solamente con ella quien Elizabeth sentía amor y afecto. Ambas hermanitas dormían juntas, y cuando sus padres salían temprano por las mañanas a trabajar, era ella quién se encargaba de despertar y vestir a Elena.

Cuando Elizabeth *cumplió los 8 años de edad*, todo cambió drásticamente. Un día al despertar Elizabeth siente que su hermanita estaba hirviendo de fiebre. Apenas podía tomarla en brazos, porque ejercía un peso muy fuerte por lo débil de su cuerpo.

Su hermanita tenía 4 años de edad. Elizabeth se desesperó, no sabía qué hacer, estaba sola con sus hermanos aquella mañana, sus padres ya habían salido a trabajar, y Elizabeth no quería dejarla sola a su pequeña hermana, y al mismo tiempo quería llamar a sus padres para pedir ayuda y entró en pánico. Elena comenzó a vomitar, y gritaba de dolor, luego volvía a perder fuerzas y caía sobre la cama.

Elizabeth hacía intentos de despertar a su hermanita, pero ella no re-accionaba. Salió a la calle a buscar ayuda y consiguió que su vecina se quedara con sus hermanitos mientras ella corría desesperada al almacén de sus padres.

La pequeña vestía pijama, y estaba a pie descalzo, corría lo más rápido que ella podía hacerlo, y con el miedo, y angustia sentía que tenía su co-razón atrapado en su garganta. El camino al almacén se le hizo eterno, tenía la sensación de correr y correr y no llegar nunca, mientras corría gritaba llamando a sus padres, no sabe cómo cruzó las calles, ni cómo llegó al almacén, tampoco recuerda lo que ahí sucedió... su mente lo bloqueó todo.

Elizabeth tiene vagos recuerdos de ese día y los días posteriores. Solo guarda imágenes en blanco y negro en donde parece simular una pelí-cula antigua muda.

Recuerda llegar al hospital, a su madre desesperada pidiendo ayuda, doc-tores entrando y saliendo, su hermanita acostada en una camilla gigante, rodeada de auxiliares y enfermeras. Tiene un claro recuerdo de estar cruzando su mirada con su hermanita Elena. Ambas miradas estaban clavadas entre sí, Elizabeth sentía que podía oír a su hermanita pidiendo ayuda y que la sacaran de ahí, pero la pequeña estaba en un estado de inercia y adormecida por el dolor y la fiebre.

Pasan los días en donde Elizabeth se encuentra sola. Sus padres salían temprano por las mañanas camino al hospital, y dejaban a los dos niños solos en casa para que asistieran al colegio. Elizabeth estaba muy triste muy mal, se arreglaba pretendiendo ir al colegio, pero se quedaba en casa en su habitación llorando por su hermanita y pidiendo por su salud. Se recostaba en su cama y tomaba ropita de su hermana que olía inspirando su aroma a niña, juegos, leche, mientras pensaba en ella.

Al cabo de una semana, en un pleno día de invierno Elena muere. El diagnóstico fue una peritonitis aguda. Elizabeth recuerda como si fuese ayer, el cajón blanco en donde yacía el cuerpecito débil y frágil de su querida hermana. Recuerda también la llegada a casa después del cementerio, la casa le parecía muerta también, el jardín había perdido su brillo natural, el hogar se sentía frío, vacío, como si las murallas cargaran con el dolor y sufrimiento que sentían todos en ese momento. La energía era densa, había un silencio penetrante, la familia estaba sumergida en un profundo estado de shock, y desconsuelo, en donde no podían expresar palabras.

Cada uno estaba solo en su dolor. Recuerda pasar los días y sus padres discutiendo acalorados, porque sentían que la muerte de la pequeña había sido por negligencia médica, se culpaban mucho entre ellos por no haber estado presentes esa misma mañana y al mismo tiempo estaban también buscando ayuda para pedir justicia. Las peleas sumado a llantos de desesperación eran horrorosas, los niños estaban encerrados cada uno en sus habitaciones y Elizabeth no tenía consuelo, pensaba que era inútil tanta discusión, ya que absolutamente nada ni nadie le haría regresar en vida a su amada hermanita.

Con respecto al juicio por la pequeña nunca quedó en nada. El matrimonio comenzó rápidamente a decaer, no tenían tampoco el dinero suficiente para pagar a los abogados y todo quedó ahí... su madre Lucía no salía de su habitación y era su padre quién seguía trabajando cada día. Los niños estaban solos, el padre salía temprano por las mañanas, la madre no salía de su dormitorio y Elizabeth se encargaba del desayuno y de su pequeño hermano. La muerte de Elena pasó a ser tabú. Nadie hablaba de ella, las pocas fotos familiares que había su madre las quitó de casa por el dolor del recuerdo que esto le causaba, y Elizabeth guardó una pequeña fotografía para ella una donde sale Elena sentada en el jardín con un vestido color crema, soquetes con blondas blancas, zapatitos de charol y una muñeca de plástico en sus manos, era la foto de su cumpleaños número 4.

Para el año siguiente un día cualquiera su padre se va del hogar. Se estaban separando, y todo ocurre drásticamente. El almacén es entregado a otra familia, Renato, el padre se va fuera de la ciudad por trabajo, se despide de los niños y se marcha. Pasan largos 10 años hasta que se vuelven a ver otra vez.

Lucía no pudo salir jamás de la depresión, nadie recuerda haberla visto jamás sonreír, encontró trabajo en una tienda y era la única razón por la que salía del hogar, y cuando regresaba, luego de tomar un café cargado y sin azúcar, se iba a su habitación y no salía hasta la mañana siguiente.

Su hermano, creció sumergido en la rebeldía, a muy temprana edad ya estaba fumando todo tipo de hierbas, y bebiendo cada fin de semana, algo que nadie podía controlar ni vigilar, Elizabeth hizo algunos intentos por detener esta situación, pero su hermano se ponía agresivo y ella finalmente se rindió a ayudarlo, no tenía fuerzas ni ganas de luchar por nadie.

LA HISTORIA MIRADA
DESDE EL TRANSGENERACIONAL...

Nuestro inconsciente va a querer siempre *"reparar nuestro sufrimiento"*, a veces nos hace elegir caminos para bloquear lo sucedido (la mayoría del tiempo) y otras veces nos hace creer que podemos calmar nuestro dolor trayendo a nuestra vida aquello que creemos que necesitamos para estar en paz)

No es de extrañar que Elizabeth haya tenido una niñez muy triste, y solitaria cargada de responsabilidades. De pequeña estuvo al cuidado de sus hermanitos y cuando cumplió los 8 años, su querida y amada hermanita fallece, al tiempo su padre se va del hogar, su madre se enclaustra, y ella queda a cargo del hogar, de ella, de su hermano y también del sufrimiento de su madre.

Cuando cumple los 18 años ve en Raúl la posibilidad de huir del martirio y sufrimiento de su hogar. No por casualidad su marido se llama **Raúl**, recordemos que su padre se llamaba **"Renato"**, ambos nombres comienzan con la letra **R**, lo explico en detalle en mi primer libro **"TUS ANCESTROS QUIEREN QUE SANES"**, ambos hombres son *"dobles* *dentro del árbol genealógico"*, de alguna manera el inconsciente de Elizabeth trae a su vida a su "Padre" ausente.

Inocentemente cree que su padre está por fin de regreso junto a ella, pero tal como su padre, Raúl es una persona *"que abandona"*, la abandona exactamente igual que lo hizo su padre, pero simbólicamente no real. Su padre efectivamente los deja y su marido simbólicamente también, no está para ella, vive encerrado en su mundo que el mismo creó, y que nadie tiene acceso a él. (la historia siempre se repite)

Raúl y Elzabeth tienen tres hijos, Paula, Mauricio, y Elena. Elige llamar a su última hija exactamente igual que su hermana fallecida.

Elizabeth culpa a sus padres de la muerte de su querida hermanita y del dolor de vida que ella tiene y carga a causa de esto. La pequeña Elizabeth crece con un gran resentimiento hacia sus progenitores, pero principalmente hacia su madre. Quizás el haber vivido largos años con ella, y verla perdida en su depresión y amargura potenciaron estas emociones negativas hacia su progenitora. La rabia que siente también está relacionada a que de alguna manera es ella la culpable de la muerte de su hermanita.

Ella era solamente una niña que debía estar a cargo a muy temprana edad del hogar y sus hermanos pequeños, y no solamente culpa a los doctores de negligencia, sino también a sus padres. Su madre nunca hizo el rol de madre, no recuerda haber recibido atenciones, palabras de amor, o cuidados de parte de ella, ni siquiera cuando falleció su hermanita. Tampoco demostró algún interés por su hijo mientras se perdía en malas juntas y adicciones.

Es por eso que cuando se casa, huye, no regresa a su hogar, tampoco nadie pide verla, y finalmente cuando es madre, se agobia, vuelve a revivir abandonos, **revive el recuerdo de su madre al ver a Raúl, encerrado en su cuarto oscuro igual como vivió su madre.**

Ella se separa de Raúl cuando su hija Paula tiene 8 años, que es la misma edad que ella tenía cuando su hermanita Elena muere…

Le costó asumir a Elizabeth que el odio y rabia que ella siente por su madre, es el mismo sentir de sus hijos tienen hacia ella. Su madre después de la muerte de su hermana, es como si simbólicamente también hubiese muerto, pierde vida, no quiere existir para ella ni para nadie. Es en este momento cuando Elizabeth siente un gran abandono, se va su hermanita amada, su madre, su padre y su hermano se pierden lejos de ella.

Paula tiene 8 años cuando sus padres se separan y Elizabeth se va de casa.

La historia con diferente escenario se vuelve a repetir.

Fue así como Elizabeth pudo tomar distancia y comprenderlo todo. Ella acusa a su madre de haberla hecho cargo de sus hermanitos, no le perdona que ella haya entrado en una profunda depresión y la detesta por la muerte de su hermana, y así pasan años sin ella hablar con su madre. Se siente también abandonada por ella.

Elizabeth, deja su hogar cuando su hija mayor cumple los 8 años de edad. Comprende que debe hacer un largo trabajo de sanación personal, sanar sus heridas de infancia, sanar la mala relación con su madre para recuperar de esta manera su relación con sus hijos, solamente tiene contacto con su hija menor, no es de extrañar, tiene el mismo nombre de su querida hermanita: Elena.

Ella en terapia expresa tener muchas razones para haberse ido de casa:

- Raúl es insoportable, desagradable, no cuida de sí mismo, es gordo, flojo, no comunica, es una persona con un genio horrible, pasa todos los días de su vida mal humorado, enojado, es sucio, es una persona infeliz, que no sabe vivir, su vida es solamente amargura…

- **¿Y tú? ¿Sabiendo todo eso te vas de casa y dejas a tus amados hijos pequeñitos con una persona así?…**

Como dicen por ahí, la gente es buena para ver la paja en el ojo ajeno y no ven el tronco que tienen en sus propios ojos.

MUERTA EN VIDA

Esta es una breve historia que nace de la historia que acabas de leer. También es muy real y ha sucedido en varias familias.

Elena me visita, su vida es "plana", tal como ella la describe, no siente motivación, hace años que no tiene pareja y no se siente feliz.

Cuando una persona lleva el nombre de un ancestro, recibe la carga emocional de esa persona. Poco importa si la conoce o no, el hecho de llamarse igual la hace heredero de sus "programas y conflictos no resueltos". También se heredan talentos y virtudes, pero por alguna razón, estas cualidades pasan por alto, no se toman en cuenta, o no se agradecen.

Elizabeth llama a su última hija Elena, así de alguna manera para su "inconsciente", trae de regreso a su vida a su amada hermanita. Lo que no puede imaginar, y ahora es algo que tú vas a aprender es que, si el nombre que portamos pertenece a una persona que ha muerto de manera trágica y sobre todo a muy temprana edad, trae ciertas consecuencias TRANSGENERACIONALES que ahora explicaré:

- En este caso puntual la hermana de Elizabeth fallece abruptamente a la edad de 4 años.

Elena hija,(sobrina de la fallecida Elena de 4 años) simbólicamente va a "detener su vida" también a la edad de 4 años.

Lo he visto en muchos casos, un joven de 30 años lleva el nombre de su padre quién a los 30 años se suicida. El hijo a la misma edad detiene su vida, ya sea por un amor ciego o por lealtad al que se fue. En este caso la manera de detener su vida, fue en relación a su trabajo, saboteó la empresa que tenía y no pudo seguir trabajando, entró en depresión y terminó además su relación de pareja de años.

Es como decir:

- "Padre te has muerto a los 30 años, tu vida se ha detenido, y yo en honor a ti detengo a la misma edad la mía."

Para el caso de Elena, es simple de descifrar, ella dice simbólicamente:

- "Querida Tía Elena, te has muerto a los 4 años de edad, tu vida se ha detenido, y yo en honor a ti detengo mi vida a la misma edad."

Esto es muy sutil, a simple vista no se ve, no se nota, pero la persona que carga con esta herencia lo siente, siente que por alguna razón no puede disfrutar de la vida, son personas que demuestran muy poco sus emociones (no existen simbólicamente en esta vida), son apagadas, reflejan cierta melancolía. (cargan con un muerto)

Y como nada es casualidad repetimos la historia de nuestros ancestros con la finalidad de "reparar", o muchas veces porque el dolor vivido por nuestros familiares cala tan hondo y profundamente, que queremos de alguna manera aliviar ese dolor, y vivimos historias dolorosas para compartir el sufrimiento vivido.

Esto se puede desarrollar de distintas maneras, la persona pierde las ganas de vivir, no quiere estar en pareja, de trabajar o ganar dinero, no sienten grandes ambiciones, andan tristes y buscan de alguna manera *"morir en vida"*. Sienten que no tienen el derecho a vivir.

Las personas con esta carga emocional tienen la tendencia a vestir ropas grises y oscuras, pues, están siempre *"de luto"*.

Esto se llama para el análisis del árbol genealógico *"Yacente o Yaciente"*, o hijo sustituto, lo hablo en detalle en mi segundo libro *"SANARÁS CUANDO DECIDAS HACERLO"*, te dejo el nombre de un libro excelente es del autor **Salomón Sellam**, experto en TRANSGENERACIONAL y Medicina Psicosomática, *"El síndrome del Yacente"*.

Con Elena, además de trabajar la "comprensión" de su historia familiar, debe trabajar en amarse a si misma, en identificarse como una persona, aceptar e integrar que tiene el derecho de vivir, y a existir igual que todos.

Se debe trabajar personalmente y dedicar tiempo a la sanación, no será un "Tips" o un consejo que cambiará tu vida, la sanación consiste en una transformación de creencias, comportamientos y voluntad al cambio.

A Elena le recomendé y le pedí de "Sanar el vínculo con tu tía Elena para que tome conciencia y pueda asumir su vida en plenitud".

Le recomendé realizar un "Acto de Sanación" y liberación que ahora compartiré contigo:

1. Reconocer e identificar al ancestro del cual heredas su nombre. Informarte de su vida, causas de muerte, que enfermedades tuvo, como vivía, que hacía, que no pudo terminar de hacer.

2. Buscar alguna foto en la que aparezca este ancestro, no importa si es muy pequeña, todo sirve. (sino encuentras una foto puedes utilizar como objeto a un Angelito de decoración representando simbólicamente a este ancestro)

3. Encontrar un espacio cómodo, silencioso, en donde puedas estar una hora sol@, sin interrupciones de personas, ruidos, ni tv.

4. Puedes elegir una música de meditación, alta vibración, zen, para colocar en el ambiente, acompañado de una vela blanca, y si gustas puedes prender incienso.

5. Cuando estés el lugar que has elegido, y hayas creado un ambiente tranquilo y apropiado,te recomiendo de tomar la foto entre tus manos, mirarla con calma y serenidad, y comenzar a desear que esa persona descanse en paz. Tómate el tiempo que necesites para conectar con esta persona o el dolor que su partida ha significado.

6. En voz alta debes decir lo siguiente: – *(decir el nombre completo de la persona), sé que tuviste una vida corta, falleciste a XXXX de edad, de una manera trágica y dolorosa para toda la familia.*

Honro tu vida, lo que fue de tu existencia y ahora, acepto tu existencia tal cual fue, le pido a la DIVINIDAD, tomar nuestro dolor, "Te libero y te dejo ir en paz".

Pido por tu ascensión, que eleves tu Alma y que sigas tu camino hacia la luz. Perdono en tu nombre todos los actos que haya por perdonar y libero tu espíritu del dolor.

Yo, hoy (y acá dices tu nombre completo) y dices la fecha en que estás haciendo este acto de sanación, agradezco todo lo positivo que he heredado de ti, y renuncio con amor y respeto a todo aquello que en esta vida no me haga justicia y no me pertenezca.

Agradezco la vida que ha llegado hasta mí, y prometo vivirla con agradecimiento, amor, y alegría.

Prometo retomar todo aquello que dejé olvidado, a comprometerme a sentir que merezco vivir, y que merezco las bendiciones que la vida tiene preparada para mí.

Me comprometo a trabajar en tener una mejor vida, en conectar con el amor, y a visualizar un presente activo, en donde nuevas metas tenga yo que cumplir.

Mi nombre (dices tu nombre) es mío, es propio y desde hoy le doy una nueva identidad, esa identidad que forma parte del propósito de mi vida. Estaré dispuesta (o) a sentir el llamado de mi Alma, y a vivir mi propia vida.

Llevaré este nombre con amor y gratitud comprendiendo que tengo mi propio destino y mi propio camino a seguir.

1. Dejas que se consuma la velita, la fotografía la puedes dejar un momento ahí, o bien guardarla.

2. Repite en voz alta GRACIAS, GRACIAS, GRACIAS. Qué así sea.

3. Se termina el acto de sanación. Respiras profundo, colocas ambas manos en tu pecho y agradece la vida, la bendición de estar aquí, ahora. Y dejas que las emociones fluyan en ti.

"Agradezco a la **DIVINIDAD, DIOS,** (elige uno de estas dos palabras que tienen una muy alta y sanadora vibración), la oportunidad de despertar y encontrar mi camino.

He dado este trabajo a varias personas y me han confesado lo "fuerte y liberador" que es realizar este hermoso acto de sanación.

Si este es tu caso, es tiempo que cierres este duelo que has heredado, y te convenzas de que esta vida te pertenece y que dependerá de ti de cómo quieres vivirla.

ROMPIENDO
LAZOS DE AMOR

Melina, era la sexta hermana de diez. Pertenecía a una familia muy religiosa, de padres muy estrictos, y de una férrea disciplina. Su padre Jean era Militar, acostumbraba a estar de viaje fuera de la ciudad. Era de carácter frío, violento y un tanto agresivo, le gustaba beber y fumar en grandes cantidades, y era muy infiel, lo que se sabía y se aceptaba cómo secreto a voces.

Su madre Melina, era dueña de casa, pertenecía al grupo de la iglesia, y pasaba gran parte del tiempo en misa, en ayudas sociales, y comunales.

Melina amaba tener hijos, era lo que siempre decía cuando "Dios" le enviaba un nuevo bebé, lo que era bastante seguido… diez vivos y tres niños muertos, uno falleció al nacer, y dos antes de cumplir los 5 años de edad.

Era admirable como Melina vivía su vida, tenia un aura angelical, nada le parecía realmente grave, se sentía muy unida a Dios y todo lo que sucedía, bueno y malo lo agradecía porque era voluntad del Señor.

Ella de pequeña vivió la segunda guerra mundial en Francia. Venía de una familia tan numerosa como la que ella tenía ahora. Eran 8 mujeres y el menor un varón. Cuando se le preguntaba por la guerra, ella contaba con detalles como vivieron el miedo, el hambre, y el terror de la época. Recuerda haber pasado mucha hambre, y de comer con el máximo placer un trozo de pan duro con un poco de mantequilla que un soldado alemán una vez les ofreció.

De adulta en su hogar, acostumbraba tener en el congelador, cantidades enormes de mantequilla. Para ella la abundancia estaba relacionada con tener comida, especialmente pan fresco con mantequilla, si eso había en el hogar para ella lo había todo.

Melina y sus hermanas fueron criadas para ser madres y esposas. Desde enseñarles a bordar, coser, cocinar, a respetar y atender al hombre que tendrían como marido, hasta aceptar con resignación la alegría de un nuevo bebé.

Su padre también había sido un militar conocido en ese momento, y tampoco fue un padre presente, o cariñoso, era de carácter fuerte, dominante, y seguía en búsqueda del hijo varón hasta que por fin llegó como el número once de diez mujeres.

La familia recibió a este niño que había sido tan esperado especialmente por su padre como una bendición, el niño creció rodeado de mujeres que corrían por atenderlo.

La alegría duró un par de años …

La tristeza embargó el hogar de la familia cuando en la segunda guerra mundial muere trágicamente a la edad de 19 años. Su madre en extremo religiosa, lloró en silencio la partida de su amado hijo y todas las hijas siguieron los mismos pasos, se refugiaron en la religión para encontrar consuelo. Fueron largos meses de luto.

No solamente habían tenido la muerte de su querido hermano, sino que cada día debían afrontar la pérdida de algún amigo o familiar.

Su padre no pudo soportar la muerte de su único hijo, y se refugió en el alcohol. Fue tanto su maltrato hacía el mismo, la desesperanza y sufrimiento que a los pocos años fallece de cirrosis y problemas al pulmón.

Las hijas y mujeres quedan solas, rápidamente comienzan a casarse para tener sus propias familias y tener techo, alimento seguridad. Fue así como Melina contrae matrimonio con Jean. Antes del primer año de matrimonio ya habían dado a luz a su primera hija.

Melina se sentía muy agradecida de tener un hogar, vivió una infancia sumergida en la guerra, grandes carencias e inseguridades, se sentía feliz de tener un marido que la mantuviera e hijos por nacer y criar. No tenía más aspiraciones ya que sus "anhelos" de vida estaban cumplidos. No estaban viviendo en guerra, y ahora tenían todo lo necesario para vivir.

Bajo sus creencias de manera silenciosa era aceptado que el marido tuviera amantes fuera del matrimonio, eso era algo que no se cuestionaba, no se discutía y por lo tanto se ignoraba.

El matrimonio de Melina y Jean criaron a sus hijos bajo creencias religiosas muy profundas, eran sagradas las salidas el domingo para la misa, así como también a mediados de semana. Todos sus hijos debían asistir vestidos con ropas limpias y pulcras. La Biblia era un libro que todos debían leer, y acostumbraban a agradecer y bendecir sus alimentos cada día.

Los hijos del matrimonio acostumbraron a criarse entre ellos, los más grandes vestían y alimentaban a los hermanos pequeños, mientras Melina pasaba de embarazos a post partos muchas veces a lo largo de su vida.

Su marido, era un hombre que esperaba ser atendido cuando llegaba a casa cansado por las noches. Muchas veces llegaba ya algo tomado y seguía bebiendo en la comodidad de su hogar. Sus hijas lo detestaban, no podían soportar ver el abuso de su padre hacía su madre, acostumbraba a pedir todo de mala manera, siempre gritando y elevando la voz, mientras que Melina se desvivía por atenderlo.

Melina no paraba de trabajar todo el día, dividía el trabajo entre las "mujeres", eran sus hijas la que debían lavar a mano las ropas de todos en el hogar, turnarse para hacer las compras, limpieza, cocinar, ayudar en la crianza.

Esto era muy mal recibido por sus hijas, no comprendían la razón de su madre de tener tantos hijos y de ocuparse tanto en temas sociales y de iglesia, marido y no estar en casa realemnte con ellos.

Sandra, hija del matrimonio, tenía una belleza especial, se distinguía entre sus hermanas, por ser más alta, de cuerpo más fino, de hermosos ojos calipsos y labios bien definidos. Su padre jamás fue de las personas que se dedicara a sus hijos, o pasara tiempo con ellos, por el contrario "no los veía". Cuando sus hijos eran pequeños, jamás los tomó en brazos, o mucho menos ayudó alguna vez en la crianza de alguno de ellos, apenas reconocía sus nombres, siempre los confundía y ni pensar que se acordara de sus santos o fechas de cumpleaños.

Eran más seguidas las tardes y noches que su padre llegaba a casa a divertirse, y algunas veces venía con compañeros del trabajo,en donde había que atenderlos a todos por igual. Melina trataba de hacer dormir a los más pequeños, sus hijos mayores estaban en sus cuartos y era a las tres niñas, ya adolescentes que enviaba a atender al marido y a sus visitas.

Esto desagradaba terriblemente a sus hijas que eran observadas con deseos de lujuria por parte de los amigos del padre...

Estos compañeros tenían cuidado de que esto no fuera evidente,ya que temían la reacción de Jean, pero dado que el dueño de casa llegaba a estar tan pasado de copas, esto era inadvertido por el dueño de casa.

Las jóvenes recibían piropos muchas veces indecentes, los hombres disimuladamente buscaban el momento para manosear las manos, caderas, trasero, cuando las jóvenes se acercaban a atenderlos en la mesa de la cocina.

La más joven de las hermanas era Sandra, tenía recién los 15 años y era definitivamente la que más llamaba la atención de sus dos otras hermanas. Era también la que más repudiaba esa situación y llegaba a tener náuseas cuando recibía caricias, manoseos de los amigos ya adultos de su padre.

Una noche de invierno, como de costumbre estaban en la gran cocina familiar su padre y un grupo de amigos. Eran como siempre solamente hombres. Entre las hermanas se turnaban para limpiar la cocina, lavar los platos, vasos y copas y dejar todo limpio y ordenado para la mañana siguiente. Esa noche era el turno de Sandra, sus hermanas ya habían servido de comer, y se quedaron un momento más atendiendo a los desagradables invitados y muy luego se fueron a sus habitaciones dejando sola a Sandra.

Sus hermanas unos años mayores sentían el mismo repudio que ella en ese momento, les era absolutamente insoportable las noches cuando esto ocurría. Ninguna de las jóvenes tenía algún lazo o vínculo con su padre, solamente el lazo de amor era con su madre, a quién ayudaban con esmero más por sentir que Melina, era frágil, vulnerable, y que estaba sometida bajo gran presión y abuso.

Sandra se sentía muy cercana a su madre. La joven había heredado el mismo talento para la cocina, especialmente para preparar postres dulces de todo tipo.

Era ella quien se encargaba de la cocina, y lo hacía feliz ya que prefería eso, a estar lavando a mano y con agua fria las ropas y sábanas de toda la familia.

Cuando su padre discutía, o era agresivo verbalmente e inoportuno con su madre (algo que ocurría todos los días) era Sandra que en silencio y sin decir palabras se quedaba a su lado, su madre que dentro de ella creía que lo que vivía era algo normal, no se mostraba herida, por el contrario, luego del mal rato Melina, pretendía que nada había pasado.

Esa forma de reaccionar se había convertido su manera de "soportar" la vida. Era su máscara frente al sufrimiento. En su mente prefería creer que "nada era grave", y así pasó por alto muchas injusticias que más tarde lamentaría.

Sandra sentía una profunda tristeza por su madre, sometida, dependiente, sabía que no podía ser feliz de la manera en que vivía. Sin embargo su madre calmaba su angustia en misas, trabajos sociales y confesiones.

Melina no se permitía llorar, de pequeña se les prohibió hacerlo y sentía un miedo profundo cuando sus emociones estaban vulnerables e inmediatamente reaccionaba y buscaba que hacer para distraer su dolor y así evitar llorar.

Esa noche de invierno en donde el turno de quedarse hasta el final era de Sandra. La cocina estaba en el primer piso, era un espacio grande que quedaba al final del pasillo.

Las visitas desagradables comenzaron a dejar al hogar pasada las 2 de la madrugada, más tarde de lo habitual, por lo general a medianoche ya eran despedido a sus hogares por el dueño de casa. Esa noche habían asistido a un espectáculo de ópera internacional.

Llegaron más entusiasmados que de costumbre y conversaban abiertamente de las mujeres que habían visto en el show, de lo bellas que eran y de las ganas que les tenían…

Poco y nada les importaba que Sandra los oyera.

Al irse todos, su padre siguió sentado en la mesa de la cocina. Estaba mareado y algo excitado por la noche. Sandra retiraba de la mesa los platos, copas, tazas y las llevaba al lavaplatos y comenzaba a lavar, secar guardar, retirar más loza de la mesa mientras su padre comenzó a observarla de una manera inusual… Inmediatamente Sandra sintió fuertemente esa mirada en ella y comenzó a incomodarse. Comenzó a apurarse, no le gustaba las miradas de su padre hacia ella, y en el apuro por terminar rápido y marcharse a su habitación deja caer unos platos al suelo.

Su padre reacciona y se para a su lado suavemente y muy pegado al cuerpo de la joven y le susurra al oído:

- Shhhh silencio, mi reina, no hay porque apurarse tanto… y la toma de la cintura fuertemente y luego la suelta.

En ese momento Sandra sintió que la cocina giraba en torno a ella. Una puntada en su estómago la atravesó y sientió fuertes ganas de vomitar. Un miedo paralizante la invadió de pies a cabeza. Lo único que quería era terminar y marcharse de ahí, pero ahora su padre se encontraba para su desgracia, de pie a su lado muy cerca de ella, mientras ella terminaba de lavar los platos. El olor a perfume barato de su padre, combinado a alcohol que había bebido, hizo que se le revolviera el estómago y sintiera unas ganas locas de salir corriendo,gritando, pero eso era solo en su imaginación. Estaba atrapada entre cuatro paredes, lejos al fondo de un pasillo, en donde todas las habitaciones estaban en el segundo piso y afuera el jardín oscuro y húmedo que ni la luna reflejaba su luz. Estaban los dos padre e hija absolutamente solos, en una noche inóspita, fría y húmeda.

Sandra comenzó a sentir que todo su cuerpo y sus músculos se contraían, mientras lavaba la loza, éstas se resbalaban entre sus dedos de los nervios y del miedo que esta situación le provocaba, su padre da un paso atrás, se sienta frente a ella la observa fijamente sin quitarle los ojos encima.

Su padre tenía mucha resistencia al alcohol, podía beber grandes cantidades sin caer inconsciente, muchas veces la joven desde su habitación oyó como su padre obligaba a Melina a tener relaciones sexuales con él, hecho que repudiaba y jamás compartió con nadie por sentir miedo y vergüenza.

El ambiente dentro de la cocina era denso, en el profundo silencio se podían oír las respiraciones agitadas de ambos, y los fuertes latidos de la joven asustada y atormenada.

Todo ocurrió muy rápidamente, Sandra termina de lavar y ordenar, y sin voltear a mirar a su padre, se dirige camino al pasillo para salir de la cocina lo más rápido que podía hacerlo. Increíblemente esos escasos metros que le parecían eternos, justo en el medio del pasillo, y a media luz, su padre la atrapa y se para frente a ella. El pasillo era ya angosto, y lo fue mucho más con los dos cuerpos atrapados en ese lugar. Aquél pasillo, era además angosto no muy alto, en ese momento Sandra estaba "atrapada".

Su padre respiraba aceleradamente, tenía la mirada profunda, y buscaba la mirada de Sandra de manera morbosa. La joven lo esquivaba, pero solamente con su cabeza, ya que no se podía mover, su padre de contextura gruesa, fuerte y un tanto más alto que ella la tenía fuertemente agarrada lo que la inmovilizaba de cualquier movimiento que la joven pudiera hacer. Al mismo tiempo, Sandra sentía sus músculos de lana, no sentía coherencia con lo que deseaba hacer y con lo que podía hacer.

Jean, comenzó a susurrarle al oído palabras sueltas de amor, deseo, lujuria. Algo que fue recibido con repugnancia, asco y desprecio por su propia hija. Luego el hombre, olía el cabello de la joven de manera intensa, se excitaba más y más mientras sentía la dulzura de su piel, el aroma cálido se sus cabellos, y la resistencia que ella hacía contra él, lo excitaba más aún de una manera perversa y despiadada.

En un momento Sandra intentó gritar, la desesperación, y el miedo en ese momento estaban en su grado máximo, y al abrir la boca apenas podía emitir sonido. "No tenía voz", lo intento una vez más, y su padre rápidamente pone su sucia y áspera mano sobre los suaves, e inocentes labios de su hija.

A la fuerza, Jean la toma fuertemente de sus brazos, la lleva hacia la pequeña habitación de huéspedes que estaba justo saliendo del pasillo a la derecha de la cocina. (la habitación más alejada de la casona) y con la luz apagada, en el silencio de una noche de invierno, entre desesperación, desconsuelo e impotencia en una habitación fría y húmeda, Jean abusa sexualmente de su hija, le roba la virginidad.

La inconsciencia

Al día siguiente Sandra no se levanta, no podía hacerlo, se sentía sucia, asqueada, humillada, abusada. Nadie fue a verla tampoco, para ver si necesitaba algo o estaba bien, ni siquiera su madre.

Al atardecer escucha a su padre llegar, finge estar enferma para no salir de su habitación. Todo su cuerpo comienza a temblar, y sus manos temblorosas, se convierten en manos húmedas, y calientes. La joven había llorado sola en su cuarto durante todo el día. El fin de semana su padre viajaba fuera del pueblo, y Sandra esperaba con ansias ese viaje para poder liberar el dolor que la embargaba y encontrar consuelo en los btrazos de su madre y hermanas. No se atrevía a salir de su habitación, tenía muchos sentimientos encontrados, entre pena, vergüenza, miedo, odio, venganza.

En un momento que va al baño se cruza en la escalera con su padre quién apenas la saluda, (igual que siempre) y él sigue camino a la biblioteca tranquilo como si nada hubiese pasado...

Sandra corre al baño y se encierra, sentía que su corazón lo tenía fuera de su cuerpo de lo rápido que le latía y comienza a vomitar. Al pasar unos minutos siente que alguien golpea la puerta. Sandra queda muda dentro del baño, y vuelven a hacer intentos de abrir la puerta, y era su hermana mayor Sofía.

- ¿Quién está ahí?

Hubo silencio, pero Sandra al ver que era su hermana le abre rápidamente y la invita a pasar con urgencia.

Sandra aún tiritando, sollozando, en voz silenciosa le cuenta lo que sucedió la noche anterior con su padre.

Para el asombro y desconcierto de la joven su hermana no muestra señales de asombro y le dice:

- ¡Bienvenida al club! De las jóvenes abusadas por papá

Sandra sintió como si una tonelada de hielo cayera sobre su cuerpo frágil y delgado. Su corazón comenzó a oprimirse y era como si la pata de un elefante la estuviera pisando. Comenzó a tener dificultad para respirar, pero lo que más le afectaba era el dolor en el pecho. Tenía dificultad para respirar, su hermana la ayudó a pararse del suelo y la acompañó hasta su habitación.

- Quédate acá por hoy, no necesitas salir. Le diré a mamá que estás enferma, quizás quiera ella subir a verte.

- Te lo digo desde ya, comienza a convencerte de que esto ha sido un mal sueño y sigue con tu vida, así como lo ha hecho Ana y yo.

Casi al anochecer, Melina regresa de misa y sube a ver a su hija, le sube una sopa caliente y llevaba con ella también un tejido, estaba haciendo una manta de lana para regalar a familias desfavorecidas. Entra a la habitación y Sandra estaba acostada leyendo un libro. Su madre la saluda y sin preguntarle a su hija cómo está o por qué no ha salido de la habitación, comienza a hablar de lo que el sacerdote habló hoy, de la misa, de sus clases de tejido, pintura … Le entrega la bandeja con la sopa hirviendo, y sigue hablando mientras tejía afanada …

- Mamá, no por favor, necesito que me escuches, no quiero que me hables. Melina, la miró unos segundos, pretendió que no escuchó nada y continuó hablando.

- Mamá hay algo que te quiero decir...

- Mira Sandra, ¿te gustan los colores que he elegido para la manta? Espero estés bien para que asistas a misa este domingo, lo necesitas.

La joven estaba perpleja, no comprendía bien lo que estaba sucediendo...

- Sandra, ¿has visto mi libro grueso de tapa cuero dura burdeos de "Agatha Christie"? Lo he estado buscando todos estos días...

Melina lanzaba una frase tras otra, como de manera inconsciente evitar dejar espacio entre el silencio para que su hija le hablara.

- ¡Por favor madre!

Y en eso Sandra le quita de las manos el tejido a su madre y la mira fijamente a los ojos.

- Ayer sucedió algo horrible mamá... y la joven comienza a llorar desconsolada.

Melina estaba en silencio, sentada a su lado, pero sin acercarse a su hija, mantenía una distancia prudente y fría. Ni siquiera hizo intentos de querer consolarla, abrazarla, acompañarla en este trágico y crudo dolor.

Pasado unos breves minutos, Melina, al ver que su hija se cubría su rostro con ambas manos, y que sollozaba en silencio llantos de amargura, se le acercó al oído y suavemente le dijo:

- **Estas cosas pasan, y pasan en todas las familias...**

- Olvídalo, es lo mejor.

En ese instante Sandra pudo comprender muchas situaciones de su vida y de su madre.

Si esto pasaba en todas las familias……esto significa que a su madre también le sucedió…

¡Y nadie tampoco dijo nada!

Herir donde más duele

Pasaron las semanas y Sandra estaba decidida a no dejarse morir, comprendió que vivía en un entorno lleno de engaños, mentiras, falsedades y abusos y que era su opción como quería vivir el presente y futuro.

Se puso más fuerte, rebelde, comenzó a fumar y a beber en exceso, y lo hacía en frente de sus padres. Ellos ignoraban este comportamiento nuevo y extraño de su hija, pretendían que todo estaba bien, y cada uno seguía con sus mismas vidas autómatas e insensibles.

Sandra estaba profundamente herida, tuvo que vivir en silencio el corte emocional que hizo con su madre esa misma noche en su habitación. Decidió que ya no tenía padres. Ese vínculo y lazo de amor que sentía hacia su madre, se dio cuenta que era solamente de ella hacia su madre, Melina era finalmente una joven perdida y abusada atrapada en un cuerpo de mujer adulta.

Sandra no asistió más a misa, ni reuniones comunales ni sociales. Nada que estuviese vinculada su madre, padre o la religión.

Una de las hermanas de Melina, era Doris, quién tenía un hijo un año mayor que Sandra, Bruno.

Bruno y Sandra eran primos hermanos muy unidos, Bruno también había sido abusado por su propio padre años atrás.

Ambos jóvenes para el escándalo y vergüenza de toda su familia comenzaron una apasionada relación amorosa y de esa unión nace un hijo.

El hijo de la vergüenza como lo llamaron los abuelos pero…

¿Dé que vergüenza hablan?

Los tres se alejan completamente de la familia y cortan todo tipo de relación y vínculos familiares por muchos años.

INTEGRAR POR AMOR O LA F UERZA

Muchas de las heridas que quedan marcadas energéticamente (inconciente familiar) dentro del árbol genealógico, están relacionadas a destierros, exilios, exclusión, abusos, engaños. Acostumbramos a hablar de que nuestros ancestros han dejado un país lejano para colonizar un nuevo lugar en la búsqueda de un nuevo destino. Sabemos de estas historias, pero olvidamos conectar con las verdaderas emociones que esto significó. No podemos sentir en su totalidad e integridad lo que emocionalmente significó dejar un país, su cultura, recuerdos, familia, amigos, amores, sueños y jamás nunca haber regresado a tus raíces.

Tampoco tomamos consciencia de lo que significa dejar un país por "obligación", algo que no estaba en los planes, algo que era completamente inesperado, algo que no era un deseo profundo, y comenzar a crear una nueva identidad y una nueva vida sin tener la posibilidad de regresar en muchos casos nunca a las raíces. Existen en los países que se dejan, amigos, familia que enferman, que fallecen y esa impotencia y dolor también queda grabado en el **Alma familiar**.

Se puede apreciar en los árboles genealógicos, que existen sufrimientos, memorias dolorosas que quedan grabadas en el **"inconsciente familiar"** y alguien en la descendencia por amor y lealtad, acoge este dolor, lo vive como suyo, así se siente que comparte el dolor vivido por sus ancestros y le da un nuevo significado, de alguna manera la persona que siente que debe sanar este dolor, buscará la forma de "reparar" lo vivido.

Todos por naturaleza queremos vivir mejor, de acuerdo a cada familia, y lo que les ha tocado vivir serán las experiencias familiares que se vivirán de acuerdo a la evolución de los miembros del clan.

En algunas familias es necesario "despertar" urgente la consciencia, porque en el pasado ya ha habido muchas injusticias, muchos abusos y podemos ver como se "destapan" secretos, heridas con el solo objetivo de encontrar un equilibrio, sanarlo y evolucionar. Así de esta manera, cuando nos hacemos consciente de algo, estamos creando nuevos "recursos" para las nuevas generaciones.

Esto significa que lo que las futuras generaciones heredarán menos conflictos no resueltos y además tendrán más consciencia y apertura de mente para encontrar el camino de la sanación. Lo que no significa que tus hijos o nietos no tendrán aboslutamente nada doloroso que vivir. De seguro lo tendrán, estamos en la tierra justamente para aprender y evolucionar y lo hacemos por medio del dolor, pero existen otras formas de despertar, a través de la meditación, reflexión, sanando nuestras heridas.

Tu descendencia tendrá sus propias experiencias que vivir, pero el camino será con menos osbtáculos.

COMIENZA UNA NUEVA HISTORIA REAL

Esta historia real, sin duda forma parte de muchas familias alrededor del mundo.

Juan Pablo era padre de una familia de 5 hijos. De profesión ingeniero, sus padres, abuelos y antiguas generaciones vienen de familias muy religiosas, muy estrictas, y de crianza bastante machistas…

Su esposa, Dolores, era el polo opuesto, no comulgaba con ninguna religión en particular, su crianza había sido lejos de un hogar familiar, ya que a muy temprana edad pierde a sus padres, y pasó a vivir los primeros años de vida en casa de sus abuelos paternos, pero al tiempo fue enviada a un internado en Argentina, donde estuvo a cargo de una tía lejana.

Dolores era de carácter muy suave, dócil, siempre estaba preocupada de los otros, su voz era de una melodía dulce, calmada, le horrorizaba ver a alguien sufrir, verlo desamparado, o solo.

Juan Pablo y Dolores se conocen en Argentina, a los meses se instalan en Chile y se casan.

Dolores había comenzado sus estudios de enfermería en Argentina, sus planes eran de retomarlos una vez en instalados en su país natal luego de casada, pero una vez en Chile, los planes cambiaron. A los meses de casarse quedó embarazada y dedicó todo su embarazo a su cuidado personal, a preparar la llegada de su primer bebé, y fue postergando sus estudios, cada vez a causa de un nuevo embarazo, de tal manera que jamás nunca retomó sus estudios que tanto amaba.

Su primr embarazo fue muy delicado, con síntomas de pérdida desde los tres meses hasta el término del embarazo, lo que hizo que Dolores estuviera en cama durante todos esos largos meses.

Poco a poco iban aumentando sus dolores físicos, era común que sufriera de dolor de espalda, cuello, hombros, problemas dentales, torceduras…

Todos los meses era fijo que debía realizarse algún examen o visitas al doctor.

Juan Pablo estaba agotado de este tema, todas las conversaciones con su mujer eran temas médicos, o algo relacionado a los niños, pero por ningún motivo pensó en la posibilidad de separarse, eso jamás estuvo en su mente, pero si pasaba por su mente citas, romances apasionados, mujeres, relaciones fugases ya que la vida matrimonial entre ellos estaba prácticamente acabada. Para su esposa, esta situación le acomodaba mucho, prefería ignorar las relaciones extramatrimoniales de su marido, que perder la familia que tenían. Además, que, en el ámbito sexual, era algo que ella no deseaba ni disfrutaba.

Dolores para sus 33 años ya tenía 5 hijos, todos varones, su tercer bebé lo pierde a los días de nacer, era una niña, nace con problemas cardíacos y no sobrevive. Para Juan Pablo fue un fuerte golpe, pero mostró haberlo superado al poco tiempo, en cambio para Dolores, era algo que le costó años poder asumir, quizás en toda su vida fue algo que jamás asumió.

Cada vez que, en la calle, veía a niñitas se imaginaba como estaría Estela, que fue como la llamaron el corto tiempo de vida.

La familia tenía muy buenos recursos, la ayudaban en la crianza de los niños dos asistentes y una cocinera. Dolores, se ocupaba mucho de sus compromisos sociales, y los domingos a misa era un compromiso ineludible. La familia de Juan Pablo era grande, cada fin de semana, se reunían todos, en la parcela de sus padres y muchas veces pasaban todo el fin de semana en ese lugar. Los niños, todos pequeños en ese entonces, adoraban ir a la casa de los abuelos porque siempre había algo entretenido que hacer y delicias caceras a comer.

Su esposa, a causa de sus dolores físicos, muchas veces se ausentó de estas juntas familiares y se quedaba en casa sola al cuidado de sus asistentes. Dolores no era una madre muy cercana a sus hijos, (ella creía que sí) para Dolores era importante que sus niños estuvieran, comidos, limpios, y con sus rutinas diarias bien definidas, pero no era de abrazarlos, besarlos o acariciarlos.

En comparación a su marido que cuando los niños tenían malas calificaciones en el colegio, o se demoraban para estar listos para salir de casa o a misa, Juan Pablo se indignaba y los mal trataba, les gritaba fuertemente, y aparecía Dolores mostrando calma, y el ambiente cambiaba su energía.

Sus hijos preferían estar cerca de mamá, pero cuando el padre llegaba al hogar, los niños desaparecían silenciosamente a sus cuartos.

Juan Pablo le gustaba la "buena vida", le encantaba hacer reuniones de amigos o familiares en casa, y comían y bebían en grandes cantidades, pero Dolores solo estaba ahí haciendo de compañía, ya que este tipo de juntas la aburrían enormemente. Muchas veces antes de la medianoche, se retiraba a su cuarto a descansar.

Rosario, era una joven mujer que llegó para hacerse cargo del hogar y la cocina. Venía del sur, había dejado a su familia y a sus dos pequeños hijos para encontrar un trabajo en la capital. Dolores al conocer su historia, la contrató de inmediato, le partía el corazón saber que había dejado a sus hijitos lejos de ella.

Este tipo de situaciones le afectaban de manera profunda. Ella había perdido a ambos padres antes de los 4 años. Sabía perfectamente lo que significaba crecer sin padres y sin el calor de un hogar familiar. Es por eso que muchas de las ayudas sociales a las que pertenecería estaban relacionada y destinadas a familias disfuncionales, hijos abandonados, mujeres violentadas.

Lo que no logró comprender nunca es que ella pasaba más tiempo en consultas médicas, exámenes, la iglesia, ayudas sociales que son sus propios hijos, de alguna manera ella estaba repitiendo el mismo patrón de abandono del que heredó.

Cuando pensaba en sus hijos, sentía que eran muy "afortunados" tenían una buena familia, todos asitían a muy buenos colegios, tenían a sus padres vivos, además de pertenecer a una familia grande por parte del padre, todos tenían todas sus necesidades básicas cubiertas. Lo que era imposible de ver, era que sus hijos crecían simbólicamente con la ausencia de ambos padres.

Esto es algo que a las personas les confunde mucho, creen que por el hecho de tener a sus padres vivos o que ellos estaban siempre en casa, son padres presentes, pero lo he visto mucho, existen muchas familias que sufren abandonos simbólicos de uno o ambos padres. Cuando me refiero al término "simbólico" hago referencia de que los padres sí están vivos, sí viven en la misma casa de sus niños, pero son padres ausentes, ya sea porque alguno de ellos está enfermo, tiene depresión o está demasiado ocupados en sus asuntos personales, y no logran establecer un vínculo de amor hacia sus hijos. (como tampoco lo tuvieron de sus propios padres)

La joven Rosario tenía 30 años de edad, estaba feliz y agradecida de tener este trabajo, y siempre hacía más de lo que se le pedía, no solamente cumplía con sus labores estipuladas, sino que también ayudaba al cuidado de los niños, las compras, y fue de gran compañía para Dolores, ya que muchas veces fue ella quien la acompañaba a sus citas y controles médicos.

Mis sobrinos Isidora y Maximiliano sufrieron abandono simbólico por parte de ambos padres.

Una tarde de verano, los niños estaban camino a la parcela de los abuelos, ya era costumbre que muchas veces Dolores no participaba de todo el fin de semana, pero para no parecer mal educada, iba a dejarlos o a buscarlos.

Rosario había quedado en acompañar al mercado a Dolores, pero esa mañana no se sentía bien y no podía ir. Era extraño en ella, ya que siempre estaba lista desde muy temprano y dispuesta para lo que se le solicitara especialmente si era Dolores quién lo pedía.

Pasaron los días y Rosario estaba actuando de una manera más distante, se ocupaba de sus tareas del hogar y luego se retiraba a su habitación. Dolores intentó un par de veces de hablar con ella, pero Rosario parecía no querer comunicar. La joven llevaba trabajando con ellos un poco más de un año, y sin duda ya era parte importante de la familia. Los niños la adoraban y ella a ellos, y era muy querida porque siempre estaba con una sonrisa en su rostro, excpeto los úlimos días.

Se acercaba la navidad. El año pasado el matrimonio había viajado al extranjero para realizar las compras de regalos para fin de año, pero este año Dolores no se sentía bien de salud. Tenía fuertes dolores físicos y de Alma como ella decía, y no estaba en condiciones de viajar largas horas en avión.

Juan Pablo tenía una reunión fuera del país y se ausento dos semanas fuera del hogar. En ese momento extrañamente Rosario "revivió" de las tinieblas, comenzó a estar más presente con los niños y a estar más cercana de Dolores otra vez.

Estaban en la cocina, preparando galletas de navidad y de repente Rosario sale corriendo al baño a vomitar, y vomita varias veces seguidas.

Esto puso en alerta a Dolores quién no dudo en llevarla al doctor. Rosario en un principio se negaba a ir, pero estaba realmente débil, se sentía sin fuerzas y necesitaba estar bien para viajar a estar con su familia y sus amados hijos para las fiestas de fin de año.

El doctor le pidió inmediatamente exámenes de sangre los cuales no pudieron ocultar lo que era evidente:

Rosario tenía 3 meses de embarazo.

El secreto

Rosario estaba muda. También lo estaba Dolores. No había aparentemente una razón lógica de este embarazo, Rosario no tenía pareja, cuando tenía sus días libres se quedaba en casa, y llevaba meses sin viajar al sur.

Pero la respuesta no era muy rebuscada. Ambas mujeres estuvieron solas largas horas dentro de la habitación de la joven Rosario.

_ Rosario, habla por favor, no puedes estar en silencio con algo tan importante como esto.

- Señora por favor, ayúdeme, no insista, no tiene sentido.

- Yo me voy de acá, y veré que hago con este bebé, allá en el campo hay familias que quieren hijos, lo dejaré en adopción. Yo estoy sola a cargo de mis padres, mi hermano que está enfermo y mis niños. No puedo cargar con más responsabilidades. Yo no quiero a este bebe.

- Rosario te lo pido por favor, necesito saber quién es el padre de ese hijo. Es muy importante.

Pasaron dos largas horas de angustia y un silencio macabro. Se escuchaban solamente las respiraciobes de ambas mujeres.

Dolores se arrodilla a los pies de Rosario, le toma las manos y le dice:

El padre es Juan Pablo, ¿verdad?

Rosario rompe en llanto y abraza fuertemente a Dolores:

- Le juro que yo no hice nada, se lo juro por favor yo no hice nada.

- Rosario, vamos a guardar esto en secreto. Déjame ver como lo podemos solucionar. Tú no te irás de acá, no estás bien y tienes que cuidarte y cuidar a este bebé.

- No podemos hablar de tu embarazo, ni menos pensar en abortar todo el mundo se daría cuenta que ha sido Juan Pablo, y no podemos hacer esto a la familia. Este bebé tiene que nacer acá, en silencio.

Dolores estaba afectada, pero no sabía bien si estaba afectada por el engaño de Juan Pablo, por reconocer que él, "abusó de Rosario" o porque iba a nacer un Alma inocente bajo circunstancias tristes y dolorosas.

Era de imaginar que Juan Pablo iba a estallar de rabia e ira por lo que su mujer le iba a decir. Y así fue, quiso que Rosario dejara inmediatamente el hogar y no quería verla nunca más mucho menos a ese bastardo como lo llamó. Dolores no perdía la calma, era como si todo lo que vivió de niña hubiesen anestesiado sus nervios.

- Juan Pablo, que prefieres, ¿que el día de mañana se hagan un test de ADN y reconozcan públicamente que ese bebé es hijo tuyo? No sabemos qué puede pasar, y este tipo de situaciones hay que evitarlas principalmente por los niños, por tu carrera, por tu familia.

Acordaron finalmente que Rosario se quedaría en el hogar, que una vez que azca el bebé, regresaría al sur y que darían en adopación al hijo por nacer. Había cierto sentimiento de culpabilidad que ayudaron a que esto sucediera de esta manera y sin un escándalo público.

Cambio de planes

A comienzos de primavera nace Jacinta, hija de Rosario y Juan Pablo. Nadie sabía de la identidad del padre de la niña. Los hijos del matrimonio eran pequeños y las asistentes de la familia preferían no comentar nada.

Era de piel pálida, ojos claros, y muy pequeña, nace con poco peso, pero retoma fuerzas los tres primeros meses de vida gracias a los cuidados y leche materna de su madre. Dolores siente un profundo cariño hacia esta bebita, puede estar relacionado a la niña que perdió hace años atrás cuyo duelo jamás pudo hacer. Lo supo porque al ver nacer a Jacinta revivió el nacimiento de su hijita, su fallecimiento fue muy rápido y ella quedó muy triste, muy depresiva y triste por largos meses. Juan Pablo evadía todo tipo de emociones, y no hablo del tema jamás. Esta muerte había quedado bloqueada para todos. Incluso los dos hijos menores no sabían que esto había ocurrido. (que habían perdido a una hermanita a los días de nacer).

Dolores se apegó de manera increíble a la pequeña, pasaba horas con ella en brazos y se la entregaba a Rosario solamente para ser alimentada. Cuando la peueña regresaba a sus brazos, Dolores increíblmente revivía, adoraba observar sus manitas, piececitos, y carita diminuta, y disfrutaba sentir el delicioso aroma de la bebé.

La pequeña y su madre tenían control pediátrico y era Dolores quién las acompañaba. Una tarde, Rosario pide permiso para enviar una carta y dinero a sus hijos. Dolores se ofrece para ir, pero la joven insistió mucho, necesitaba tomar aire fresco y quería tener un momento a solas, hacía semanas que no salía de casa.

Rosario se cambia de ropa, busca su bolso, una chaqueta y sale camino al centro. Pasan las horas y Rosario no regresaba al hogar. Era extraño, ya que jamás se demoraba tanto tiempo en sus trámites. La pequeña comenzó a llorar de hambre, Dolores se paseaba con la niña en brazos y comienza a angustiarse. Le pide a Rosa, que vaya en busca de Rosario, quizás algo le sucedió en el camino.

No había rastros de Rosario. En la agencia de dinero, dijeron que ella jamás había ido. Dolores entra a su habitación, estaba intacta, no parecía haberse ido, todo estaba en su lugar, sus ropa, zapatos, útiles de aseo, a los segundos de entrar, gira su mirada sobre el velador y ve un sobre que decía:

"Por favor perdóneme"

Era una carta y decía algo así:

"Me fui, no me busquen por favor se lo pido. No hagan èsto más difícil para todos.

No puedo hacerme cargo de Jacinta. Sé que estará mejor acá, con ustedes, tendrá siempre todo lo que necesita.

Querida Dolores, veo como usted se ocupa de ella. Sé que le dará todo el cariño que ella necesita y que yo no le puedo dar.

Si la bebé regresa a mí, la daré en adopción"

Rosario

Juan Pablo se negaba a tener en casa a esta niña recién nacida, de hecho, jamás se acercó a verla y detestaba la idea de que permaneciera en el hogar. Juan Pablo estaba decidido a dar a la niña en adopción en el extranjero.

En un momento de discusión, Dolores se enfrena a su marido y le dice:

- Si la pequeña se va de casa, lo haré yo también y con todos los niños.

Nunca antes Juan Pablo había visto a su mujer enfrentarlo, menos tan decidida a hacer lo que estaba diciendo, que temió que fuera verdad, pero mucho más al escándalo que eso significaría para su trabajo y su honra familiar. Para él, era muy importante su reputación.

La sangre es más fuerte

Jacinta crece muy apegada a Dolores a quién siempre llamó mamá. A Juan Pablo, no lo tenía cerca y para la vida de ella, él era una persona invisible. Ni siquiera lo llamaba. Era increíble como Juan Pablo ignoraba a la pequeña, simplemente no la veía.

Ricardo, era el cuarto hijo del matrimonio. Era casi cuatro años mayor que Jacinta. Ambos niños se adoraban, pasaban largas horas jugando en el jardín, jugaban a esconderse, a dibujar, cantar.

Cada sábado por las mañanas, por muchos años, Jacinta quedaba triste, ya que Juan Pablo y los niños se preparaban para ir a casa de sus abuelos. Dolores no fue más invitada. En algunas ocasiones Juan Pablo le pidió a Dolores que los acompañara pero sin Jacinta, a lo que ella se negó rotundamente.

- Vayan ustedes y yo me quedo con la niña.

La existencia de Jacinta en el hogar era un misterio, los niños sabían que era hija de Rosario, que ella regresó al sur y que la niña era cuidada por sus padres. Nunca más se habló del tema, nadie quería ni siquiera preguntar cuando la pequeña debería irse del hogar familiar.

Los niños estaban en un colegio francés. Jacinta en otro, no era colegio privado, pero tampoco público. A los 6 años Dolores le confiesa que ella es su madre del corazón y que su madre biológica era otra persona. Del padre no dio señales. La pequeña tampoco lo preguntó.

Poco cambió la relación entre ellas, de alguna manera Jacinta presentía que algo "extraño" se ocultaba y cuando supo de su existencia parte de ella sintió alivio.

- No quiero a otra mamá, yo te quiero a ti. Le dijo la niña, y no se habló más del asunto.

Los sábados por las mañanas Ricardo y Jacinta aprovechaban los últimos momentos para seguir jugando. Los niños varias veces le preguntaron al padre si podían invitar a la pequeña a casa de los abuelos y él siempre se negó:

- Ella no es de la familia, no puede ir.

Decía Juan Pablo de manera tajante, despectiva y dura.

Los fines de semana eran de gran abundancia, se juntaban tíos y primos, eran tantos en la familia que se celebraban cumpleaños todos los meses.

Había asados, ensaladas, gran variedad de frutas y postres. Los niños tenían piscina, taca taca, salón de TV, karaoke, y varios animalitos para regalonear y jugar, sin embargo, a pesar de la cantidad de años que esto ocurría, Jacinta no fue invitada nunca. A lo lejos los familiares sabían de su existencia, como la hija de la empleada que fue abandonada.

Nadie tampoco nunca la invitó o quiso conocerla.

Los dos hijos mayores del matrimonio comenzaron a cuestionar esta injusticia. Ninguno de ellos podía comprender porque no era posible invitar a Jacinta, aunque fuera un día a la casa familiar. Otras fiestas del año, incluidas las fiestas de navidad, la pasaban lejos de la pequeña.

Pablo, el mayor, tenía fuertes discusiones con su padre por diversas razones, tenían muchas diferencias y un sábado por la mañana él se enfrentó a su padre.

- Dame una razón lógica por la que no puede ir Jacinta con nosotros.

- Ella no es de la familia

- Dije lógica, ¡eso no tiene ningún sentido!

Y siguieron una acalorada y violenta discusión. Finalmente, Pablo se negó a participar de los fines de semana por lealtad a la pequeñita.

Ricardo cuando llegaba la hora de partir, se iba despedir de Jacinta y en la cocina los dos se abrazaban fuertemente y el pequeño le decía al oído:

- Ya regresaré, como siempre. Te traeré dulces ¿ya?

- Recuerda que yo regreso mañana por la tarde, te dejo mis juguetes para que te diviertas.

La niña los veía partir desde la ventana de la cocina. Con su manita despedía a Ricardo que se quedaba mirándola por la ventana trasera del auto. Cada vez las despedidas eran más tristes, los niños, especialmente Ricardo se sentía culpable de pasarlo bien, de comer tan rico, de tener tantas cosas con que disfrutar mientras Jacinta se quedaba sola con su madre en casa. A nadie le parecía extraño que su madre haya renunciado "simbólicamente" a estas visitas familiares y se haya quedado a cambio en casa con Jacinta. Todo lo contrario, les parecía algo lógico y justo.

En el hogar Jacinta, aprendió a tejer y a bordar con Dolores. Aprovechaban las tardes para ir al parque, leer un cuento, o hacer los trabajos del colegio. Jacinta extrañaba a su compañero de juegos con el Alma, pero comprendía que muchas cosas en la vida eran de una manera que a ella no podía controlar. Muchas veces así ocurren las cosas en la vidas, hay madres que son más madres de hijos ajenos que de los propios. ¿Cónoces algún caso igual?

Con el tiempo, Francisco, el segundo hijo también dejó de ir por la misma razón, y muy luego los más pequeños también hicieron lo mismo.

Todos sentían un cariño muy especial por la pequeña, y ella hacia ellos. El amor y lealtad eran más Fuertes.

Tiempo de la verdad

Pasaron los años y nunca más nadie supo de Rosario. Dolores sabía muy bien que si ella hubiese querido podrían haber dado con su paradero, pero la verdad es que amaba a la niña más que a nadie y no podia imaginar que algún día se la llevaran de su lado.

Dolores, no estaba bien de salud. Sus huesos comenzaron a doler mucho, estaba fumando demasiado, y las visitas y controles médicos eran cada vez más recurrentes.

Sus hijos ya estaban adolescentes, tenían sus propios amigos, entraban y salían del hogar, su marido seguía inmerso en su trabajo y viajes fuera del país, y la pequeña Jacinta que ya tenía 13 años de edad era fiel a ella. Así como lo era años atrás su madre Rosario.

Después del colegio la niña subía a la habitación de Dolores, acostumbraba a subirle un té de hierbas y unas galletas de mantequilla. A su lado conversaban largas horas, Jacinta revisaba sus cuadernos, le recordaba los medicamentos a tomar y muchas veces miraban películas juntas.

Dolores se había fracturado por tercera vez el tobillo derecho y no podía recuperarse bien. El dolor y malestar eran cada vez más grandes. Sufría fuertes dolores musculares y de los huesos en general, ya le habían diagnosticado años atrás fibromialgia.

Esta vez el diagnóstico fue mucho peor, sufría de cáncer a los huesos. La mujer se negó a recibir tratamiento médico, sentía que llevaba años de dolor, y no estaba dispuesta a someterse a quimioterapias ni a sufrir las consecuencias del fuerte tratamiento que debía tomar.

A muy pesar de sus hijos, Jacinta y su marido, su decisión fue tristemente aceptada, esto significaba que le quedaba poco tiempo de vida.

Pasaron dos años desde que se le diagnóstico el cáncer, fueron muchos meses de sufrimiento y dolor.

Dolores estaba claramente deteriorada, había perdido mucho peso, pasaba muchos días en cama y el último tiempo ya sin poder levantarse. Su memoria a ratos se perdía, hacía las mismas preguntas un par de veces y luego entraba en silencio. Sus hijos pasaban momentos junto a ella, pero era sin duda Jacinta su gran compañía.

El tiempo se acortaba, era algo que todos sentían en silencio. La medicación para calmar el dolor era cada vez más fuerte y eso hacía que estuviera en un estado de inercia constante.

Jacinta era fuerte, había tenido que aprender a serlo. De pequeña se le negó la posibilidad de tener una madre, un padre, a vivir injusticias, veladas, y siempre seguía erguida pensando en cómo seguir adelante. En el colegio siempre tuvo excelentes calificaciones, y estaba decidida a lo que quería estudiar: medicina.

El estado de Dolores empeoró el último tiempo y en contra de su voluntad tuvo que ser hospitalizada. Sus órganos internos no estaban respondiendo adecuadamente, además que el último exàmen mostraba metástasis en todos los huesos.

Dolores, sabía que sus hijos iban a estar bien, siempre lo supo, pero en su corazón lo que más temía era Jacinta. Sabía que ella era su gran apoyo y si bien los niños la adoraban, le preocupaba su futuro.

Una mañana de un viernes de otoño, Dolores amaneció mágicamente sin dolor, su mente estaba clara y lúcida, miró hacia la ventaba y observó unos luminosos rayos de sol que entraban a la habitación y se coronaban justo sobre su cama, comprendió la bendición de ese día y sin dudarlo, llamó desde la clínica a su hijo mayor le pidió de venir con sus hermanos y Jacinta por la tarde. Juan Pablo estaba en Brasil y llegaría el fin de semana. Dolores no quiso que ninguno dejara su vida por su enfermedad, sabía que muy luego ya no estaría con ellos y deseaba que desde ya, cada quién continuara en lo suyo.

Jacinta iba todos los días después del colegio, pero era importante para Dolores que estuvieran los seis esa misma tarde.

Una vez reunidos todos alrededor de su cama, Dolores habló:

- Gracias por haber venido queridos hijos, los amo, mucho y ustedes saben que pronto estaré al lado de Dios y desde ahí los cuidaré a cada uno de ustedes.

Los ojos de los seis niños brillaron de tristeza al sentir que la partida de su madre estaba más cerca de lo que ellos deseaban.

- Hay algo muy importante que quiero que me prometan.

En ese momento todos sin excepción exclamaron afirmativamente. Dolores si bien ese día para ella era mágico, por sentirse por primera vez en años sin dolor, su voz era muy frágil y silenciosa. Los niños acercaban sus cabezas hacia ella, cuando su madre comenzaba a hablar.

- Quiero que se cuiden entre ustedes siempre, que se protejan, y que se ayuden.

Sus hijos la miraban con asombro y movían sus cabezas en forma de aceptación.

- Jacinta, mi niña, perdóname si no hice mayor esfuerzo por buscar tu madre, ella fue una gran mujer, sabía perfectamente donde vivíamos y no te buscó, porque quería lo mejor para ti, y sintió que dejarte con nosotros era lo mejor.

- Mamá no quiero hablar de eso, no me importa y claro que fue lo mejor. Estoy y estaré eternamente agradecida de los cuidados, y del amor que me has entregado tú y los chicos.

Sus hijos, siempre vieron y sintieron que su madre fue *"más madre de Jacinta que de ellos"*, con ella desarrolló el amor, el cariño, y al mismo tiempo comprendieron que estaba bien así, Jacinta tenía una cruel realidad, y sufría por años le rechazo inexplicable de su padre y toda la familia.

- No he terminado, dijo Dolores.

- Hay algo más.

- Quiero que todos lo sepan,… ustedes, son todos hermanos, Jacinta mi niña, tu padre es Juan Pablo…

A las pocas semanas Dolores fallece en la clínica un mismo viernes de otoño, con la luz que entraba desde su ventana a su habitación con más fuerza que nunca.

Reparación familiar

Jacinta termina sus estudios de la enseñanza media y viaja becada a Argentina a comenzar sus estudios de medicina.

Dentro del árbol genealógico, existen múltiples lealtades. En este caso, Jacinta "repara la vida de Dolores" su madre simbólica en esta vida. Regresa a Argentina al mismo lugar en que ella deja sus estudios de enfermería para viajar a Chile. Y no por casualidad termina estudiando una carrera relacionada con la salud.

Juan Pablo sabía que pedir una muestra de ADN era inútil, una vez que se destapó el secreto, la niña se parecía físicamente más que nunca a él. Accedió por petición de Dolores y sus hijos a darle una mesada de dinero y a darle una suma extra por compensación por los años de sufrimiento y rechazo. En la familia de Juan Pablo eran todos ya adultos, los niños de la época eran ya adolescentes y a todos se les comunicó el secreto a "voces", ningún miembro de la familia, tuvo interés en conocerla y al contrario cada uno siguió con su vida como si nada, tampoco Jacinta mostró interés en acercarse a la familia de su padre.

Algunos primos si se acercaron a ella para conocerla.

Ricardo, entró en un profundo dolor después de la muerte de su madre. Tenía solamente 19 años y se sentía desprotegido y abandonado. Su hermana fue su gran apoyo. Siempre fue la más fuerte de los 5 y eso lo dicen todos. ☺

Sufría porque sentía que su madre había llevado también toda una vida de exclusión, el haber querido acompañar a Jacinta la alejó de la familia de su padre, de las celebraciones, fiestas y se culpaba por no haber renunciado a tiempo, él de lo mismo.

No tenían ningún contacto con la familia materna, sus abuelos habían fallecido antes de su nacimiento, Dolores no tuvo hermanos, y solamente tenía primos lejanos en el norte del país.

El recuerdo de las partidas cada sábado a casa de sus abuelos paternos fueron por mucho tiempo pesadillas en su cabeza. Sentía su corazón apretarse de dolor al recordar cuando se despedía de su madre y de abrazos con su querida hermana…

¡H E R M A N A!

Peor se sentía cuando lo recordaba y se llenaba de amargura al saber el desprecio que hizo su padre hacia su hermana por años, de haberla privado de placeres y diversiones solamente porque quería ocultar su acto de abuso frente a todos, el saber que solo ellos disfrutaban los beneficios de una familia adinerada, incluyendo viajes al extranjero de los cuales jamás se le dio la oportunidad de participar a Jacinta, lo hacán sentir miserable.

Como su mamá Dolores **Años después …**

Ricardo es un exitoso estudiante de la escuela de "Derecho", (reparando las injusticias del clan), al terminar su carrera se enamora de Karen, una joven enfermera, madre soltera de una niña de 1 año de edad. Se enamoran apasionadamente y Ricardo le pide matrimonio, y no solamente se enamora de Karen, sino también de su hijita Verónica, a quién acepta y ama como una hija de él.

En un principio fue su padre Juan Pablo quién se opuso a la relación. Sus hermanos y primos estaban felices por él porque lo veían feliz, contento y enamorado.

A pesar de la negativa de su padre, a los eventos familiares y celebraciones iba con sus mujeres orgulloso y no aceptó jamás que la pequeña fuera excluida, y fue recibida con amor y cariño de parte de su clan y paso a ser una prima más. ♥

Muchas veces el dolor que se vive en la familia es tan grande que buscamos sanar y encontrar el equilibrio, acá Verónica juega el rol de "Jacinta".
Vemos como Ricardo busca integrar a toda costa a la pequeña a la familia, sanando así la exclusión de su querida hermana.

Que lindo!

LOS EXCLUIDOS EN EL CLAN

El que aspira a ser perfecto siente que algo le falta.
¿Pero qué es lo que le falta?
Son las personas que en su familia son excluidas.
Por eso es imperfecto.
Está incompleto.
Si logramos llevar a nuestro corazón a todas las personas que pertenecen
a nuestra familia, de pronto nos sentimos completos.
Entonces ya no necesitamos buscar. Esa es la verdadera perfección.
- Bert Herllinger -

En esta vida absolutamente todos buscamos pertenecer, sentirnos integrados, incluidos. Tener un sentido de identidad y pertenencia es vital para nuestro desarrollo personal.

Sin embargo, para nadie es una sorpresa descubrir que en las familias no todo es ideal y no existe la perfección. Uno de los miedos más grandes consciente e inconscientemente es sentirnos rechazados, de que no nos quieren o que no pertenecemos al lugar en donde *"Todos pertenecen"*.

En todas las familias existe la "exclusión de algún miembro de la familia"

Ser excluido es cuando se te niega el derecho a "pertenecer".

Estas son algunas de las razones del porqué se excluye a un miembro del clan:

- Hijos nacidos fuera del matrimonio. → Mi mamá en relación a la familia de su papá.

- Comportamiento "indigno" de acuerdo a las reglas de la familia.

- Creencias y/o valores distintos a las del clan.

- Hijos con enfermedades mentales o síndrome de down. → Ale quien es bipolar.

Homosexualidad.

- Asesinatos y suicidios.

- Prostitución.

- Familiares presos, en cárcel, o envueltos en estafas o robos.

- Parejas que conviven y no se casan.

Cuando una exclusión ocurre dentro de la familia, la persona que lo vive sufre de *"rechazo, no merecimiento, no reconocimiento, abandono, humillación"*, estas heridas emocionales son extremadamente fuertes y traen muchos conflictos a la persona que lo vive, porque siente que no tiene su lugar en esta vida, tienen dificultad para desarrollarse personal y laboralmente, viven una tristeza eterna en algunos casos, tienden a sabotear su vida porque se sienten "culpables de existir".

Al mismo tiempo todo este dolor no se olvida, recordemos como lo hablo en mi primer libro "TUS ANCESTROS QUIEREN QUE SANES", todos tenemos un "inconsciente personal" y compartimos el "Inconsciente familiar" (es el conjunto de todos los inconscientes de cada miembro de la familia) lo que significa, que lo que vive emocionalmente un miembro del clan queda grabado en el Inconsciente o Alma Familiar, el dolor, la angustia, amargura, sufrimiento, y por lo tanto debe ser "aliviado".

- De esta manera por ejemplo, si tenemos al Bisabuelo Renato que tuvo un hijo fuera del matrimonio y jamás lo quiso reconocer, se produce una "exclusión" dentro del clan. Este hijo debe vivir una vida de sentirse ignorado, rechazado, sumado a las heridas de infancia que todos en mayor o menor grado tenemos.

Este dolor no pasa inadvertido, "alguien debe hacerse cargo de este sufrimiento y sanarlo", es así como actúa y trabaja el árbol genealógico. Siempre queremos ser "leales a nuestros ancestros" y todos en el mo-

→ General mal Karma para la familia.

mento de nacer somos todos leales a algún miembro de la familia, lo conozcamos o no.

- Entonces este dolor es finalmente acogido, este niño, hijo del Bisabuelo Renato, que morirá sin pertenecer a una familia y sin ser reconocido e integrado, tiene en la descendencia su "justicia". (se busca equilibrar el dolor)

Será por ejemplo una Bisnieta de Renato que, a pesar de tener ya tres hijos, siente ella y su marido la "necesidad de adoptar a un niño". Y lo adoptan, tienen tres hijos y uno que reciben en adopción.

De esta manera se han "conectado" con el dolor de un ancestro (hijo no reconocido de Renato), lo que fue sufrido, se debe "reparar".

Consecuencias al excluir a algún miembro del clan.

Dentro de un clan familiar, no pueden haber excluidos, ni espacios vacíos, si esto ocurre, obligará a un miembro de la familia que de manera inconsciente ocupe el lugar que dejó el excluido. Así el "sistema familiar" se mantiene, y se tratará de dar un orden.

Para la persona que ocupa el lugar del "excluido" podría presentar este tipo de conflictos:

Repetir su historia: Recibirá como herencia la vida del excluido, y será leal a "su historia de vida" repitiendo incluso su forma de ser, de ver la vida, profesiones, y conflictos relacionados al ámbito sentimental, laboral o con el dinero .

Sufrirá el mismo tipo de enfermedad o se inclinará a tener la misma adicción si fuera el caso. De manera inconsciente buscará ser aceptado y amado, así pretender que el excluido sea aceptado a través de él.

"Quedamos enredados en los destinos de personas que en nuestra familia se perdieron porque fueron olvidadas o excluidas de ella."
- Bert Hellinger -

)Siento que en la familia de mi mamá, tengo lealtad con la tía Fresia.
abvela

En una generación se produce la exclusión y en las siguientes generaciones se buscará la reparación, ya sea adoptando a un niño, reconociendo a un hijo fuera del matrimonio, o cómo lo vimos en la historia que conté anteriormente, la exclusión de Jacinta es reparada por su hermano al casarse con una mujer que tenía una hija no reconocida por su padre.

La historia siempre se repite…

"A través de la enfermedad una persona excluida,
se manifiesta obligando a considerar a esta persona.
Cuando al sistema familiar a integrar a la excluida,
es posible que la enfermedad disminuya o desaparezca"
- Bert Hellinger-
Padre de las Constelaciones Familiares

Mi hermana Ale se excluyó sola de nuestra relación de 4 herman@s. Es tan pesada a veces. En los últimos años, Rodrigo, Margarita y yo no le hablamos a la Ale.
Desde que no le hablamos, la bipolaridad de la Ale se ha complicado un montón. Hoy en día necesita tomar 5-6 pastillas diarias.

LO NORMAL
ES LA VIOLENCIA

→ Canadian girls

Llega a verme un joven llamado Daniel que tiene 27 años de edad, es "Personal Trainer" en un muy buen gimnasio de la ciudad, tiene mucho trabajo, y es exitoso en lo que hace. Se acaba de comprar un pequeño departamento, y acaba de terminar de pagar su auto.

Tiene una "novia" desde hace 4 años.

Daniel me vino a ver porque todo funciona bien en su vida excepto su vida sentimental, - según Daniel- hace tres años que intenta terminar la relación con su pareja y no puede.

Me cuenta que él termina con ella y no sabe cómo ni cuando regresa nuevamente con su novia, pero el problema es que ella lo mal trata.

Llegó a verme nervioso, angustiado y me hizo escuchar un audio que ella le había enviado la noche anterior, porque él se negó a abrirle la puerta de su departamento.

No escribiré en detalle lo que ella le envío por mensaje de voz, pero te podrás imaginar

Todo esto eran gritos enrabiados …

(las líneas son insultos y fuertes garabatos)

- ¡Daniel!, ¡ábreme la puerta! Maldito desgraciado_____,

_____,_____.

- Si no me abres te vas a arrepentir,_____,_____,

_____,_____,_____.

- ____,____,____,____.

- Escúchame bien tal____,____,

____,____,____.

Yo pedí de no seguir escuchando el audio, Daniel estaba nervioso mientras lo oía, se atemorizaba… lo sorprendente es que era como un niño que busca asustarse. Es como en las películas, donde el niño se va a acostar y siente que hay alguien bajo su cama, y a pesar del miedo mira bajo de la cama, o sale a caminar por el pasillo sin luz y luego sale al jardín donde todo esta oscuro.

Daniel oía los mensajes de 20 minutos de insultos y muerto de miedo. Lo impresionante es que en su casa los oía una y otra vez, porque no podía creer lo que ella, Sofía, su novia le decía.

Me repetía que quería saber por qué razón no logra separarse de su novia, si él lo único que quiere es estar lejos de ella. (eso es lo que Daniel quiere creer, de verdad si él quisiera estar lejos de ella, ya lo estaría, hay que buscar por qué razón inconsciente, él siente que debe seguir con su novia)

Me confesó que, a los meses de comenzar la relación, cuando discutían ella le tiraba el cabello cuando se enojaba, o ella se sentía ignorada, lo empujaba, le daba manotazos y gritos. No sabe cómo ni cuándo ella terminó golpeándolo fuertemente, incluyendo patadas y combos y que muchas veces le dejaba marcas en sus músculos, brazos, cuello o piernas. Daniel, le temía. Temía al comportamiento agresivo de Sofía, y me decía que él jamás la había golpeado ni altratando a lguien.

Al analizar su árbol genealógico lo comprendí todo. Le pregunté:

- ¿Cómo discutían tus padres cuándo eras niño?

- Mmm … como todos.

- ¿Y cómo es como todos?

- Fuerte, discutiendo mucho, lo normal.

- ¿Se insultaban?

- Mmm … cómo todos.

- ¿Y cómo es como todos?

- Obviamente cuando estaban enojados se insultaban y se decían garabatos, fuertes isultos, pero era solamente cuando discutían … (Acá
Daniel ya está justificando el mal trato)

- ¿Cómo cuáles?¿ Qué insultos se decían?

Y le pedí de decímelo

- Lo normal, como todos; como esto_____,_____,

_____,_____,_____,_____.

Aún Daniel no toma consciencia …

- Y a ti de pequeño. ¿Cómo te trataban?

- Mmm cómo a todos…

- ¿Y cómo es como a todos?

- Lo normal, como a todos; cuando no podía leer bien, o hacía mal una
tarea o trabajo, mi madre me daba de cachetadas, coscorrones o me tiraba el pelo, pero eso les pasó a todos.

- ¿Y Cuándo te portabas mal? ¿Te castigaban?

- Como a todos…

- ¿Y cómo es como a todos?

En Canadá me han enseñado que no debemos castigar x + de 1 día.

- Lo normal, como a todos; correazos, duchas frías, castigado sin ver TV
por varios días. (?)

Pobre "Daniel", sentí mucha tristeza en el momento que respondía a
mis preguntas. Un joven alto, musculoso, aparentemente "fuerte", esta-

ba sentado, hundido al sillón con los hombros caídos, respondiendo a mis preguntas con una voz suave e inocente, era su "niño herido "quién respondía y al mismo tiempo que justificaba a su madre, y la relación quebrada de sus padres, creyendo que lo que él vivió, lo han vivido todos, creyendo que el mal trato que sufrió era de lo más normal del mundo.

Había algo más, sus padres se separaron cuando él tenía 6 años de edad. Había un hermanito de un año y su madre estaba embarazada de un tercer hijo. Al separarse sus padres, tuvieron escasa y muy poca relación con su padre quién se fue de la ciudad a trabajar al sur, dónde al poco tiempo encontró pareja y formo una nueva familia.

Para él su padre era la persona que debía enviarles dinero al hogar, que muchas veces no lo hizo, y su madre vivía en crisis, discusiones, mal humorada a causa de eso y de la situación precaria que vivieron por años.

Daniel pasó a ocupar el lugar de su padre, comenzó a trabajar desde muy temprano en ferias y almacenes, se prometió a si mismo tener una profesión y trabajar para que nunca le faltara el dinero, y así lo hizo. Soñaba con tener su propio hogar y salir de la casa de su madre en donde, además de malos tratos, no recibió jamás palabras dulces, caricias, abrazos, amor.

Sofía era "doble" de su madre, (lo explico en detalle en mi primer libro lo que esto significa) a grandes rasgos Sofía, en su árbol genealógico representa su madre en el presente.

Daniel, logró sus objetivos, se pagó sus estudios y los de sus hermanos, se compró auto, y se fue de casa. Su madre estuvo muy molesta cuando él dejó el hogar y dejó de hablarlo por un buen tiempo cuando él se marchó de casa, (otro tipo de violencia, es violencia pasiva) sin embargo, Daniel, siguió ayudando económicamente a sus hermanos. Su madre con el pasar de los años, tenía el mismo mal trato y peor hacia sus hermanos, algo que entristecía mucho a Daniel.

Esto hizo que Daniel, como "Programa TRANSGENERACIONAL", creyera que el mal trato era algo normal, en él estaba normalizado el mal trato físico, verbal y emocional.

Por lo que cuando conoció a Sofía, que además también tenía el pelo en tono rojizos como su madre, (un doble es quien además de parecerse físicamente a un familiar, son dobles por fechas de nacimiento, profesión, o nombres) no le pareciera en un principio extraño recibir mal trato de parte de ella.

La verdad Daniel estaba acostumbrado a este tipo de trato. Sucede que no lo había hecho consciente.

No lograba dejar a su novia, porque Sofía representaba simbólicamente a su madre. Esto significa lo siguiente;

Por un lado, Daniel siente culpa de haberse independizado, ser exitoso y triunfar, frente al análisis del árbol genealógico se interpreta así:

- No puedo sentirme feliz si soy exitoso, ¿Cómo puedo ser feliz si mi madre no lo es? (lealtad familiar, es más fuerte que nuestra propia felicidad)

- No me permito estar en paz, si mi madre y mis hermanos no lo son.

Vemos que los hermanos de Daniel deben seguir viviendo con su madre, quién es castigadora y maltratadora …sus hermanos sufren de esta relación y Daniel también se castiga… dentro de él siente que es injusto que él se haya liberado de su madre y que sus hermanos sigan el cuidado y mal trato de su madre.

- Busca de manera inconsciente, una madre castigadora, para estar igual que sus hermanos. Así la culpa de haberse ido y estar bien disminuye, al él estar sufriendo igual que ellos. Y es así, como entra en una relación amorosa con Sofía. (candidata perfecta)

No puede terminar su relación sentimental con Sofía, Porque simbólicamente representa a su madre. Y un hijo se siente desleal, y mal si hace sufrir a alguno de sus progenitores, (especialmente a la madre) es por eso que él no puede terminar la relación con su novia, porque no quiere abandonar a su madre, al igual que lo hizo su padre años atrás. (Sofía representa a su madre. Su madre fue abandonada por su padre y Daniel no puede ni quiere abandonar a mamá).

Daniel comprendió y aceptó que tenía fuertes heridas de infancia, reconoció haber crecido en un ambiente de violencia física, verbal y emocional. Algo que jamás antes lo había pensado ni asimilado.

Se dio cuenta que en él estaba el *"Programa de mal trato y violencia"* y es por eso que repetía los mismos patrones de conducta a los que fue sometido. Me comentó que antes de Sofía sus relaciones de pareja habían sido muy similares.

Trabajamos en Terapia para recuperar su autoestima, amor propio y a trabajar su separación de pareja, Daniel, sufría de la herida de abandono, su padre al irse del hogar, su madre tomó un rol muy masculino y agresivo, exigía que sus hijos fueran los mejores, no permitía bajas calificaciones, siempre trabajó en lo que pudo y todo en su hogar las cosas se hacían a sus órdenes y con extrema disciplina, lo que simboliza que su *exceso de energía masculina* en la crianza, generó una *ausencia de energía femenina* en el hogar, lo que se transformó en *ausencia de madre.*

Daniel y sus hermanos sufrieron de la falta de un padre, y al mismo tiempo de madre. (me refiero a su energía de mujer, lo maternal, la dulzura, sutileza, cariño, ternura, abrazar, dar amor) Al no haber "Padre" en una familia, la madre de manera inconsciente toma ese rol, y para la familia, lo que más falta es madre, pues no la hay, la madre ha tomado el rol del padre.

A las semanas Daniel ya había recuperado su vida. Logró colocar límites y sobretodo alejarse de Sofía. Estaba tan herido, que estaba "adicto al mal trato", ahora estaba adicto a sentirse bien y a comenzar a amarse ☺

A los meses me comentó que tenía una novia nueva que era profesora de Yoga, y que por primera vez en su vida estaba disfrutando de estar en pareja, y que sentía que merecía amor y se dejaba querer y amar mucho, dejando las culpas y lealtades invisibles en el pasado.

Trabajamos también su merecimiento y culpa por quere vivir su vida.

Mi papá, mamá, Rodrigo y Margarita me enseñaron como "amar". La Ale y la abuela Vivía solo me enseñaron odio.

UNA HISTORIA
DE AMOR

Existe una energía que traspasa las generaciones, es una de las más altas vibraciones que podemos encontrar y es el A M O R. Todos queremos ser amados, todo soñamos con estar rodeados de personas que nos amen y que podamos amar.

Este es el gran aprendizaje de nuestra vida. Todas las experiencias vividas, se comprenden, se integran y se perdonan cuando somos capaces de encontrar el amor en todo aquello que hemos vivido. El amor esta en cada ser humano, en todo lo que nos rodea, pero es algo que se debe desarrollar, crecer para luego sentirlo, vivirlo, y darlo.

Todas las familias, todos los árboles genealógicos viven por amor. Nos cambiamos de ciudad, de país, por amor a nuestros hijos, pensando en darles una vida mejor, repetimos las profesiones de nuestros padres por amor y lealtad a ellos, renunciamos muchas veces a vivir lejos de nuestra familia por amor a ellos, repetimos patrones de vida por amor a nuestros ancestros, y seguimos buscando el amor en todo, menos en nosotros mismos.

Vivimos y sufrimos por amor, y todo ese amor, queda en nuestra familia. Heredamos la emoción del amor y en cada generación aprendemos a amar cada vez mejor. Esa es la idea, amarnos para poder amar.

Si miramos sin juicios nuestra historia familiar podemos darnos cuenta que todo se ha hecho en base al amor, el problema es que no hemos sabido amar. Aprendemos un amor egoísta, miedoso, con condiciones. Amar es no juzgar, es no poner límites al otro y por el contraio aceptarlo y dejarlo se, amar es amar nuestra Alma y el Alma del otro. Amar, es respetar, ser tolerante, pero muchos por ser intolerantes ya no aman, no soportan que hombres se aman entre sí, o mujeres con mujeres, o de una cultura a otra, o de un país extranjero al otro.

Excluimos por falta de amor, pero la vida misma se encargará de enseñarnos a amar.

Una enfermedad es un grito desesperado de pedir amor, al igual que un accidente, el árbol genealógico es un *"árbol que vive"*, que siente, que se remueve, que tiene memoria. Cuando ha faltado amor, se encargará de que en la siguiente generación reaparezca el amor, y hará todos los intentos posibles hasta que el amor inunde nuestros corazones.

Existen en las historias familiares, muchísimas historias de profundo amor, donde se han cruzados varias historias de vida para dar paso a la más fuerte y maravillosa energía del Universo.

TE AMO, por ser tal como eres, por darte el tiempo de leer estas líneas, por querer crecer, aprender y evolucionar a tu propio ritmo. Por querer tomar consciencia y saber que, si bien estamos *"programados"*, cuando identificamos los programas que hemos heredado, y trabajamos en cambiar nuestra programación, podemos cambiar nuestro destino.

Narraré una hermosa historia que ocurrió años atrás: Chile diciembre 1976

↳ Siento que debido a mi historia familiar en Chile y la realidad chilena estaba programada a ser "infeliz", estaba destinada a odiar, tener rabia y estar alegando siempre.
En Canadá me estoy "haciendo" de nuevo.

EL AMOR
NO TIENE FRONTERAS

Javier era estudiante de periodismo de una Universidad de Santiago. Estaba en el tercer año, y en el país había una *"guerra civil"*, que era lo que Javier sentía en ese momento. Estaban ocurriendo muchos cambios a nivel nacional, muchos de sus compañeros habían sido detenidos y otros desaparecidos, y algunos dejaron de existir. Hacia un poco más de tres años que el gobierno militar había tomado el mando de la nación. Para ese momento Javier además de periodismo era músico de corazón, y "hippie". Se sentía oprimido, vulnerado por lo que estaban viviendo a nivel de país y su padre le ofrece de dejar Chile y de irse a Francia.

Su padre había trabajado largos años para el consulado de francés, tenía buenos contactos y una red de amigos que le ofrecieron ayuda si lo necesitaba y Francisco, (padre de Javier), sintió que era el mejor momento de aceptar la ayuda ofrecida.

Javier no quería renunciar a su melena larga, a su música ni a su libertad y tomó una mochila de viaje, su guitarra y se fue a descubrir una nueva vida. Llevaba solamente en un papel, un número de teléfono y una dirección en Paris. Y solamente con esos datos es que llega a la ciudad "Del Amor".

Dos días después de navidad Javier estaba aterrizando en Paris. Hablaba el idioma, gracias al trabajo de su padre había recibido una beca en el colegio francés y de pequeño estaba familiarizado con este idioma y en varias ocasiones había visitado Francia con sus padres, pero esta vez era completamente diferente. Se encontraba solo, casi "huyendo" de su patria, sin saber dónde llegaba ni a casa de quién, pero sabía desde lo más profundo de su corazón que eso era algo que debía hacer.

Al bajarse del avión, en el mismo aeropuerto busca un teléfono público, saca su hoja en donde llevaba el número de teléfono en dónde debía llegar y marca el número para avisar que había llegado.

Todo en un perfecto francés Javier espera ser atendido al otro lado del teléfono:

Le contesta una suave y dulce voz de mujer…

¿Sí? ¿Aló?

Si, Aló, soy Javier *García* de Chile.

Hola Javier *García*, ¿Con quién quieres hablar?

En ese momento Javier se da cuenta que no llevaba escrito el nombre de nadie y contesta:

Soy chileno, me vengo a quedar acá.

Si, perfecto Javier *García*, esta es nuestra dirección:

Ya la tengo.

Adiós. Nos vemos.

Todo fue un raro… sin cnocerlo ya lo invitaron al hogar francés. Javier no podía imaginar cómo iba a ser esta nueva aventura en su vida.

Javier toma un taxi, le pareció simpático, y a la vez peligroso que la joven mujer le haya dado la dirección sin ni siquiera preguntar o confirmar quién era Javier *García*,. Pensó que podía ser la hija del matrimonio en dónde llegaría y que ya lo estaban esperando por eso fue todo muy rápido. Lamentó no preguntar los nombres de los dueños de casa para poder saludarlos como corresponde a su llegada. Se preguntaba si la joven sería hija única o tendría más hermanos. Se preguntó muchas cosas en el taxi camino a aquella casa, cosas que no se preguntó ni en Chile ni en las 14 horas de vuelo.

Javier estaba escapando de la represión en que vivía en su país, le parecía extraño estar por las calles y no ver militares, no sentir el miedo de las calles, y por el contrario con tristeza pudo sentir más fuerte lo que se estaba viviendo en su país, y de alguna manera se sentía "culpable" de sentirse de *"libre"*.

Un poco más de una hora se demoró el taxi hasta que llegó al lugar indicado.

Llevaba con él solamente un bolso de cuero de mano y una mochila de viaje.

Al llegar a la dirección indicada se detiene unos minutos frente a la puerta.

Sentía una extraña sensación de ansiedad, curiosidad por lo que esta nueva vida le iba a ofrecer.

Se acomoda su desordenada melena, se saca los lentes de sol, trata de poner una postura derecha respiró profundamente y procedió a tocar el timbre de la casa.

Lo toca nuevamente, y a la tercera vez, le abre la puerta una bellísima mujer, Javier quedó anonadado... no se esperaba ver tanta belleza en una sola mujer.

La joven francesa lo mira de pies a cabeza, recuerda de haber hablado con él hace un rato atrás y lo invita a pasar. Javier la sigue, y mientras la seguía sentía que su cuerpo flotaba en el aire, se anonadó de aquella joven, era su energía pura, era su cabello castaño, largo, o quizás sus ojos grandes y expresivos de un color turquesa que jamás había visto antes.

Javier estaba cansado por el viaje, imaginaba llegar en una casa familiar y se encontró en una antigua casona en el hermoso lugar de *"Versalles"* donde era habitada por jóvenes de su edad. Había llegado a una "Comunidad de amigos", había entre ellos, unos dos colombianos, una pareja de argentinos, un italiano, franceses y él.

Javier sintió que había llegado al mejor lugar del mundo. Rápidamente se adaptó a la comunidad de amigos, las reglas eran claras, *"NO había reglas"*, todo era de todos, nada era de nadie, los dormitorios eran los únicos que estaban asignados, pero si lo deseabas y querías, podías dormir con quién quisieras, a nadie le parecía impuro, malo o negativo. Había parejas de enamorados, pero no tenían problemas para compartir su amor si ambos estaban de acuerdo, en otras palabras, la comunidad de amigos practicaba *"El amor libre"*.

Todo era nuevo, emocionante y excitante para Javier quién se adaptó sin ningún problema a la comunidad y al nuevo estilo de vida. Durante el día tocaba su guitarra y aprendió rápidamente canciones del momento que cantaban todos juntos después de la cena. Consiguió trabajo de ayudante de un taller de autos. No sabía absolutamente nada de autos, solamente cuando veía a su padre o abuelo reparar algo, pero de mecánica nada de nada. Aprendió a cambiar el aceite, agua, cambiar neumáticos y a lavar autos. Lo que le trajo ingresos para poder cooperar con la comida y cuentas de la comunidad.

Los Jóvenes estaban todos estudiando, Javier debía esperar hasta el año próximo para entrar a la carrera de Psicología a la cual quería postular. Su trabajo le permitía estar más tiempo libre, conocer la ciudad, y no dudó en cantar en las calles algunas tardes para ganar un poco más de dinero.

Pasaron solamente algunas semanas y Javier se enamoró... Se enamoró de la bella joven que le abrió la puerta la primera vez, su nombre era Sophie, era la compañera "sentimental" de Gaël.

Ambos eran franceses, eran pareja, pero al igual que todos, estaban a favor del *"Amor libre"* lo que significaba que, si alguno de ellos quería, podía pasar la noche con otro "compañero de la comunidad" y nadie se enojaba...

No era algo que ocurriera todos los días, pero si sentían deseos de compartir con otra persona, no había *"prohibición"* nadie era propiedad de nadie.

Javier fue uno más de la comunidad desde el mismo día en que llegó, curiosamente nadie le preguntó quién les dio su contacto o como llegó ahí, simplemente lo aceptaron, estaban todos curiosos por saber lo que se estaba viviendo en Chile en ese momento y se sentían felices de poder recibirlo y acogerlo.

A los dos meses de llegar a la casa de *Versalles,* Sophie en la cena comenta que está embarazada de Gaël. Todos les dan sus bendiciones y abrazos tanto a ella como al padre, pero en cambio Javier sintió unos celos tremendos e irracionales recorrer por todo su cuerpo. Le molestó profundamente el embarazo de la joven y bella mujer, pero principalmente porque Javier se había enamorado de ella . No estaba molesto por el embarazo en sí, sino más bien porque sintió que todo lo que estaba sucediendo iba a dar un vuelco distinto y que ya nada sería igual. Es más dentro de sí, deseaba profundamente ser el padre de ese bebé…

Curiosamente pareciera que solamente él era fuera el celoso de toda la casona de Paris. A nadie le afectaba la vida en el interior de la casa, ni siquiera a la pareja de argentinos en donde la joven se pasaba de un dormitorio a otro varias veces durante la semana.

A la semana llegó una pareja de españoles, y tampoco mostraron signos de sentirse incómodos ante este estilo "open mind" de vida.

Gaël a diferencia del resto de los integrantes de la casona, era el más "callado, silencioso" él y Sophie se conocieron en la enseñanza media, ambos vienen de familias muy conservadoras, de mucha represión, castigos, de padres que nunca se separaron pero que siempre tuvieron aventuras y amantes fuera del matrimonio. Ambas familias con padres muy estrictos, de muchas reglas, madres sumisas y resignadas, muchos secretos familiares, y abusos.

Gaël, nunca tuvo una buena relación con su padre. Eran como el *agua y aceite,* su madre siempre lo sobreprotegió mucho, pero ella tenía serios problemas con el alcohol y depresiones eternas, lo que hizo que muchas veces en su vida Gaël se sintiera absolutamente solo, triste y abandonado.

Su padre siempre le exigió más que a sus hermanos, (él era el segundo hijo de cuatro, tres hombres y la menor mujer) todos sus hermanos fueron tratados en más de alguna ocasión con violencia física, pero Gaël, fue sin duda el más golpeado por su progenitor.

A la edad de 12 años Gaël descubre que su padre no era su padre biológico y que había sido fruto de un romance que tuvo su madre con un escritor amigo de su padre. Ahí lo comprendió todo… y tomó fuerzas para enfrentarse a su padre, y a no dejar que lo siguiera maltratando, pero al cumplir los 13 años se va a vivir en casa de su madrina, porque la situación en su hogar era insostenible.

Siempre sintió el rechazo de su, padre, y por más que su madre hizo intentos de integrarlo, el daño emocional era muy grande.

Los meses pasaron muy rápido, Sophie, Javier y Gaël habían creado un triángulo amoroso profundo y privado. Era solamente la bella Sophie quién compartía su amor entre Gaël y él.

Gaël, realizaba estudios de Física, Astrología y estaba estudiando para postular a una Universidad de USA. Pasaba largas horas del día encerrado estudiando, y Javier aprovechaba esos momentos para compartir largos paseos por la bella ciudad de Versalles, o los alrededores de París con su amada Sophie. Nadie hablaba de amor, solo se sentía, se entregaba, y se compartía, pero una de las reglas era la "No pertenencia" era no estar comprometidos y vivir el día a día lo mejor posible.

Esto lo aceptaba y lo podía hacer durante el día, pero cuando llegaba la hora de dormir, Sophie se iba al otro dormitorio a pasar la noche, Javier no podía dormir de celos, de rabia, e impotencia.

Una tarde de locura Javier le confiesa su amor a Sophie y de las ganas de llevarla a otro lugar y al bebé que esperaba. Sophie, lo mira fijamente a los ojos, le dice "Te amo" y también amo a Gaël…

Javier, no pienses en el futuro, vivamos este presente, no planifiques tu vida, no sabemos lo que puede pasar.

- Va a pasar lo que queramos que pase…

No lo vuelvas a decir, por favor Javier, no me vuelvas a decir que me amas y que quieres que me vaya contigo, eso es "Deslealtad", desde un principio sabías como era esta situación…

- Sophie, esto que siento por ti, lo siento desde el primer día en que te vi y cada día ha ido creciendo este amor, y el amor por tu bebé. Yo me quiero hacer cargo, de ustedes dos...

- ¿Cómo sabes que este bebé que esperas es de Gaël y no mío?

Javier, no compliques más las cosas, hace meses que estábamos buscando este bebé y llegó. No se habla más, te lo prohíbo, si es que deseas seguir en contacto conmigo.

Todos en la gran casona se dieron cuenta de este amor pasional entre Javier y Sophie. Pero ella era leal a su primer amor, Gaël, quién ha sido su gran apoyo, la sacó de su casa en donde por años sufrió de mal trato y hasta abusos de su propio padre... Sophie amaba a Gaël, lo admiraba, le estaba eternamente agradecida por todo lo que él hizo por ella, nunca antes se había sentido amada, vista, protegida y entre ellos tenían un pacto de amor. Ahora la situación estaba densa, se sentía la incomodidad de los tres, pero todos pretendían fingir que esto no les afectaba.

Cada día que pasaba Gaël, pasaba más tiempo solo encerrado estudiando o largas horas en la biblioteca preparándose para su examen en la Universidad de USA.

Los meses iban pasando, y las últimas semanas Sophie dejó de dormir junto a Javier, sentía un gran amor hacía él que no quería demostrar, pero era inútil de negar porque se sentía en cada uno de sus poros, eran sus miradas, el tono de voz, la energía entre ellos era electrizante. Sophie toma distancia de Javier, porque se sentía comprometida por lealtad hacia Gaël.

Sophie, fue solamente a dos controles médicos durante todo su embarazo, sabía cuándo se cumplían las 40 semanas de embarazo y se había preparado para esperar las contracciones y tener el parto en casa.

Los jóvenes de la casona, se habían instruido al respecto y se sentían seguros para asitir a su compañera en este nuevo episodio de su vida. Todos estaban emocionados por el nacimiento de este esperado bebé.

Tenían listas toallas limpias, algodón, tijeras desinfectadas para cortar el cordón umbilical, una bañera pequeña especial para llenarla de agua tibia para el nacimiento del futuro bebé. Nadie sabía el sexo de este nuevo integrante, todos apostaban al sexo, y tenían de apuestas comidas, chocolates y vinos, para el gran día.

Gaël, era silencioso, parecía compartir perfectamente las reglas de la *casona*, le gustaba tocar el piano, y lo hacía durante las noches muy tarde luego de terminar de estudiar. Por lo general estaba siempre solo, reconocía tener ciertos problemas para comunicar con sus pares, no conversaba con nadie, solamente compartía algunas frases en el momento de la cena o comidas. Fumaba mucho, quizás demasiado, sobre todo cuando Sophie pasaba las noches junto a Javier. Esas noches Gaël, se iba al salón y se perdía en las notas del piano hasta largas horas de la noche.

Gaël también se había dado cuenta de lo « especial » de la relación entre Sophie y Javier, todos lo había notado, y él nunca mostró signos de celos o incomodidad por el contrario, varias noches, pretendió tener que estudiar y trabajar para que su compañera buscara los brazos de Javier.

¿La razón? Estaba a favor del amor, y sentía que entre ellos había amor, impedir esa relación sería estar en contra de lo que él predicaba, tener una relación de pareja en donde a Sophie la privara de su libertad.

Gaël, las últimas semanas, estuvo muy ausente, pensativo, salía temprano por las mañanas a la biblioteca de la ciudad porque decía tener mucho que estudiar para su examen de USA, además de trabajos que realizar. Sophie, estudió para educadora de párvulos, se encontraba sin trabajo en ese momento y poco le importaba porque estaba decidida a tener a su bebé y dedicarle mucho tiempo a la crianza. Había postulado a las "ayudas sociales" del estado francés y se le había aprobado un monto de dinero mensual, no mucho, pero que bastaba para los gastos del momento.

Al mismo tiempo que los estudios de física, Gaël, estaba tomando clases de inglés lo que lo tenía ocupado prácticamente todo el día y llegaba tarde por las noches, a comer algo, fumar mucho, beber una copa de vino tinto, tocar el piano y seguir estudiando.

Se acercaba la fecha de parto Sophie, la bella y joven mujer estaba más reluciente que nunca, durante su embarazo no tuvo jamás dolores excepto los tres primeros meses algo de mareos y algunas nauseas. Mientras se acercaba la fecha del nacimiento de tan esperado bebé, curiosamente Gaël, pasaba más tiempo fuera y más ocupado que antes. Se excusaba diciendo que debía estudiar mucho porque debía viajar dentro de un par de meses a USA a dar su examen de postulación a la Universidad, en dónde estaba muy interesado en postular a Astrofísica y Astrología.

Era tiempo de verano, julio había sido un mes un caluroso, pero agosto lo era mucho más. Sophie, evitaba pasar tiempo afuera en el jardín porque sentía que comenzaba a faltarle el aire cuando estaba en contacto con el calor. Las tres últimas semanas de embarazo ya no podía dormir, su vientre estaba muy abultado y no podía encontrar una posición cómoda para descansar. Su bebé se movía mucho, y sus piernas estaban cansadas e hinchadas por el peso de la gestación.

Era una tarde de viernes, habían preparado una cena de ensaladas, queso, jamón, fruta y vino. Sophie no tenía hambre, se sentía tan *"inflada"* que no podía tragar nada, solamente sentía deseos de beber grandes cantidades de agua y comer fruta de la estación.

Gaël, no llegaba aún porque tenía un examen de inglés, y Javier no se despegaba un segundo de su amada. Cerca de las 6 de la noche Sophie se recuesta sobre el sillón, porque sentía que la fruta le había *"caído mal"*. Javier le prepara un agua de hierbas, pero antes de poder terminar el té, la futura madre comenzó con fuertes dolores de parto.

En ese mismo momento reconoció que estaba teniendo "contracciones", dolores del las contracciones, fueron cada vez más intensos y doloroso, el nacimiento era evidente .Los amigos de la casona bajaron las luces del salón, colocaron música clásica muy suave, y prepararon el espacio para el gran acontecimiento de la vida. Las jóvenes le ayudaron a quitarle la ropa, y Sophie se vistió con una camiseta de dormir larga muy holgada para esperar el gran nacimiento. Todos se preguntaban por Gaël... el gran ausente del momento. En cualquier momento debía llegar, y había un ambiente de emoción y al mismo tiempo de angustia de que el futuro padre se perdiera este gran acontecimiento.

Javier se acomodó al lado de Sophie, olvidando a todo el mundo se sentó a su lado, la tomó fuertemente de la mano, y la acompañaba, acariciándole la frente, la espalda y susurrándole amorosas palabras de apoyo y contención.

Habían pasado tres horas y las contracciones eran cada vez más fuertes, ni señales de Gaël…

Nadie sabía exactamente dónde podría estar, además por la hora estaba claro que ya no estaba en el centro de inglés y que era muy probable que haya ido a un bar o café.

El proceso del parto estaba sucediendo como debía, más contracciones, más dolor, rotura de la bolsa del líquido amniótico, en cualquier momento ya debía nacer el esperado bebé. En un segundo Sophie comienza a gritar diciendo que "ya se viene" "ya viene, ¡mi bebé va a nacer",! sin anestesia, controlando la respiración y manejo del dolor al máximo entre sus piernas, se comienza a asomar la cabecita del recién nacido, y en un fuerte e intenso suspiro Sophie lo expulsa con todas sus fuerzas, es Javier quién recibe en llanto al precioso varoncito que acababa de nacer. A las 11:55 de la noche, un 13 de Agosto nace Jérémie.

Sophie lloraba, Javier lloraba, el resto de los amigos no daban más con tanta emoción y alegría, al ver al niño nacer en perfectas condiciones.

Sophie acoge a su bebé y tal como venía saliendo de su vientre lo toma suavemente, lo sube hacia su pecho en donde con desesperación, y con sus ojitos cerrados, el pequeño se agarra del seno de su madre y comienza a succionar con fuerza y entusiasmo el cálido calostro del pecho de su madre. Pasado unos minutos, la madre lo retira de su pecho con la misma suavidad y dulzura que lo acercó y pide a Javier de cortar el cordón umbilical. Javier parecía ser el padre, estaba tan emocionado, tan feliz que no podía parar de llorar de la felicidad. Javier no lo piensa un segundo. Con sus manos temblorosas toma las tijeras extremadamente desinfectadas y compradas especialmente para este evento, y procede a cortar el cordón umbilical. Exactamente como en las películas, todo ocurre en una maravillosa sincronía, Javier corta el cordón, el bebé lanza un llanto a todo pulmón y en el mismo instante hace ingreso a la casona Gaël.

El joven padre corre a ver a su mujer y al bebé, y se queda mudo de la emoción y se sienta al lado de Sophie observando el momento del nacimiento de su hijo. Muchas cosas habrán pasado por su mente, sin duda se había perdido uno de los momentos más importantes de su vida y de su relación con Sophie. Ya era tarde, absurdo era sentirse ofendido o mal, de una situación que estaba completamente fuera del control de todos.

Pasado unos minutos Gaël, toma en sus brazos a su recién nacido hijo y se queda inmóvil observándolo cuidadosamente, cada pedacito de piel, sus deditos delgadísimos y finos, su cabello de seda y resbaloso, alucinado con el milagro de la vida.

Al año después…

Jérémie crece entre jóvenes adultos, en un ambiente libre, de mucha música, arte, fiestas y amor. Gaël es un padre que trata de pasar el mayor tiempo con su hijo y Sophie, pero sus estudios y trabajo se lo impiden… Como ya sabemos Gaël, creció sin el amor de un padre, con muchas carencias afectivas y falta de alimento emocional de papá y mamá. Poco podía expresar su amor o cariño cuando él nunca lo había recibido. No tenía la costumbre de hablar de amor, de sus emociones, y le incomodaba el contacto físico, no le gustaban los abrazos, tristemente, no sabía abrazar…

Sus días eran concentrados en sus estudios o la lectura. El pequeño Jérémie, por alguna razón sentía esta distancia de su padre y buscaba siempre los brazos de mamá o Javier.

Gaël, pospuso unos meses su viaje al extranjero para acompañar a su hijo, y pareja este primer año de vida.

Sophie se sentía enamorada de Gaël, le tenía mucho cariño, a pesar de que él joven no era muy demostrativo ni expresaba verbalmente sus emociones, pero era una persona de fiar, muy leal. Se habían conocido antes de terminar la enseñanza media, y ambos se sintieron muy unidos ya que sus historias familiares eran muy similares.

A las semanas, Gaël, recibe una notificación de una Universidad en California para que viaje a rendir unos exámenes presenciales, para la carrera que postula. Su plan era de viajar, sabe que quedará aceptado, ha estudiado largos meses para esta postulación, ya lo pospuso meses atrás y ahora no se podía negar a esta oportunidad . Había decidido que una vez que se instale en el país del norte, Sophie y Jérémie viajarán para instalarse con él los años que dure la carrera.

Mientras todos siguen con sus vidas, Javier se siente bloqueado, siente que ama más que nunca a Sophie y con el pequeño Jérémie, han hecho un lazo de amor maravilloso. No puede imaginar su vida sin ellos, y al mismo tiempo sabe que no pertenece a la vida que Gaël quiere formar con Sophie y su hijito. Se siente excluido, teme el día en todo esto se termine.

Llega el día en que Gaël deja Francia para viajar a los Estados Unidos como era su plan.

Si bien, el joven Gaël, no era una persona que se hacía notar en la casa, su ausencia se hizo sentir profundamente. Ya todo comenzaba a ser distinto, las cosas estaban cambiando drásticamente.

Sophie comenzó a sentirse confundida, en silencio vivía una tortura mental, porque el compromiso era de viajar junto a Jérémie, al encuentro con Gaël y eso significaba que dejaría de ver a Javier por mucho tiempo, o quizás por siempre. No era posible seguir de amigos, estaban enamorados, aunque ella nunca lo reconocía y evitaba hablar de sus emociones, Javier no paraba de declararle su amor. Para ella no había opción de no viajar, lo haría, aunque esto le quebrara su corazón.

El ambiente en la casona era muy distinto al que se vivía hace un año atrás. Antes estaban todos emocionados, felices disfrutando del día a día y soñando con la llegada del bebé al hogar. Ahora ya todo era distinto y lo sería más aún.

Javier, estaba enamorado, tenía muchos sentimientos encontrados porque no quería seguir confundiendo a Sophie ni tampoco se sentiría feliz de destruir el plan de vida que tenía junto con Gaël. A pesar de todo, fue él quien de alguna manera se entrometió en esa relación sabiendo de que ellos eran pareja. Javier era una persona muy justa, y sentía que no debía ir a esta lucha, que debía retirarse por el bien de todos.

A las dos semanas de la partida de Gaël, Javier una mañana de un sábado, se va también de la casona dejando atrás hermosos recuerdos que lo acompañarían el resto de su vida.

Se despide de todos, de su amada y del pequeño Jérémie, y con el Alma partida, se abre camino a un nuevo rumbo, en solitario, para facilitar así, la vida de quiénes tanto ama.

Sophie queda destruida, pero tampoco le pide quedarse ni explicaciones, esto era algo que ambos sabían que era lo más "correcto" de hacer.

Mientras en California …

Un frío domingo de Diciembre llegan al encuentro con Gaël, Sophie y Jérémie.

Llegan justo un día antes de navidad. Este encuentro se suponía debía ser de lo más feliz del mundo sin embargo al encontrarse en el aeropuerto, ambos irradiaban tristeza y soledad. Si ya la pareja comunicaba poco, del aeropuerto camino al nuevo hogar no había nada que decir …

Sophie sufría en silencio, no tenía ninguna manera de poder contactar a Javier, solamente sabía su nombre y apellido, pero no supo dónde se iba, ni tampoco Javier dejó algún contacto de como poder ubicarlo. Gaël, lo sabía, lo sabía desde hace mucho tiempo que entre Sophie y Javier había sucedido un encuentro mágico de mucho amor. Él facilitó este encuentro, evitaba estar en casa y les dejaba tiempo para estar juntos, porque él tampoco por más que quería podía, darle el tiempo y cariño que la joven merecía. Gaël reconoce que junto a Sophie vivieron momentos muy

Fuertes, dolorosos, gracias a él, Sophie toma fuerzas para dejar su hogar y de alguma manera Gaël se sentía responsable de su vida y su bienestar.

Lo que lo agobiaba era que se sentía también responsable de su felicidad y del bienestar y felicidad del pequeño Jérémie, y esa responsabilidad lo angustiaba, apenas sabía cómo lograr amar su propia existencia o encontrar el camino a la felicidad, y no sabía cómo poder guiar a la familia que tenía ahora. La presión que sentía lo estaba asfixiando, y no sabía cómo seguir avanzando.

Una vez instalados los tres juntos, lo que podía haber sido una bendición comenzó a ser una triste realidad. La realidad de encontrarse juntos, en un país ajeno, para Sophie absolutamente incomunicada ya que no hablaba una palabra de inglés, completamente dependiente de Gaël, en dónde su vulnerabilidad, problemas de inseguridad y autoestima se hicieron notar. Pasaba largas horas del día sola en el departamento, hacía mucho frío y no le daban ganas de salir por la ciudad a bajas temperaturas, sin poder comunicar, sin saber dónde ir, esperando que el día termine luego para que sea la tarde y llegue Gaël de su nuevo trabajo al hogar.

Gaël, entra a estudiar lo que tanto esperaba, y paralelo a eso encuentra trabajo en un restaurante para cubrir los gastos familiares.

Así pasa un año más…

La relación entre la pareja estaba muy distanciada. Gaël tenía su vida, estudiaba y trabajaba, pero no se sentía feliz, la verdad nunca lo había sido. El pequeño Jérémie se había convertido en un niño hermoso, muy inteligente, al extremo que sentía muy bien lo que emocionalmente se vivía en casa, lo que hizo de él un niño "perfecto", no lloraba, no hacía pataletas, evitaba causar el más mínimo conflicto a sus padres, era muy tierno, muy dulce, un niño muy especial. El pequeño Jérémie, comprendió que no podía dar "problemas" a sus padres, ya que ninguno estaban en condiciones de contenerlo.

La situación estaba difícil. Lo que en un momento unió a esta joven pareja hoy no era suficiente para seguir en este proyecto de vida juntos. Gaël, era extremadamente inteligente, ya se había hecho la idea de quedarse en este nuevo país, y sus aspiraciones personales eran muy grandes.

Quería postular a hacer un curso en la NASA. Para eso debía rendir varios exámenes específicos, para poder finalmente entrar a estudiar y llegar a ser un reconocido astrofísico.

Sophie no tenía grandes aspiraciones. Había estudiado para ser maestra de párvulos, pero lo ejerció solamente un par de meses. Aún no hablaba inglés, lo que la excluía completamente del lugar en donde se encontraba. Paralelo a eso, los planes en un principio era solamente quedarse los tres años que duraba el curso de Gaël, pero ahora, Gaël, tenía nuevos planes, nuevas metas y eso ya no era lo acordado en un principio.

"Cuando amas de verdad deseas que el otro sea feliz contigo o sin ti"

Esto es lo que tengo que hacer c/La Ale: → Alejarme otra vez.

Esta frase daba vueltas en la tormentosa mente de Gaël, cada día era un pesar, el sentir la responsabilidad de dos Almas más, esperando vivir en armonía, alegría sin poder hacer nada para cambiar la realidad en que todos vivían.

En la casona de Versalles ya no se encontraba ninguno de los antiguos habitantes del lugar, todos habían emigrado a distintas ciudades por distintas razones. Sophie no tenía la fuerza para decidir irse, por lo que Gaël, en un acto de impulso y sin pensarlo dos veces, ni tampoco consultarlo con su pareja compra pasajes de regreso para ella y para el pequeño Jérémie.

- Sophie, te amo y quiero que seas feliz. Ninguno de los dos lo somos en estos momentos. Quiero que regreses a Paris con nuestro hijo y esperemos un tiempo…

No me amas, no me mientas más, no es posible que me digas que me amas y al mismo tiempo me saques de tu lado (le decía en tono de desesperación, angustia y llanto)

No es justo que estés acá, sola, esperando por mi todo el día, ya no comunicamos, no tenemos nada que hablar y cuando lo hacemos discutimos mucho y nos estamos hiriendo demasiado. Te pido perdón por todo, por no saber expresar mi amor, mi dolor, por traerte acá en donde yo no he podido hacerme cargo de ti ni de Jérémie como lo merecen. Quiero que sepas que yo no sé cómo estar bien o sentirme bien, creo que jamás he sabido lo que es eso, ni siquiera puedo recordar un momento de mi vida en donde me sentí completamente feliz, alegre o en armonía conmigo mismo y la vida.

El cotidiano para mí es un pesar, siento mi pecho oprimido cada mañana, me duele respirar, me duele vivir… y eso no es justo para ustedes, les hago daño y eso no me lo puedo perdonar.

- Sophie, ya nada es como antes, esto es lo mejor para los tres…

La escena era digna de una película de drama, amor y pasión, el llanto era mutuo, Sophie rechazaba los intentos que hacía Gaël por acercarse a ella y abrazarla…

La joven se sentía absolutamente perdida, sufrida, no podía imaginar que hacer de su vida en ese momento ni después. Los pasajes estaban ya comprados, Gaël había hablado con la hermana de Sophie para que la recibiera y tenía todo ya organizado.

Llega el día del viaje, Sophie no recuerda en qué estado viajó, ni cómo organizó su bolso y maletas del viaje, simplemente recuerda todo como una película muda en dónde es llevaba al aeropuerto, y en unas horas ya estaba nuevamente en la ciudad del "Amor".

El reencuentro…

Sophie es recibida por su hermana mayor quién la acoge con amor y gran contención. Sophie pide a su hermana de no pedir explicaciones ni preguntar lo que está sucediendo porque ni ella sabía exactamente lo que estaba viviendo. No sabía que haría de su vida, ni mucho menos, ni si alguna vez volverían a retomar sus vidas en pareja con Gaël.

A las semanas de llegar a Paris, Lucile, su hermana le dice que *"alguien"* llamó preguntando por ella y que ha dejado un número de teléfono. Sophie no mostró ningún interés, no esperaba la llamada de nadie y no tenía curiosidad de saber quién la estaba buscando. A los tres días vuelven a llamar y dejan nuevamente un número de contacto.

El tercer llamado es Sophie quién atiende…

Aló, ¿Sí?

….Hubo un gran silencio al otro lado de la línea…

Aló, soy Javier García de Chile.

Otro gran y profundo silencio esta vez de parte de la joven mujer…

Exactamente como hace años atrás, Sophie contesta la llamada de Javier…

Ambos jóvenes se vuelven a reunir… Un pacto de Amor secreto…

Javier, Sophie y Jérémie, se van a vivir a un pequeño y antiguo departamento en los suburbios de Paris. Sophie comienza a trabajar en un pequeño jardín infantil, Javier comienza sus estudios de Psicología y trabaja por las tardes.

Todo iba muy bien entre ellos los primeros meses, luego las discusiones comenzaron por los celos e inseguridad de Sophie. Teme a ser engañada y abandonada.

Javier no le da razones, pero sus actividades y trabajo diario hacen que pase poco tiempo en casa, y la joven Sophie cargando muchas heridas de infancia se siente siempre carente de amor. No importa lo que Javier diga o haga para ella muchas veces la atención y cariño que recibe, nunca es suficiente.

Gaël sigue viviendo en USA, en su mente no tiene pensado en regresar a Francia. Su vida en solitario lo hacen vivir en una tristeza y amargura diaria. Se siente depresivo, le falta la alegría de vivir. Se obsesiona en sus estudios que es lo único que lo apasiona. Mantiene un contacto distante pero cordial con la madre de su hijo, siente un fuerte "pesar" de saber que tiene al otro lado del continente a su pequeño hijo el cual, no ha sabido cuidar, amar, ser una figura paterna para él. Evita llamarla por teléfono, sabe de la vulnerabilidad de Sophie, y no desea confundirla ni crearle falsas expectativas. Se convence a si mismo que esto es lo mejor así, ni Sophie ni Jérémie merecen vivir con una persona como él.

A su vez Sophie, siente un gran abandono de su parte, no le perdona que los haya alejado de su lado y los haya enviado de regreso a Francia, le cuesta comprender que su relación no tenía futuro, que ella no tenía vida en América, sino más bien le pesa el sentir que Gaël la ha rechazado. Sus heridas emocionales no le permiten ver más allá de su propio sufrimiento. Eran dos Almas sufridas intentado ser felices sin sanar su pasado. **Eran dos "niños heridos" en cuerpos de adultos jugando a la "familia feliz".**

Gaël siente que fue un acto de amor, el dejarlos ir, de alguna manera sabía que Javier la iba a contactar a su regreso a Francia, ese había sido el acuerdo, ese había sido su *"Acto de amor"*. Fue Gaël, quién llamó a la casona para contactar a Javier, logró localizarlo y sin que nunca Sophie lo supiera hablaron en secreto un par de veces y acordaron entre ellos la decisión que terminó con enviar de regreso a Francia a Sophie y Jérémie. Javier le dio su palabra que jamás, nunca confesaría ese acuerdo. Gaël, liberaba su culpa al liberar a Sophie de él. Sabía lo enamorados que ellos estaban y del amor que Javier podía darles a ambos y decide dar un paso atrás, para que ellos hagan una vida juntos.

Una noticia devastadora....

Sophie quiere ser nuevamente madre, Javier también desea tener un hijo con su amada. Llevan un poco más de un año en "campaña" y Sophie ha tenido tres abortos espontáneos. Su angustia y miedo por quedar embarazada hacen que esté emocionalmente inestable e irritable. Javier, sigue estudiando y trabajando muchas horas durante el día. Gana un sueldo mínimo, y los tres viven muy "justos" económicamente. Ya han pasado cuatro años, la rutina, las dificultades económicas, la presión de engendrar a un bebé, hacían del ambiente familiar un ambiente tenso.

Javier tenía un grupo de amigos de la Universidad, y Sophie no aceptaba de muy buena manera estas amistades porque no tenían nada en común y principalmente porque su inseguridad que había crecido mucho hasta ese momento, la hacían dudar de las "amigas mujeres" de Javier. El joven era muy sociable, amigos de todos y de todas, y él tenía mucho éxito con sus "amigas mujeres" quiénes disfrutaban de su compañía, y adoraban oírlo cuando cantaba con su guitarra.

Los tiempos en que se conocieron y participaban del "amor libre" habían quedado atrás. Sophie reconoció que aceptó esa forma de vida para estar con Gaël, pero que no volvería a hacerlo nunca más, al contrario de Javier, que no veía "engaño" en querer estar con otra mujer, porque él sentía que amaba a Sophie y no la dejaría por nadie. Un par de veces lo discutieron y Sophie se volvió loca de celos y se lo "prohibió" cuando Javier mencionó la posibilidad de volver a tiempos pasados …

Había una chica filipina que había llegado a la Universidad, y en un principio le atrajo mucho su belleza exótica, y poco a poco pasaban más tiempo en la U, estudiando y realizando trabajos juntos y comenzaron a tener una intensa relación de amigos.

Sophie queda nuevamente embarazada, vuelve a tener síntomas de pérdida por lo que debe estar en reposo absoluto varias semanas, reposo el cual que no puede realizar por completo porque debe levantarse para buscar a Jérémie por las tardes, cuidarlo, realizar algunas compras del hogar, pero todas las mañanas es Javier quién lleva al pequeño Jérémie al colegio.

La relación de pareja estaba desgastada por la presión económica, por el poco tiempo que podían estar juntos, por la rutina de discusiones y desavenencias, y la presión de un nuevo embarazo.

Sophie encontró una fotografía de la muchacha filipina y entró en histeria. No comprendía la razón del por qué ella le había regalado una fotografía si ambos se veían todos los días, y al reverso de la fotografía ella había escrito su nombre junto al dibujo de un *"corazón"*.

Jérémie sabía que su padre biológico vivía en Estados Unidos, algunas veces habían hablado por teléfono, pero hasta el momento la última vez que había visto a su padre fue a la edad de dos años cuando regresó a Francia con su madre. Por lo tanto, no recordaba lo que era estar físicamente cerca de él.

Era la tarde de un domingo de otoño, las calles de Paris estaban cubiertas por hojas secas amarillas, naranjas, y cafés en distintos tonos. Corría un fuerte viento que barría con las hojas del suelo moviéndolas todas en dirección al sur. Sophie cumple 3 meses de embarazo y justo ese día parecía por fin sentirse bien después de varias semanas.

Javier se había reunido con un grupo de compañeros para estudiar por un examen, había quedado de regresar para el almuerzo, pero se retrasó y no llegó. Esto puso de mal humor a Sophie quién entra en desilusiones y conecta con sus heridas de abandono y rechazo inmediatamente. La única relación estable y de amor que había en ese momento en casa era la que tenía Javier con el pequeño Jérémie, se podría decir que todos esos años Javier había sido mejor padre que pareja. No importa a la hora que llegara siempre tenía tiempo para jugar con el pequeño. Cada vez que discutían con Sophie, Javier se iba a buscar a Jérémie para salir al parque y caminar para despejar su cabeza. Era Javier quién era apoderado de curso del pequeño y quién estaba para llevarlo y recogerlo a casa de sus amiguitos.

Ese domingo por la tarde, Sophie comenzó a sentir fuertes dolores en su vientre. Se asustó mucho ya que estaba feliz por cumplir cuatro meses y pensaba que lo difícil era pasar los primeros tres meses de embarazo. Estaba sola con su hijo, no sabía dónde ubicar a Javier. Se retira a su habitación, y sentía fuertes puntadas en su vientre lo que comenzó a asustarla cada vez más. Jérémie, va en busca de una vecina a pedido de su madre porque siente la necesidad de ir al hospital. El teléfono comienza a sonar. Ella no puede levantarse a atender y Jérémie estaba en busca de ayuda. El teléfono no para de sonar y llaman y llaman sin parar.

Siente una fuerte puntada en el costado derecho de su estómago, el que no puede evitar doblarse de dolor, cuando en ese mismo instante siente ganas de ir al baño. Una vez en el baño el teléfono vuelve a sonar, y no para de sonar... Con angustia y tristeza ve que está perdiendo sangre.

El teléfono sigue sonando y ella comienza a llamar con todas sus fuerzas a Jérémie, a Marie su vecina cuando siente que Javier llega a casa y contesta la llamada telefónica.

Javier da un grito de espanto, simplemente un exclama un ¡NO!, y Sophie escucha que Javier comienza a hablar en inglés por lo que dedujo inmediatamente que la llamada era desde Estados Unidos y la única persona que vive ahí era Gaël.

Era Kelly al teléfono, era la compañera sentimental de Gaël, quién con mucha tristeza y desolación estaba comunicando el fallecimiento de Gaël producto de un accidente en moto que acababa de tener. Una joven de 20 años se pasó un "ceda el paso" y Gaël venía al parecer a alta velocidad, impacta fuertemente en la camioneta de la joven y sufre fracturas de cráneo, múltiples fracturas en todo su cuerpo, mucho desangramiento, y fallece a la hora de llegar a urgencias al hospital.

Esa misma tarde Sophie en un hospital de Paris, pierde este cuarto bebé quién era una niña. Todo en un mismo día.

Desde ese mismo domingo Sophie entra en una profunda tristeza y desolación.

Traición...

Sophie, pierde el interés de sus días, un gran desánimo la embarga, no puede parar de llorar, siente profundamente la muerte de su primer amor, se siente más abandonada que nunca, no logra salir de la tristeza y soledad. Entra en un estado de inercia, no puede expresar lo que siente, no logra comunicar con Javier, y se encierra en su hogar. El duelo se apodera de ella, se siente completamente ajena a la vida, a ella misma, a su hijo a Javier. Recuerda con mucha nostalgia su vida con Gaël en su juventud, del apoyo que ella sintió en ese momento, y se lamenta del día en que Gaël decide viajar a USA. Algo en ella le decía que no era buena idea, nunca se sintió a gusto cuando estuvo viviendo ahí y ella le pidió muchas veces de regresar a Francia, pero él siempre se negó a esa posibilidad.

Sophie no encontraba consuelo, su vida no tenía sentido, su vida en pareja no era lo que ella esperaba y si bien sentía que amaba a Javier no podía comprender por qué no podían comunicar. Su vida estaba detenida, en pausa, no podía encontrar las fuerzas para seguir viviendo así. Miraba a su hijo y la embargaba una gran tristeza, el niño era hermoso, tierno, y el pequeño necesitaba de ella, ahora más que nunca. Era solo eso su razón de vivir.

Sophie, soñaba con una familia grande, lloraba la pérdida de su pequeña niña, siempre supo que era niña y lo confirmó en día en que la perdió. La pérdida anterior también era una niña.

A momentos sentía que ese sueño era solamente de ella. Javier quería tener más hijos, pero para Sophie se había convertido en su deseo más profundo.

Javier, era joven, estaba a punto de cumplir los 30 años, pero era muy inmaduro con respecto a sus emociones. Si bien se había hecho cargo de Sophie y Jérémie, todo era nuevo para él, la joven demandaba mucha atención, parecía vivir en una eterna depresión, y ahora con la muerte de Gaël, estaba más desconectada de la realidad que antes. Javier no sabía cómo complacerla, pasaban momentos muy felices que luego eran opacados por los cambios de humor de Sophie. Javier ignoraba sus reproches, que más desquiciaban a la joven porque se sentía ignorada, pero a su vez Javier sentía que era inútil entrar en una discusión eterna.

Javier tenía una pequeña banda musical, compuesta por un bajista, un baterista y una cantante. Comenzó a trabajar de noche en un bar, y la música le devolvía el Alma. Además de sus estudios pasaba largas horas ensayando y preparando nuevos temas para su público. Él se sentía bien con su vida, hacía muchas cosas que amaba, tenía un grupo de amigos, trabajaba en su pasión, y le iba muy bien en sus estudios. Lo único que no lo tenía bien era su relación con Sophie.

Era un sábado por la tarde y Javier dice que necesita ensayar con la banda, Sophie nunca lo acompañaba, y esta vez no fue la excepción. Sophie se prepara para salir a un cumpleaños de un amiguito de su hijo. No encuentra las llaves para salir. Era normal que nunca las encontrara, pero ahora le urgía ya que el cumpleaños estaba a punto de comenzar y no quería llegar tarde. Comienza a dar vuelta los cojines del sofa, a buscar entre los cajones, y Jérémie también comienza a ayudarla. también comienza a ayudarla.

Jérémie, mi amor, anda a mi habitación y busca en mi bolso que está dentro del closet, quizás ahí dejé las llaves…

El pequeño busca dentro del bolso y nada, comienza a mover ropas, a sacar ropa del closet y su madre le dice que no busque ahí, que no hay razón de que puedan estar dentro de un cajón con ropa.

El niño comienza a buscar por todos lados, y va al closet de Javier, y comienza a mover ropas, calcetines, zapatos y libros, dentro del closet en una esquina Javier tenía muchos libros guardados, y no sabe por qué toma un libro grueso, lo abre y lo agita al suelo como esperando que dentro de las hojas cayeran las llaves, pero no son las llaves lo que cae sino una hoja doblada…

En ese mismo instante es cuando Sophie entra a la habitación con las llaves en mano cuando ve caer la hoja y sin pensarlo la toma y comienza a leer …

Caían lágrimas una tras otra de sus ojos, y un llanto desesperado la embarga y no puede parar de llorar. El llanto era tanto y tan desconsolado que su hijo la abraza fuertemente tratando de calmarla.

Era una carta escrita con puño y letra de Javier hacia Kimmy, la joven filipina. Era una carta larga, en la que le confesaba su amor, pero las frases más dolorosas que quedaron grabadas en la mente y corazón de Sophie eran éstas:

— Viviremos nuestro amor en silencio como la más pura historia de amor, por ahora debo quedarme con ellos, desgraciadamente Sophie está embarazada y no es el mejor momento para dejarla...

Su mundo termina de derrumbarse, siente que ha vivido con un monstruo, se siente engañada y odia que Javier se esté quedando por lástima con ella, le partió el corazón que él sintiera una desgracia su embarazo y sin pensarlo dos veces arma un bolso con ropas y deja el departamento para siempre.

Antes de irse, toma una hoja en blanco y le deja una nota:

Javier, te dejo libre para vivir tu historia de amor, como quieras, eres lo peor del mundo, mentiroso, infeliz, no me busques nunca más, esto termina aquí.

Deja la carta abierta sobre la cama, junto al lado de la carta que acababa de encontrar, toma a su hijo y con el corazón partido, decide irse sin esperarlo, siente que no hay nada más que hablar.

Un secreto y lealtades...

Javier estaba destrozado, no sabía dónde ir a buscarla, Sophie jamás fue al cumpleaños y nadie la había visto. Llamó de inmediato a su hermana y ella ya sabía lo sucedido y dijo no saber de su paradero, pero le transmitió el claro mensaje de Sophie, de *"no buscarla nunca más"*.

Era una realidad que tenía una aventura con Kimmy, pero Javier era un enamorado de la vida, le gustaba escribir poemas y canciones y esta carta era una carta que escribió en su locura máxima, en su soledad, en una ilusión de querer escapar de la realidad, carta que nunca llegó a entregar y que había escrito hace meses atrás. En ese mismo instante con todo lo que estaba viviendo se dio cuenta que su vida no tenía sentido y que no estaba enamorado de Kimmy como quería creerlo. Pues no sentía ganas de correr a sus brazos por consuelo y amor sino que deseaba profundamente estar en los brazos de Sophie una vez más, como muchas veces antes lo había estado. Sintió que la extrañaba como antes, que era un estúpido y un cobarde y no sabía cómo poder solucionar lo que estaba ocurriendo en ese momento.

Se culpaba terriblemente por lo que escribió, sobre todo con respecto al embarazo de Sophie, era algo que no podía perdonarse y sabía que ella no lo perdonaría jamás. Se sentó en el suelo y lloraba, se sentía perdido, no se conformaba con lo que estaba viviendo ni menos con la idea de no verlos nunca más. Se sentía desleal, había prometido a Gaël que cuidaría de ellos y no lo había hecho, pero había algo más que le dolía y atormentaba.

Cuando Gaël lo contactó y hablaron por teléfono años atrás le confesó también algo no lo dejaba en paz. Gaël era infértil, lo sabía desde hace mucho tiempo, es por eso que cuando Sophie quedó embarazada y estaba tan feliz de que el bebé sea de él, Gaël no se atrevió a confesarle la verdad, pero dio paso a que ese momento lo viviera con Javier, era a propósito, que él se ausentaba durante el embarazo de la joven porque encontraba que no era justo lo que estaba sucediendo. Intentó decirlo un par de veces y no se atrevió. Una mentira llevó a otra y cuando Sophie y Jérémie llegaron a Estados Unidos, él no pudo más y decidió confesarlo a Javier. Su vida estaba apagada y triste sin deseos de vivir en esos momentos, sabía que Sophie lo tomaría muy mal, porque sentía y sabía que ella no había querido dejar Francia y lo había hecho por él.

Se esconden muchos secretos, lealtades irracionales, miedos, angustias. Guardamos secretos para protegernos, para proteger a quién amamos, por inmadurez, por temor a ser juzgados y rechazados, y cuando Gaël muere, Javier no quiso matar la ilusión de Sophie y prefirió seguir guardando el secreto por un tiempo más. Ahora no solamente había perdido a un fiel amigo, había perdido a la mujer que ama y a su único hijo.

Mi único amor…

Pasan los años, la vida sigue y terminamos siempre acostumbrándonos a nuestros días, a nuestras rutinas, a vivir muchas veces una vida autómata. En un momento cuando todo parece derrumbarse, generamos la capacidad de sobrellevar la adversidad y somos resilientes, tenemos la fuerza de seguir viviendo, a pesar del sufrimiento, a pesar de nuestras historias personales difíciles y a pesar del dolor. Y esta historia de vida es una más de tantas...

Javier hizo intentos de acercarse a Sophie, intentó regresar con ella sin éxito, ella no lo perdonaba y quiso borrarlo de su vida. Fueron largos meses de súplicas, llantos y el daño era cada vez más grande entre ellos dos.

Finalmente, Javier deja Francia con rumbo a España, luego Turkía, Barcelona para regresar nuevamente a Chile. Durante todos esos 12 largos años, lloró en silencio a su amada Sophie y a su único hijo. Nunca se quiso comprometer y cada vez que estuvo pareja les advertía que no se iba a enamorar porque su corazón pertenecía a otra mujer. Siempre en sus relaciones habló de Sophie y de su **"único hijo perdido en el mundo"**. Lo sintió así porque Sophie también dejó Francia, estuvo viviendo en Italia, Suiza y luego le perdió el rastro.

A su regreso a Chile, comienza a trabajar en una empresa de importaciones de un conocido. Todo en su país lo sentía carente de pasión, ahora estaba absolutamente lejos de las dos personas que más amaba en este mundo, y cuando lo recordaba sentía un profundo agujero en su corazón. No sabía cómo contactarlos, la hermana de Sophie hacía años que ya no respondía a sus llamados telefónicos, por lo que era muy probable que el número de teléfono de ella ahora sea otro y no se resignaba a perderlos para siempre.

"Antes de morir debo encontrarlos."

Se lo repetía a sí mismo muchas veces, demasiadas veces...

Habían pasado largos 15 años desde la última vez que supo de Sophie y Jérémie, no pasaba un día en que no se culpara por haberlos perdido, por su inmadurez y por no haber sabido valorar lo que tenía. Hasta el momento aún se encontraba solo, las relaciones de pareja que tuvo nunca quiso comprometerse porque dentro de él pensaba que en cualquier momento podría volver a encontrar a su antiguo amor, y segundo porque sentía que no merecía el amor de nadie, se castigaba con su soledad.

Era el cumpleaños de su hermana, y es presentado a *"Sara"*. Una prima de la mejor amiga de su hermana. Sara era alta, casi tan alta como Sophie, tenía el cabello castaño oscuro muy largo, y expresivos ojos color miel. Sara estaba separada hace dos años, había sido madre muy joven y ahora tenía dos hijos adolescentes que vivían con su ex marido.

Sara, se sintió inmediatamente muy atraída por este hombre de 47 años soltero, guapo, con un acento en tono "extranjero", extremadamente extrovertido, y divertido. ☺ Ambos se acercaron y parecía que eran los únicos invitados a aquella celebración, porque no pararon de reírse, conversar y bailar alegremente. Entre una conversación y otra Sara le pregunta:

- ¿Cómo es posible que un hombre a tu edad, y cómo tú este aún solo y sin compromiso?

- Estoy quizás sólo, porque le soy fiel a "Mi único amor".

- ¿Y quién es la afortunada?

- No importa quién es, pero yo estoy aún enamorado de ella y buscando a mi único hijo perdido en el mundo …

Esa misma noche Sara se enteró prácticamente de gran parte de la vida de Javier. La historia la emocionó y su sinceridad hizo que ella se sintiera aún más atraída hacia él.

- Bella Sara, me encantas y quiero seguir viéndote, pero quiero que recuerdes "que yo ya tengo a mi único amor".

Rocío mi luz

Pasan dos años más, y Sara como toda mujer en un principio sentía celos de la tal "Sophie", pero como madre no podía sentir rabia por Jérémie. Es más, le apenaba mucho conocer la historia y veía como Javier se entristecía cada vez que lo recordaba o hablaba de él, y en el fondo de su corazón ella deseaba que ese encuentro se produjera alguna vez, "Antes de morir" como Javier decía.

La relación entre ambos nació en un buen momento, Javier ya estaba cansado de vivir en la soledad, le gustó y le acomodó volver a vivir en pareja y Sara era una mujer maravillosa. Era profesora de arte y hacía unas obras maravillosas de acuarela y acrílico.

Al año de estar juntos, ambos deciden tener un hijo, y es ahí cuando nace la bella Rocío. El nacimiento de la pequeña removió en lo más profundo el corazón de Javier. Nunca pensó que podía volver a amar con locura, y ahora más que antes estaba convencido de que debía encontrar a su hijo lo antes posible y contarle que él era su verdadero padre.

Se trastornó con el nacimiento de Rocío, fue su vida, fue su "*luz*" que volvió a iluminar con fuerza y esperanza sus días.

Una llamada muy especial…

Jérémie, vivía nuevamente en las afueras de Paris junto a su madre. Sus historias de vidas habían sido muy crudas y difíciles. Sophie fue internada dos veces por problemas de alcohol y hace tres años que estaba rehabilitada. Estuvo largos años conviviendo con un hombre alcohólico que la maltrataba y también maltrataba a Jérémie. Hacía solamente hace tres años que estaban viviendo más tranquilos. Jérémie, siempre tuvo excelentes calificaciones en el colegio por lo que estuvo becado en buenos colegios y ahora en la universidad para sus estudios de Derecho. Jérémie acababa de cumplir los 23 años y postuló a un MBA en Santiago de Chile por un intercambio de Universidad.

A pesar de todos los años que habían pasado, Javier siempre estuvo en los recuerdos de ambos. Jérémie tenía solamente 6 años cuando dejó de ver a Javier. Tenía increíblemente nítidos recuerdos de él, de salidas al parque, cenas, navidades, y muchos momentos de juegos, risas y abrazos. Ni él ni Sophie sabían del paradero de Javier, pero unas fuerzas extrañas hicieron que Jérémie, escogiera Chile como país de intercambio. Había nostalgia en su elección, Javier era chileno y quería sentirse cerca de su cultura, de lo que de alguna manera lo acercaba a Javier.

Faltaban dos semanas para que Jérémie viajara a Chile, con su madre estaban haciendo un "orden" de recuerdos, ropas, artículos en deshuso, eliminando todo aquello que ya no servía y haciendo una limpieza profunda para iniciar lo que sería un año de una nueva vida.

Había gran cantidad de libros, fotografías antiguas y ambos se quedaron observando con alegría y nostalgia recuerdos del pasado. Había fotografías de la "casona en Versalles" donde todos se veían como jóvenes ilusionados en una vida mejor de la que habían heredado de sus padres. Entre los recuerdos aparecen algunas fotografías de Gaël, y una maravillosa de Sophie muy embarazada, sentada al lado de Javier mientras él estaba sentado con su guitarra y Gaël al otro lado de ella. El momento capturado era único, transmitía amor, felicidad, complicidad, inocencia. Entre los recuerdos aparece una pequeña libreta amarilla que se plegaba como un *"acordeón"*, era una libreta de "teléfonos y direcciones" que antes era muy común y que todo el mundo llevaba consigo. La libreta pertenecía a Javier.

Sophie toma la libreta y se la guarda al bolsillo.

Terminan de ordenar, y Sophie va a la cocina a preparar un queque de chocolate negro con el fondo derretido en chocolate que era el preferido de Jérémie.

En la cocina toma el teléfono y realiza una llamada larga distancia a Chile. Nadie contesta al otro lado, vuelve a llamar. Encontró el teléfono de Juan Francisco García, que supuso que era padre de Javier, ya que Javier tenía solamente una hermana mayor. No sabe cóimo nunca había visto aquella libreta de teléfonos y direcciones, siendo que había pasado por muchos cambios de casa, y jamás la había visto.

Nadie contesta la llamada. Su corazón latía fuertemente, tenía la esperanza de contactar a Javier principalmente para avisarle que Jérémie viajaría a Chile por un año y que, a pesar de tantos años, ahora solamente quedan los buenos recuerdos y el gran amor que entre ellos una vez existió.

Sophie cree en las "causalidades", si antes no había visto aquella libreta amarilla, era simplemente porque no era el momento de encontrarla y si ahora la tenía en sus manos, estaba segura que era por una buena razón.

Al día siguiente muy temprano Sophie vuelve a llamar y esta vez contestan de inmediato…

Era la casa de los padres de Javier, quienes sabían de la existencia de Sophie, y Jérémie, ya que Javier tenía una foto de "los tres" colgada en una muralla de su casa, y la misma fotografía pequeña guardada en su billetera. Fotografía que cada vez que hablaba de ellos mostraba con gran nostalgia y desazón.

Sophie, en su mal español, se dio a entender, pero Juan Francisco facilitó el contacto y la comunicación con su perfecto francés. Para su impresión supo que Javier llevaba un par de años viviendo en Chile y ella da su número de teléfono para que Javier la contacte cuando quiera.

Así como son las "causalidades", todo sucede cuando debe suceder, ese día era el cumpleaños de Jérémie. Sophie termina de hablar por teléfono y la embarga una gran alegría, una sensación inexplicable de bienestar inundó su corazón. Después de tantos años, de amor, de rabias, odio, resentimientos que se convirtieron luego en recuerdos de nostalgia y cariño, vuelve a saber de Javier, que había sido sin duda, el hombre que más ella había amado.

No pasan ni 20 minutos cuando suena el teléfono en casa de Sophie, su corazón comienza a latir con gran rapidez, y una gran emoción recorrió todo su cuerpo, incluso antes de contestar sintió que esa era *"Una llamada muy especial"*.

No se equivocó, era Javier al otro lado de la línea que de tanta emoción no podía hablar. Se oía solamente su respiración y al otro lado del teléfono, la excitada y nerviosa respiración de Sophie. Ambos sentían la misma emoción, el mismo miedo, la misma felicidad. Luego de lograr hablar unos minutos entre llantos reprimidos y euforia del momento Sophie sin decir palabra, lleva el teléfono a la habitación de Jérémie y le dice:

- Feliz cumpleaños mi amor… alguien muy especial te quiere saludar en el día de hoy. ☺

El reencuentro…

Padre e hijo aún sin Jérémie, saberlo, hablaban como si fuese ayer la última vez. Quedaron que, en Chile, Jérémie viviría con él, Sara y Rocío.

Llega el gran día tan esperado por todos. Jérémie llega al aeropuerto y como un niño chico, corrió a los brazos de Javier, y los dos, (mucho más Javier) lloraban como dos bebés recién nacidos. La escena en el aeropuerto era de película. Nadie podía imaginar a que se debía tanta emoción, pero todos los presentes se emocionaron con tan pasional, efusivo y cariñoso saludo.

Sara dejó sus celos a un lado, antes de Jérémie llegar a Chile, ella prohibió a Javier de preguntar por Sophie o hablar de ella, pero una vez que vio a Jérémie, se sintió ridícula y dejó en nada tan absurda petición. Es más, fue ella quien preguntó por la madre de Jérémie.

El sueño se cumple…

Ya habían pasado casi 8 años. Jérémie se convirtió en uno de los mejores abogados de su promoción. Tenía un excelente trabajo y gracias a eso ya había podido por fin comprarle una hermosa casa en el campo a su querida madre que era el sueño de toda su vida. De su viaje a Chile se trajo un "souvenir", como él divertidamente decía, y era una chilena estudiante de enfermería quién sería hoy su esposa y juntos habían formado una linda familia, felices padres de mellizos.

En la actualidad se encontraba viviendo en Los Ángeles California, con su esposa e hijos y se organizaba para pasar tiempo con su madre y su familia política en Chile y con Javier.

La vida parecía estar equilibrada para todos.

En el último viaje, Jérémie, notó muy distinto a Javier. No estaba con la alegría de siempre, y tuvo un raro presentimiento. Javier le confiesa que le diagnosticaron cáncer de piel tipo melanoma. Ya había comenzado un tratamiento de radioterapia, pero el cáncer poco a poco iba aumentando. Javier sabía que Jérémie viajaría Chile y esto era algo que prefirió contarle en persona. Ambos hombres se abrazaron fuertemente y Jérémie, buscó inmediatamente la forma de llevarlo a Francia a realizarse el mejor tratamiento contra el cáncer. Eligió Francia porque Javier había vivido largos años allá y tenía un permiso de residencia, que iban a buscar la forma de validar, así como un seguro de salud, y porque conocía perfectamente como activar todo tipo de ayudas sociales.

Para que esto ocurriera Javier debía mudarse lo antes posible a Francia con Sara y Rocío.

La situación económica que estaban viviendo en Chile era muy precaria y esto era una decisión que debían tomar con urgencia, la vida de Javier estaba en peligro y debían actuar con rapidez.

En ese mismo instante, Jérémie se contacta con su madre y le da todas las indicaciones de los trámites que debe realizar en Francia para activar las ayudas sociales, legales, para recibir a Javier en Francia con su familia.

Dos meses después Javier, Sara y Rocío, están viajando rumbo a Francia, por trabajo, justo en ese momento Jérémie no puede estar en presente, pero los recibe Sophie y la única opción fue llevarlos a su hogar, una bella casa a una hora de Paris para instalarlos para comenzar el proceso de sanación para Javier.

Igual como hace muchos años atrás, Sophie y Javier vuelven a vivir bajo un mismo techo. Esta vez en condiciones muy distintas a la primera vez.

La rivalidad de ambas mujeres los primeros días fue fuerte, principalmente por parte de Sara que no podía evitar sentir celos de Sophie, pero muy pronto se dio cuenta que todo eso era una gran estupidez. A medida que pasaban los días, ambas dejaron sus egos y dolores atrás y se enfocaron en entregar amor y cuidados a Javier y Roció la pequeña hija de apenas 11 años de edad, que poco comprendía la gravedad de lo que se estaba viviendo en su entorno.

Javier se negaba a pensar que iba a morir, dejando a su pequeña hija y justo ahora que su sueño se había cumplido. Había reencontrado al amor de su vida, estaba con una mujer a la cual amaba, y a su hijo, tal como varias veces lo pensó …

"Antes de morir debo encontrarlos"

Finalmente pensó, que todo era perfecto, lo que estaba viviendo tarde o temprano lo iba a tener que vivir y el escenario en el que estaba era el mejor de todos. Rodeado de las personas que más amaba en su vida.

Había algo que debía hacer antes de que se acabara su tiempo en la tierra. Debía confesarle a Sophie y Jérémie, que él era su padre biológico.

Tiempo de la verdad

Jérémie viaja a Francia y en ese mismo viaje Javier le cuenta toda la verdad. La cruda verdad de su identidad. Fue un momento muy impactante especialmente para Sophie, pero muy luego todos, reaccionaron ante la gravedad del presente que estaban viviendo y muy rápidamente como era la costumbre de Jérémie, inicia los trámites para el examen de ADN para reconocer a Javier como su padre biológico. Había muchas razones para hacerlo ahora, esto facilitaría los tratamientos del cáncer, y al mismo tiempo, facilitarían la estadía de Sara, pero principalmente de Rocío en Francia.

Era tiempo de la verdad, todos comenzaron a sincerar sus emociones, Javier tuvo tiempo de conversar con Sophie, de perdonarse en esta vida, y de estar en paz. Sara y Javier no estaban casados, Sara comenzó a preocuparse por la vida de su hija una vez que Javier no estuviera en esta vida, y ella no contaba con ningún tipo de ingresos monetarios, en Chile habían acumulado grandes deudas y no tenía dónde ir y Francia era la única opción de vida para ella y su hija. Sara dejó su orgullo de lado por amor a su hija y le propone a Javier la idea de casarse con Sophie para facilitar los trámites de estadía para su hija.

Antes de que Javier comenzará a decaer físicamente Sophie y Javier contraen matrimonio por el civil.

La Paz

La vida no se detiene, somos nosotros los que intentamos detenernos cuando las cosas no suceden como queremos, pero lo cierto es que todo está en constante movimiento. Nada se detiene excepto nuestras ganas de seguir el ritmo de la vida. Lo que debe ocurrir tarde o temprano sucederá.

A pesar de la adversidad, nuestra mente tiene la capacidad de "adaptación" en dónde sutilmente y casi sin darnos cuenta nos acostumbramos a aceptar ya vivir las dificultades que nos presenta la vida.

Es así, como Sophie y Sara pasaban sus días en preparaciones de alimentos altos en vitaminas, alcalinos, orgánicos, para proporcionar la mejor y nutritiva alimentación para Javier que ya había comenzado con la terapia de quimioterapia.

Los exámenes siguen, el cancer reaparece en pequeños lunares y manchas en la piel.

Jérémie, organiza su tiempo y trabajo para poder viajar una vez al mes a Francia. La salud de Javier empeora notablemente, ha perdido mucho peso, tejido muscular, y cabello, pero aún tenía fuerzas para tocar su guitarra y cantar. Sara hacía muchos videos de Javier con Rocío. Sabía que el tiempo era limitado y deseada tener para ella y su hija el máximo de recuerdos de su amado.

La hermosa casa de campo de Sophie era muy grande, tenían tres perros adorables y cariñosos, un gato, y un inmenso jardín con árboles frutales, muchos cerezos, duraznos, limones, manzanas. Tenía un pequeño río al final del campo en donde los animales vecinos se acercaban para sesear su sed.

Estos momentos fueron de mucho amor, nadie hablaba del cáncer ni el tiempo que le quedaba de vida. Javier y Sara estaban preparando a Rocío para el momento de su partida. Eran momentos también de mucha tristeza, a ratos desolación e impotencia.

La enfermedad de Javier avanzó muy rápido, el tratamiento con la quimioterapia lo estaba destruyendo en vida. Comenzó a tener fuertes dolores en todo su cuerpo y pidió no seguir con el tratamiento, pero si con medicamentos para controlar el dolor. Todos estaban muy tristes, pero aceptaron su decisión.

Tampoco quiso ir al hospital, quería estar en casa, rodeado de del amor de su familia.

Una tarde de Agosto en pleno verano francés, Javier debe ser internado de urgencia. Estaba perdiendo sus signos vitales y sus órganos internos ya no estaban funcionando. Los dolores que sentía eran insoportables y a causa de la morfina estaba casi imnconciente, pero aún con vida. Pasaron diez largos días en que la salud de Javier empeoró notablemente.

Lo acompañan Sophie, Sara, Jérémie, y la pequeña Rocío rodeándolo en la cama. "Cuando ya mi cuerpo esté perdiendo vida, les pido me dejen ir en paz, no deseo que me mantengan vivo".

Sara y Rocío tomaron cada una, una mano de Javier. A sus lados estaban Sophie y Jéremie, muy juntos todos, esperando el triste desenlace.

El dolor se sentía en toda la habitación, el ambiente estaba denso, demasiado triste para todos. Javier mira a su alrededor y fija su mirada en su hija quién se acerca a él y coloca su oído en la boca de su padre. Él intenta decir algo, susurrando, algo inusual por el estado en que se encontraba. La pequeña se acerca lo más que puede y luego retira su oreja de la boca de su padre y la pequeña dice llorando:

- El papá ya se fue… ya no está.

Javier da un suspiro, luego otro, y un último suspiro es expulsado por él, cuando la enfermera lo observa, observa a todos, y asienta con la cabeza en señal de "afirmación por su deceso".

Fallece un 13 de agosto el mismo día del cumpleaños de Jérémie.

Sara se recuesta sobre el cuerpo inerte de Javier, y repite en voz alta muchas veces *"ahora estás en paz, ahora ya estás en paz mi amor"*

Nada es al azar

Sophie toda la vida soñó con tener más hijos, perdió 4 bebés de Javier y ahora en su propia casa estaba viviendo con Sara y con la pequeña Rocío. Todas las mujeres de la casa, estaban viviendo juntas, algo que jamás nunca había pensado Sara con todos los celos que siempre le tuvo al *"Fantasma de Sophie"*.

Ahora era todo lo contrario, Sara estaba eternamente agradecida de ella y Jérémie, por toda la ayuda que recibió Javier y la ayuda que estaban recibiendo ahora en Francia.

Comenzaba la época escolar, y Jérémie se hizo cargo de los estudios de su hermana querida. Sophie se sentía absolutamente bendecida con su vida en esos momentos. Vivía en un lugar que siempre había soñado, tenía dos nietos maravillosos, pasó el último tiempo con Javier y pudieron sanar sus heridas y ahora como regalo tenía a la hija de Javier viviendo con ella.

Todo ocurrió mágicamente, como por una maravillosa sincronía en el tiempo exacto como debía de suceder.

Javier jamás se perdonó la forma en que ellos se separaron, de lo inmaduro que estuvo en su relación con Sophie, de los largos años que perdieron de vivir juntos, del poco apoyo que le dio especialmente con la última pérdida y aborto, y ahora por amor "estaba reparando". Se va de este mundo, pero antes se reúne con su hijo y su amada mujer, decide volver a amar los últimos años de su vida, tiene una hija que fue el sol de sus días y antes de morir la deja al cuidado de Sara y *Sophie* la mujer que siempre quiso tener una hija de él.

Fallece el mismo día del nacimiento de Jérémie, lo que para el análisis del TRANSGENERACIONAL, significa que es *"un gran acto de amor"*. Cuando un ser querido fallece en el día de tu cumpleaños, te quiere decir simplemente:

- Eres muy especial para mí, te amo profundamente.

DURMIENDO
CON EL ENEMIGO

A Terapia TRANSGENERACIONAL vienen las personas cuando ya se han "paseado" por muchas otras terapias holísticas y/o complementarias. Intentan terapias de vibración energética, reiki, péndulo, registros akáshicos, cuencos, terapias que sí armonizan sus chakras, energías, pero en donde hablas poco o casi nada. Se sana tu presente, lo actual, pero nuestros conflictos son **"heredados o generados en nuestra infancia"**, y luego de algunos días, el malestar, vuelve a aparecer y esta vez con más fuerza, porque la primera vez, viste el conflicto, lo trataste, pero no a fondo, no como debía ser visto y tratado conflictos que cargas por años.

Por lo general la persona que consulta, está en **"Incoherencia emocional"**, está sintiendo una cosa, expresando otra, pensando algo, diciendo lo contrario, odia, pero pretende que ama, no acepta, pero pretende que tolera, pretende que ha olvidado, pero el recuerdo atormenta...

La culpa, la indecisión, inseguridad, desamor, hacen que estemos confundidos con nuestra vida y nuestro entorno. Existen muchos juicios de nuestras familias, pero nuestra consciencia o voz interior es nuestra peor cárcel.

Nos enfermamos emocionalmente, tenemos intranquilidad y los síntomas físicos comienzan a aparecer cuando la voz de nuestra Alma nos dice dónde ir, que hacer, y mi mente no suelta el mando ...

Cuando las personas piden consejos, en el fondo quieren que les des autorización para ser "incoherentes", quieren tener paz mental delegando su responsabilidad de su propia vida y de tomar decisiones.

Cuando sabemos de corazón que estamos actuando de acuerdo a lo que nos dicta nuestra Alma, no necesitamos consultar con nadie, no necesitamos que nos aconsejen ya que sabemos perfectamente què hacer.

A Terapia llegan las personas **"imaginando la raíz de sus conflictos"**, porque nunca es verdad por lo que están consultando, (ellos creen que si) pero muy luego que yo escucho sus historias, hago mis preguntas, analizo sus enfermedades o los temas que quieren ver y sanar me doy cuenta que el verdadero conflicto está a punto de salir a la luz, y muchas veces por primera vez en la misma terapia…(la persona que consulta ha bloqueado momentos muy fuertes de su vida y es ahí en la Terapia TRANSGENERACIONAL donde todo comienza a salir para poder ser visto, sanado)

Acá comienza esta historia:

Roberta una mujer de 57 años de edad llega a terapia, la razón:

"Quisiera sanar mi desmotivación, sentimientos de rabia, abandono, culpas. Me siento infeliz".

Roberta es una mujer de contextura fina, delgada, por su aspecto físico, su forma de hablar, de sentarse y actitud se me hace muy fácil distinguir que su herida más fuerte es la del rechazo. Es como si muy interiormente de ella se siente con miedo a molestar, a enfadar a alguien. Es una herida muy profunda que se genera en el momento de la gestación.

(En mi segundo libro **"Sanarás Cuando Decidas Hacerlo"** hablo en detalle de las heridas emocionales y gracias a esto es muy fácil distinguir el origen de nuestros dolores y distinguir las heridas de quienes amamos).

Muchas veces en el momento que las personas me escriben para pedirme una hora yo puedo distinguir sus heridas, lo distingo por las palabras que usan, por la forma de escribir, y es más asertivo en el mismo día de la terapia. Es por eso que sé cómo tratarlos para no provocar más heridas en el momento ya que todos estamos vulnerables, siempre, cada día y en cada momento. Por cualquier cosa que nos pueda suceder es nuestro niño interior herido quien reacciona. Las personas con herida del rechazo temen ser rechazadas y de manera inconsciente como es tan grande su dolor viven su profecía más temida y son constantemente rechazados.

Roberta, me dice que lleva años buscando en terapias alternativas una sanación para su vida. Me comentó que ha asistido a varias sesiones de reiki que le han hecho muy bien, pero que su dolor interior es cada vez más grande.

Hablamos de su vida actual, se siente desmotivada, perdida, ha trabajado años como profesora de educación básica, pero es algo que hoy ya no la llena por completo y no sabe que puede hacer. Se siente infeliz…

- Roberta, si yo tuviera en mis manos una varita mágica, y pudiera hacer cumplir tus sueños, ¿Qué es lo que te gustaría que sucediera en tu vida para que seas "Feliz"?

- …Silencio, silencio y asombro…

- No sé qué decir, no lo puedo imaginar, creo que no sé lo que es ser feliz.

- ¿Pero ahora te sientes "infeliz" que es lo que tendría que suceder en tu vida para cambiar esa triste realidad?

- No me gusta mi vida, y creo que nunca me ha gustado nada, me he dado cuenta que muchas cosas las he hecho sin saber el por qué.

- ¿Cómo fue tu infancia? ¿Cómo fue la relación con tus padres?

- Creo que ese es un factor importante ¿o no?

- Absolutamente…

- Mis padres tuvieron una relación un poco distante, nunca durmieron en una misma habitación, mi padre viajaba mucho… él era estricto, pero nos educaba bien.

Quería que fuéramos buenos niños y que aprendiéramos mucho… quizás su forma de enseñarnos fue un poco brusca. Quizás no fue la mejor infancia de todas, pero no fue mala.

En mis terapias yo uso el Tarot Chino, trabaja directamente con nuestro inconsciente. Le pido a la persona de tomar el mazo de cartas, luego me gusta ver la relación de la persona que consulta con su círculo familiar cercano. Una cosa es lo que la persona cree de cada miembro de su familia y otra muy distinta que es lo que su inconsciente siente de cada uno de ellos. En pocas palabras con el tarot, realizo una "Constelación familiar". ☺

Cuando Roberta comienza a ubicar las cartas en la mesa, me di cuenta de inmediato que ella (su inconsciente) no se sentía parte de su familia, ella siente un fuerte rechazo y gran distancia de sus padres hacia ella y cuando lo conversamos ella no lo pudo negar. Su familia estaba constituida por sus padres y hermana menor.

- Roberta, quiero explicarte cómo tu infancia te está afectando en tu vida actual y cómo es la relación que tu resientes con cada miembro de tu familia.

Esto fue lo que yo canalicé en la primera parte de la Terapia:

- Para ti, tu padre es un padre violento, muy rígido, casi insensible. Te sientes muy distante de él, con tu madre guardas cierto rencor, sientes que ella no te ha protegido, pero no solo a ti, sino que a tu hermana tampoco.

Existe en ti el sentimiento de haber vivido muchas injusticias.

Con respecto a tu hermana, sientes un gran dolor. Te culpas por no haberla podido ayudar más… ella ha sufrido mucho, tú sientes incluso más que ella.

Roberta escucha atenta mis palabras y luego me dice:

- Mmmm, mi padre fue un hombre correcto, es excelente abuelo, quizás un poco frío, pero él nunca supo expresar sus emociones, mis hijos lo adoraban.

(vemos como rehúye a lo que yo le dije de su padre, lo justifica, es algo que muchos acostumbran a hacer)

- ¿A qué edad murió él?

- Falleció hace 5 años atrás, a la edad de 92 años.

- El padre que recuerda tu inconsciente, y del cual tú estás herida no es el padre de 92 años, es tu padre de tu infancia, aquel de 30, 35, 40 años...

La madre de la cual tu sientes que no te protegió no es tu madre de ahora, la anciana que ves a diario sino la mujer joven de 20, 25, 30 años ...

Es normal que en Terapia exista resistencia a mirar nuestro pasado con dolor. Nos cuenta mucho aceptar nuestras heridas de infancia, porque de alguna manera eso significa que papá y mamá tuvieron gran responsabilidad en ese momento de nuestras vidas. Pero si lo vemos Transgeneracionalmente, con mucho amor, transmitimos siempre heridas a nuestros hijos, y con nuestros padres sucedió lo mismo, y la historia se viene repitiendo desde muchas generaciones atrás.

"Las heridas emocionales tienden a propagarse a través de los lazos familiares...
Hasta que alguien consciente detiene el proceso".

Muy rápidamente Roberta hace conección con su inconsciente y comienza a aceptar lo que yo le estaba diciendo. En voz baja, con la mirada pegada al suelo, reconoce a un padre muy violento, a una madre sumisa, miedosa, que mientras el padre castigaba físicamente a las niñas, la madre quedaba silenciosa sin decir una sola palabra, sin pedir al marido que pare de golpear, y luego del castigo, se quedaba sin dar un consuelo, abrazo o caricias a las pequeñas hijas heridas, dolidas, dañadas. Por el contario, la madre fingía que nada había pasado y les prohibía llorar. Con ellas mostraba dureza, pero no así con su marido.

Ismael, era el padre de Roberta, siempre de infancia, hubo gritos y discusiones entre sus padres. Las niñas, Roberta e Isabel con miedo se quedaban en su cuarto mientras oían los gritos y discusiones de sus padres. Muy vagamente Roberta recuerda, que era por dinero, por las ausencias de Ismael, ya que acostumbraba salir hasta tarde los días se semana y fines de semana muchas veces se perdía...

Cuando llegaba tarde por la semana, llegaba pasado de copas, Ismael era alcohólico, algo que Roberta en la misma terapia le costó reconocer. En terapia Roberta decía que su padre "Acostumbraba a beber mucho".

En el mismo momento Roberta recordó algo que había olvidado completamente, no solo por dinero discutían sus padres o porque Ismael llegaba ebrio por las noches, sino que su madre era forzada a tener relaciones sexuales con él.

La familia vivía en un pequeño departamento, en donde las murallas transmitían nítidamente lo que ocurría en cada habitación. Con lágrimas en los ojos Roberta comenzó a hablar:

(Siempre en Terapia llega un momento en donde logro llevar al consultante al momento excato del conflicto, y se produce la canalización, la persona entra en la edad y momento del dolor para poder ser liberado, es realemnet increíble y maravilloso)

- "Estábamos las dos con mi hermana en nuestra habitación. Nos aterrábamos cuando mi padre llegaba ebrio por las noches, sabíamos que se venían discusiones, gritos, y mucho miedo… teníamos mucho miedo con Isabel. Mi padre llegaba a nuestra habitación y trataba de despertarnos y nos hacíamos las dormidas. Nos destapaba, y acercaba su rostro pasado en trago por nuestras caras, y respiraba agitado, nos besaba en la cara, cuello, y luego los pies… mi madre en ese momento entraba y lo sacaba de nuestra habitación …eso lo había olvidado… que terrible"

Recuerdo que sentíamos como él la golpeaba contra la muralla, y le decía abre las piernas, puta o voy a la habitación de las niñas…

Teníamos tanto miedo con mi hermana que ni siquiera nos atrevíamos a salir de nuestras camas, muchas veces nos hicimos pipi de miedo, temíamos mi padre regresara y se diera cuenta que estábamos despiertas. Cada una lloraba en silencio bajo las sábanas. Una noche, mi padre abre bruscamente la puerta y siente a mi hermanita llorar… y la levanta de golpe de la cama y le dice: Llora con ganas, llora con ganas y comenzó a golpearla con su cinturón, ella tenía solamente 5 años de edad… yo no me atreví a salir de la cama, y me tragué el llanto fingiendo estar dormida. Nunca me lo he perdonado.

Durante la terapia Roberta me comentó que recuerda las veces en que su padre maltrató y abusó de su madre y cuando él se marchaba de casa, y ella entraba a la habitación de su madre, y llorando le pedía de huir, de irse de ese lugar las tres solas lejos de ahí, y su madre me decía:

- No tenemos dónde ir, yo no sé hacer nada, no tengo trabajo, no tengo dinero… y así pasaron años y años en la misma historia.

LA HISTORIA TRANSGENERACIONAL DE ROBERTA

Su bisabuela materna Laura se casa con un hombre 25 años mayor que ella. Laura tenía 14 años cuando se casó porque estaba embarazada (gran secreto familiar). Tuvo 13 hijos, uno muere a los pocos días de nacer

¿Sabes lo que significa eso?

Te lo explicaré:

- Debemos trasladarnos a la historia tal como fue, Laura a los 14 años en el año 1918 se casa con un hombre 25 años mayor, viudo. Laura es una menor de edad, y tu estarás de acuerdo que una niña de 14 años en el año 1918, no es la misma niña de 14 años en el año 2019. Es decir, Laura era realmente una niña inocente, e ingenua.

Estos casos se repiten mucho y lo he visto demasiadas veces.

Laura fue abusada y violada por este hombre 25 años mayor. La familia protege su "honra" ya que de esta violación Laura queda embarazada. Y no solamente se cuidan del "que dirán" sino que la obligan a casarse con el abusador. Él la abusa tantas veces que de esos abusos nacen 13 hijos, uno muere al nacer, otro en la gestación (aborto) y quizás cuántos abortos más que no reconoce.

Quizás tu pensarás :

"En esa época las mujeres se casaban a esa edad"

Ok, estoy de acuerdo, pero no se casaban por gusto, creeme que no.

Las obligaban a casarse porque la mayoría quedaba embarzarza de estos hombres mayores, de primos o amigos de los padres, y era algo "efectivamente que courría mucho"

¿Tú puedes creer que una niña de 14 años, de esa época quiere casarse con el hombre que la abusa y que además es 25 años mayor? Imagina solamente las carencias económicas del momento, pañales de género, lavar todo a mano con agua fría y congelada, atender a tantos niños, estar embarazada la mitad de su vida y más encima estar dispuesta a ser abusada sexualmente ¿toda una vida? ¿Tú crees que fue su opción? claramente hay muchos abusos, abandonos, mal trato que se vienen heredando antes de Laura. (y en muchas familias en todo el mundo)

Nancy, hija de Laura, es obligada a casarse con un amigo de su hermano 14 años mayor. También queda embarazada a los 15 años, tienen 8 hijos. Una historia muy similar.

Luego está Roberta, hija de Nancy, nieta de Laura, que hoy está casada por segunda vez con Mario. Estuvo casada tres años con Igor. De esa unión nació Carolina. Con Mario tuvieron dos niñas más.

Roberta evita hablar de su primer matrimonio durante la Terapia. Solamente me dice que duró muy poco y que gracias a Dios se acabó. Insistí ya que me llama la atención que su primer marido Igor, es **"doble de su padre Ismael"** ambos llevan por nombre la misma letra inicial **I**.

(Lo explico en detalle en mi primer libro **"TUS ANCESTROS QUIEREN QUE SANES"** de cómo nos influye y nos afecta llevar el mismo nombre de un ancestro, y esto también cuenta si es la misma letra inicial, del primer o segundo nombre)

Además, ocurre algo importante, por lo general, cuando las hijas no han tenido buena relación con su padre, o sus padres han tenido pésima relación entre ellos, la tendencia es casarse "simbólicamente con padre" para así reparar la relación de pareja y traer a su vida al padre una vez más para poder **amarlo** y sentirse **"amada por papá"**.

Esta es la situación de la Ale. Se casó con el Beto quien nació el mismo día de mi papá. (1ro de Agosto).

Otra tendencia es a repetir el mismo patrón de conducta heredado y si Ismael era abusador y violento también lo será Igor.

¿Cuéntame cómo se conocieron con Igor?

- Me lo presentó una amiga. Igor, era su primo que estaba de vacaciones en el sur. Yo no había jamás pololeado con nadie. Mis padres nos tenían prohibido salir a fiestas o casas de amigos. Pero en este caso mis padres eran amigos de los padres de mi amiga.

Igor me gustó de inmediato, jamás había sentido algo así. En ese momento su cara cambió…

- ¿Qué es lo que recuerdas Roberta?

Fue una relación horrible…

- ¿Cómo quedaste embarazada, lo buscabas, querías huir de casa?

En ese momento yo jamás había estado con un hombre. Estábamos en la casa de mi amiga, estábamos solos, a mi él me gustaba mucho, pero yo estaba muy nerviosa, muy asustada. Igor comenzó a besarme, a tocarme y yo recuerdo que no quería… le pedí de parar, de llevarme a casa yo no quería estar ahí. Yo no quería estar ahí …

Roberta queda con la mirada fija en sl suelo, pálida, inmóvil.

- ¿Y te abusa?

Que increíble… no lo puedo creer… yo jamás… te lo juro, Jamás lo había visto así. ¡Tienes toda la razón!

Ahora lo recuerdo todo… (me lo dice en tono bajo y mirando al suelo) Roberta llorando y entre suspiros continúa con su historia…

- Mi madre estaba indignada, pasaron tres meses, y no me llegaba la menstruación. Pero al mes mi madre me preguntaba si yo estaba embarazada, y yo le decía que no, y te juro que en mi mente yo no lo estaba. Ni siquiera sabía como podía quedar embarazada una mujer…, Pero mi madre insistía y me decía que si era así debía casarme…

- Ahora lo recuerdo todo, estábamos en el sillón, y él me besaba y tocaba, y yo cerraba mis ojos, estaba desesperada me quería ir, salir, huir de ahí. Y claro, yo sentí un dolor, un fuerte dolor, en la pelvis, en mi vagina, pero no imaginaba que estaba pasando **y quedé embarazada sin saberlo** ... → Mi abuela Vinia.

Hasta ese momento, era por primera vez en su vida que Roberta tomaba consciencia que ella había sido abusada por Igor, la violó y de esa unión nace una niña, y la obligan a casarse con el **abusador**, para evitar comentarios y acallar el drama.

Roberta fue obligada a casarse con Igor. Claramente se repetía una historia fuerte de abuso de su clan. Su matrimonio con él, fue del "terror" como ella misma lo describió. No solamente él la obligaba a tener relaciones sexuales, sino también la maltrataba verbal y físicamente, tanto así, que un día su padre llega a visitarla y es espectador de una escena violenta en dónde termina sacando a su hija y nieta del hogar. Sin embargo, alcanzó a vivir así tres años.

Lo triste e increíble es que Roberta muchas veces le habló a su madre de lo que estaba viviendo y ella hacía oídos sordos, le decía es tu marido. Su madre no quería oír, no quería saber, ella llevaba una larga vida de mal trato y abusos y eso no parecía inquietarle.

NO QUIERO QUE MIS NIETAS REPITAN LA MISMA HISTORIA

Roberta en Terapia me comenta que tiene miedo... teme que todo lo que se ha venido repitiendo en programas y patrones se herede también a sus nietas.

Sentí que había algo más ...durante toda la sesión Roberta hablaba con voz suave y pausada, como asimilando también todo lo que íbamos sacando a la luz, casi con miedo de seguir avanzando para no descubrir algo más.

Cuando utilicé el Tarot, vi que sus hijas estaban distanciadas, en especial una de ellas, la menor. Efectivamente había algo más, un **"Secreto"**.

De su segundo matrimonio nacen dos hijas más, Ángela y Ximena hijas de Mario y Carolina hija de Igor.

El secreto

Roberta un poco angustiada me pregunta:

- ¿Qué puedo hacer yo para que mis nietas no vivan el mismo destino?

- El tomar consciencia de lo ocurrido, liberar el dolor, asumir el daño y trabajarlo.

Roberta: ¿Piensas que debo decirle a Carolina la verdad? ¿De cómo ella fue gestada?

Yo: En un momento sí, asimílalo tú primero, luego lo liberas, eso ayudará a comprender sin duda muchas situaciones y conflictos emocionales que ella ha sufrido.

Roberta: Pero hay algo más, pero ya está solucionado. Quisiera saber tu opinión.

(Llevo años trabajando en Terapia y sé que lo que Roberta dice ; y sé que no está "solucionado" de lo contrario no lo hubiera mencionado y menos pedido mi opinión)

En nuestra familia hay y un "SECRETO", muy íntimo y hemos trabajado en familia para superarlo. Lamentablemente se supo… por eso no sé qué hacer.

Mi hija mayor Carolina, estuvo años en terapia psicológica, con psiquiatra, tuvo dos intentos de suicidio, y siempre tuvo crisis de pánico y de pequeña epilepsia. Todo eso está tratado. Ella es ahora psicóloga infantil y cuando estaba terminando la carrera decidió liberar un secreto.

Me confesó que Mario, había abusado de ella, que jamás la violó, pero si hubo abuso. (Mario era su actual marido)

- ¿Qué tipo de abuso? ¿A qué edad comenzó?

- Ella mi hija ahora nos adora… siempre de pequeña fue difícil, pero ahora cambió. Ella me contó a mi primero, y luego nos juntamos los tres con Mario. Carolina reconoció que Mario, la observaba cuando entraba al baño a ducharse, él entraba y la veía desnuda de pequeña, también la bañaba… yo dejaba que lo hiciera…, Mario acariciaba de manera indecorosa a mi hija,, te juro que jamás lo hubiera imaginado, Carolina me lo confesó solamente hace un par de años atrás.

También algunas veces entró a su habitación de noche y se bajaba los pantalones y se dejaba ver con su pene erecto. Y bueno varias cosas así, pero no la violó. Hubo caricias, y algunas cosas que Carolina dijo que le disgustaban.

¿Cómo se solucionó todo eso?

Nosotros pertenecemos a la Iglesia. Mi marido se derrumbó, no lo pudo negar. Él está muy arrepentido. Fue muy duro todo esto, lo sabíamos solamente los tres. Luego en la Iglesia encontramos todo el apoyo. Trabajamos en la familia y el perdón. Pero yo tengo un problema, me siento tan mal a veces, sé que él no quiso hacerlo y que está arrepentido. Pero no sé porque a veces siento que lo detesto tanto, que lo quiero lejos de mi, me desetabiliza cuando lo pienso, y me vienen sentimientos de rabia, angustia y hasta como odio … perdón que lo diga, pero es así. Luego me acuerdo que no somos perfectos, que debemos perdonar …

Desde que supe la historia algo cambió, muchas veces no lo quiero cerca, me angustia que entre al baño cuando me ducho, sobre todo cuando me busca por sexo, no quiero que me toque, y hago esfuerzos para pretender que no ha sucedido nada.

- Admiro tu capacidad de pretender que nada ha sucedido…

En la Biblia Jesús dice: **"Dar la otra *mejilla*"**….

- Yo entiendo por esa frase algo distinto, no devolver el mal con el mal, pero en esta situación…

¿Sientes que estás actuando bien?

Porque si lo vemos TRANSGENERACIONALMENTE, tanto tu, tu abuela, y tu madre fueron obligadas a casarse con su abusador, todas quedaron por siempre "mal casadas" aguantando todo tipo de abusos y malos tratos.

A ti te sucede exactamente lo mismo con tu primer matrimonio, sin embargo, te separas, pudiste haber muerto con tanto mal trato… te liberas un momento y caes en otra relación de abuso.

Tu marido actual abusa de tu hija mayor, sabes que eso está mal y bajo la frase "Dar la otra *mejilla*" sientes que debes quedarte ahí, a su lado con el abusador en vez de salir de ahí, de separarte o irte a vivir lejos con tus hijas.

Roberta: Es por eso que me siento bloqueada e infeliz, no sé qué hacer, no sé qué es lo correcto de hacer…

- Dos de mis hijas, dejaron de venir a casa, una tiene una hija, y Carolina tiene dos niñitas, por lo general buscan excusas para no venir a visitarnos, yo me doy cuenta que es por esa razón, de alguna manera son leales entre ella, y puede ser que quizás, desonfíen de mi marido. Pero la menor, Ximena, nos bloqueó de su vida, no podemos llamarla por teléfono, y nos prohibió de ver a su hijita.

Yo sufro tanto, mi corazón está partido.

Tu corazón Roberta, ¿que te dice tu corazón?

Que debo buscar a mis hijas, lo extraño es que Carolina si viene a casa alguna vez. No mucho, pero viene, y nos trae a las niñitas por algunas horas. Tampoco las deja solas con nosotros, pero no está tan enojada como sus hermanas. Incluso Carolina me dice que no me separe, que mis hermanas ya cambiarán de opinión, pero que me quede con Mario.

Ellas sin embargo se ven y se juntan siempre, pero a nosotros nos alejaron y siento que es tan injusto porque yo no he hecho nada.

¿Te parece poco no defenderlas?

¿Tu sabes si Mario abusó también de tus otras hijas?

Ángela, dice que no, y no quiere que le pregunte nunca más nada, Ximena, supo lo de su hermana porque nos escuchó hablar y Carolina les contó a sus hermanas. Le pregunté a mis hijas y Ximena, me dijo que tiene vagos recuerdos de ver entrar a su padre a su habitación de noche, igual como lo recuerda Carolina. Ximena dice que no le perdona lo que hizo con su hermana y que jamás lo va a perdonar, incluso se indignó con nuestra Iglesia y se retiró. Se alejó de todo y de todos, menos de sus hermanas y sobrinas.

- Roberta hay más secretos, por lo que me cuentas sin duda hay más abusos y no solamente con Carolina.

- Puede ser, también lo pienso a veces. Siento que Ximena está tan dañada, pero no solamente por la historia de Carolina, pero ella se niega a hablarme, no nos quiere ver.

¿Cómo hacer para que mis nietas no vivan la misma historia?

- Roberta, ya hemos descubierto patrones y algunos programas que se han venido heredando en tu familia; secretos, abusos, malos tratos, injusticias, seguro hay mucho más por ver y por sanar, pero en este caso puntual ya vemos fuertes heridas emocionales, traumas y dolores.

Has tomado consciencia por ejemplo solo hoy, que tú fuiste violada por este joven que era mayor que tú. También lo fue tu madre y abuela. **Tus tres hijas han sido abusadas y tu duermes con el enemigo …**

Claramente prefieres quedarte en silencio, en incoherencia sintiéndote culpable e infeliz, pero no dejas al hombre y prefieres ver como tus hijas se alejan y se van de tu lado. Buscas como excusas la **Iglesia,** porque no te atreves a tomar una decisión e irte, así como tampoco lo hizo tu madre, ni tu abuela, porque no sabían donde ir ni que hacer.

Tu a cambio, tienes una profesión, trabajas, has realizado muchas terapias tienes más consciencia, más recursos, quieres sanar, sentirte bien, feliz y en armonía, y sé que sabes lo que debes hacer, pero no te atreves. Estás eligiendo proteger al abusador, pero no a tus hijas y tampoco a tus nietas.

No sirve que te diga lo que yo haría en tu lugar, porque yo no soy tú. Pero créeme que no me hubiese costado tanto tomar una decisión que me dejara más tranquila.

- Los conflictos no resueltos en una familia tienen a repetirse. ¿Sientes que este conflicto está resuelto?

Se repiten hasta que alguien de la familia, se haga consciente, detenga el sufrimiento, libere el dolor, haga justicia, y entregue nueva información al clan.

Roberta me escucha en silencio, también llora en silencio, me dice que quiere cambiar su vida, que quiere a sus hijas de regreso y que no quiere que sus nietas vivan lo mismo.

Me dijo que jamás va a denunciar a Mario, que él está arrepentido ante Dios y que eso basta.

Pero ella lo detesta, no lo soporta, tiene fuertes emociones encontradas hacia él.

Reconoció que su madre hoy tiene 89 años, y que siente rabia con ella. Que se culpa por eso, pero no lo puede evitar. Las personas sufren mucho, Roberta está enojada y molesta con su madre, la joven mujer que aguantó abusos y malos tratos de Ismael, la mujer que no defendió a sus hijas de los golpes de su marido, y yo le hice ver, que ella tampoco estaba defendiendo a sus hijas de su marido, la historia se vuelvía a repetir.

Carolina, no quiere que su madre se separe de Mario, ella le dice que deben estar juntos, y que Mario está arrepentido, **pero yo sentí una sutil e inconsciente venganza en esas palabras…**

Las tres hermanas se ven, se juntan, la madre es excluida porque está con su padre. Las hermanas sienten que su madre jamás las protegió. Ahora ellas están grandes y salen de la casa del **"terror"**, y dejan a su madre atrapada con el **"enemigo"**. De alguna manera su madre vive mal, muy mal, se siente infeliz, debe lidiar con sus creencias, su sentir, su rabia, amor y odio con Mario, quién pretende que nada ha ocurrido, la busca como pareja, quiere tener relaciones sexuales y Roberta lo sufre, lo detesta y siguen en círculo vicioso tóxico.

ALMA EN PENA

Esta frase se dice en distintos idiomas, es porque sin duda hace sentido. Nuestra Alma siente, lo sabe absolutamente todo, tiene mejor memoria emocional de lo que te puedas imaginar.

Muchas veces cuando oímos alguna historia, descubrimos algún secreto, algo nos impacta o nos emociona esa información inmediatamente traspasa a nuestro corazón y Alma, me atrevo a decir que ambos están ubicados muy cerquita uno del otro, dentro de cada ser humano, es por eso la conexión inmediata.

Hemos oído a personas, que cuando reciben alguna noticia tienden a decir:

- Es así, porque mi corazón lo dice.

- Es así, porque mi Alma lo siente.

- Es así, porque tengo una fuerte corazonada.

La historia que veremos a continuación trata de "sentir" trata de "fe" de un sentimiento que no se discute, porque se sabe a ciencia cierta que es así.

Recuerdo que hace tres años, llegó una niña a visitarme para que hiciera un análisis de su historia personal. Los temas que quería ver estaban relacionados a pena profunda, y desmotivación. Ella había asistido gran parte de su vida a psicólogos para tratar depresiones, melancolías, pero siempre caía en los mismos vacíos emocionales.

Recibí su información para trabajar, y en su árbol genealógico, descubrí muchas cosas interesantes. Yo solicito la información previa a la Terapia, así cuando llega el consultante ya tengo la base de su historia personal y familiar para comenzar a trabajar.

Había algo curioso que descubrí y quise verificarlo con ella.

Llega el día de la terapia, ella se sienta frente a mí, muda. Con la mirada baja entre sus piernas, hombros caídos sin decir palabra.

Amo mi trabajo, con la experiencia que he adquirido gracias a atender a muchas personas cada vez que veo a alguien "veo más allá", no veo a un adulto de 45, 50 o 60 años, *siempre en terapia, el que sana es el niño interior.*

Frente a mí, había una niña desesperanzada, cargada de culpa, lo irradiaba a kilómetros, lo reflejaba todo su cuerpo caído, sus hombros, su rostro, y su contextura en extremo delgada transmitía un mensaje inconsciente de "querer desaparecer".

Era profesora de danza y ballet. Una información extra que apoyaba mi confirmación de dónde encontrar el origen de la pena profunda y su desmotivación.

Dejé pasar breves minutos y luego le digo en voz clara y segura:

- No te sientas culpable por querer suicidarte.

Y no le dije morir, porque muchos hemos dicho esa frase cuando estamos frustrados o algo nos sale mal, y no le damos el sentido de lo que realmente significa pero, decir SUICIDARTE, es fuerte. Yo canalicé y eso fue exactamente lo que esta joven y bella mujer me transmitía, aseguro que había una idea clara o vaga de querer atentar contra su propia vida.

En el mismo momento que terminé de pronunciar la frase, María Bernardita explotó en llanto. Lloraba a mares, como si dentro de ella hubiese un océano de lágrimas reprimidas.

- ¿Pero como lo sabes?

- Lo sentí.

- Es verdad, y es algo que no le he dicho nunca a nadie, pero lo he pensado siempre y este último tiempo mucho más.

Me contó que llevaba una relación de pareja de años, que tenían todo listo para casarse y reconoce que en el último tiempo "ella buscaba pelea y conflicto" y que finalmente el matrimonio no va, y la relación tampoco. Él se llamaba Rodolfo, habían sido novios desde el colegio, se conocen desde niños, y su matrimonio se esperaba desde siempre.

En Terapia, vimos inmediatamente el tema de *"no querer vivir"*, tampoco tenía una razón del por qué ni varias razones, solamente no se sentía merecedora de la vida. No tiene recuerdos de haberse sentido jamás completamente feliz, siempre, aunque tuviera momentos alegres y agradables, justo cuando ella reía con ganas, sentía inmediatamente que *"no tenía el derecho de hacerlo"*.

Hice varias preguntas y todo fue evidente. María Bernardita sufría de un "duelo no resuelto" a causa de un "Gemelo Evanescente" como lo llamamos en el TRANSGENERACIONAL o "Gemelo perdido" como lo llaman en otras terapias.

En un momento la miro fijamente a los ojos y le digo:

- ¿Qué dirías, si yo te dijera que tuviste un hermano gemelo y que murió durante tu gestación?

- Llanto nuevamente… ahora sí que estaba desecha en lágrimas, me dijo entre sollozos:

- Éramos 2 gemelas a los 6 meses ella muere y yo tuve que nacer en ese momento y estuve largas semanas en incubadora.

(Este dato yo no lo sabía, lo acababa de descubrir.)

Su soledad, su tristeza, su nostalgia estaban directamente relacionados al no nacimiento de su gemela. Acá hay un *duelo* no resuelto, un drama y dolor que no han sido contenidos, no han sido liberados. No es lo mismo "saber" que tu gemela falleció, que tomar el tiempo para cerrar este duelo a consciencia, a sentir esta pérdida, a permitirte el sufrimiento y tristeza que esto significa, no es lo mismo, sentir a la "persona que nos ha dejado", comunicarnos con ella, agradecer su existencia por el mínimo tiempo que éste haya sido, luego pedir por su luz, por su evolución y aceptar e integrar su muerte física en nuestra vida.

Cerrar un duelo es de vital importancia para poder encontrar la paz emocional en estos casos, porque han sido años de vivir una ausencia que no tiene explicación, son años de sentir que parte de ti ya no está, y cuando lo hacemos conscientes, nuestra Alma comienza a encontrar la paz, porque ya no queda pendiente el duelo, hemos cerrado el ciclo.

Necesitamos para nuestra existencia cerrar círculos, dar términos, nuestra mente necesita comprender que cuando algo ha terminado debemos cerrar ese ciclo, de lo contrario lo vivimos como angustia, como queda "algo pendiente por hacer" existe una "incoherencia" entre lo que mi mente piensa y mi Alma siente.

Existen muchos casos de "gemelos evanescentes", si esto no te da lo mismo y al contrario te emociona, es porque en tu gestación, tu gemelo no se desarrolló y no llegó a nacer. ☹

Este tipo de casos es muy común, hasta ahora no se le ha dado la importancia real de lo que esto significa ni de las consecuencias emocionales que esto conlleva.

*El destacado **Dr. Salomón Sellam**, (Doctorado en medicina y especialidad en Medicina Psicosomática Clínica Humanista) ha hecho importantes descubrimientos para el estudio del TRANSGENERACIONAL, él denominó a este caso el **"Síndrome del Gemelo evanescente"**.*

A María Bernardita de un momento a otro todo le hizo sentido. Sus cumpleaños siempre fueron un poco tristes lo reconoce, no solamente ella cargaba el dolor de la pérdida de su gemela, sino también sus padres, pero la persona más afectada es el "gemelo" que queda con vida. El gemelo que logra nacer, siente en todo su ser "que algo le falta" se siente incompleto, se siente siempre "medio vacío".

Eso me pasaba a mí con la CULPA y las CRÍTICAS a los demás. ←

Siente fuertemente que es "injusto" que ella haya sobrevivido y su hermana no. Vive como una gran injusticia que él o ella, estén disfrutando de una buena vida, una buena relación de pareja, y su hermano (a) no, entonces su vida la vivirá con culpa.

Todos por igual hemos heredado las creencias de nuestros ancestros. Mis abuelos pueden ser católicos y yo no, pero la verdad es que, si ellos son católicos,y tienen fuertes creencias religiosas, yo heredaré algún "programa de esa religión" también puede estar relacionado a valores, forma de vivir y ver a vida, mi juicio hacía mí y hacia los otros, y actuaré y haré finalmente lo que mi lealtad a mis ancestros me lleve a hacer.

Si mis ancestros no han sido felices yo me sentiré "desleal" de serlo, si ellos no han tenido dinero, me sucederá lo mismo y así con muchas cosas de la vida y del diario vivir.

Por lo general todas las religiones de una manera sutil y no tan sutil nos hablan de que somos o estamos en el pecado, y para todo el mundo, cuando "alguien" actúa mal de acuerdo a nuestras creencias (lo enjuiciamos) sentimos que merece un "castigo" y muchas veces somos nosotros mismos quiénes más fuerte nos castigamos. Somos más hirientes con nosotros mismos, y más críticos que cualquiera del exterior pueda serlo.

- Nos castigamos cuando nos olvidamos de nosotros en esta vida *→ Mi mamá con ella misma.*

- Nos castigamos, cuando no nos sentimos merecedores de la vida

- Nos castigamos, cuando maltratamos a nuestro cuerpo con comidas chatarra y excesos.

- Nos castigamos, cuando saboteamos nuestra vida familiar, personal, laboral.

- Nos castigamos, cuando estamos en una relación de pareja de mal trato y humillaciones.

- Nos castigamos, cuando permanecemos en trabajos donde somos explotados y no ganamos dinero.

- Nos castigamos, cuando permitimos vivir situaciones humillantes

- Nos castigamos, cuando permanecemos en una relación de pareja en donde no nos sentimos amados.

- Nos castigamos, cuando sentimos que hemos sido injustos …

María Bernardita en terapia me dijo:

- Encontré la paz ….

Encontró alivio, efectivamente todo su pesar y sufrimiento tenía más sentido de lo que ella se pudiera imaginar. Me confesó que jamás había hablado con sus padres del fallecimiento de su gemela. Y que esto había sido siempre un tema que había quedado "bloqueado en el pasado".

Le recomendé de escribir una Carta a tu hermana gemela que al final de este capítulo te regalo para que la escribas si es tu caso o lsientes que debes recomendar de realizar este acto de sanación a algún conocido.

La joven recuperó su vida, no necesito de más terapias ni visitas a psicólogos. Lo comprendió absolutamente todo en una sola vez. ☺

Si bien, en este caso ella siempre supo que perdió a su gemela antes de nacer, nunca más se habló del tema. Ella lo supo a los 8 años. Su madre le confesó que fue muy doloroso para ella especialmente, y no quiso contarle antes para evitar tristezas y prefirió esperar algunos años para que ella lo pudiera comprender. Hasta ese momento María Bernardita, siempre se había sentido especialmente sola, que algo le faltaba, se sentía incompleta, y desde ese momento comenzó a comprender muchas situaciones de su vida, pero a medida que pasaba el tiempo iba arrastrando dolores, tristezas, culpas y el duelo por cerrar.

Los padres muchas veces, con mucho amor y con todo el cuidado del mundo transmitimos heridas a nuestros hijos, pensamos que, si evitamos algún acontecimiento doloroso, va a evitar el sufrimiento, pero **"Nuestro inconsciente lo sabe todo"**, es inútil callar o guardarnos algo, sobre todo cuando es impactante y nos ha causado mucho sufrimiento.

Una vez que María Bernardita, lo supo, no se habló jamás del tema, fue un par de veces al cementerio por primera vez y su sensación era vacía, no sabía cómo afrontar la pérdida de esta hermana. Nadie en su entorno podía imaginar lo que ella sentía y yo se lo describí y ella sintió que por fin estaba siendo contenida.

GEMELO EVANESCENTE

Te explicaré en detalle y de manera sencilla lo que esto que es tan importante significa:

- Sólo imaginar que eliges entre muchas Almas, a una en especial, tan especial que al mismo tiempo que tú la eliges para un viaje largo, emocionante y evolutivo, esta Alma te elige a ti. No hay dudas, la conexión es simultánea, única, hay sincronía y ambas vibran con la misma intensidad. Dos Almas sienten que son solo una.

- Entonces muy unidas, inician un camino juntas. Pegada una a la otra, creciendo y evolucionando segundo a segundo ambas por igual, mezclando ideas, creencias heredadas, uniendo sus propósitos de vida, sintiéndose amadas, amados, protegidos, seguros, y de repente algo trágico sucede…

Dentro del útero:

– *¿Qué pasa?*

– *No lo sé… algo extraño sucede…*

– *Siento un desgarro… ven a mí, quédate pegada a mi…*

– *Eso trato, pero no lo logro, una fuerza extraña me lleva a otro lado*

– *No puedo atraerte más, inténtalo otra vez*

– *…silencio… silencio…*

– *No puede ser, ¿qué está pasando? Ya no te siento a mi lado vibrar*

– *Por favor, aún te puedo sentir, pero te alejas, ¿me escuchas?*

– *¿Me escuchas Alma mía?*

– *…silencio profundo… silencio profundo… silencio profundo…*

El proyecto de vida juntas, todo lo que se planificó ya no es válido, ahora, con el mismo proyecto de vida, debes hacer todo sola (o). Fuertes emociones de abandono cargarán largos años de tu vida, así como el duelo no resuelto, la impotencia, la rabia, sentimientos de injusticia y la culpa. La culpa por haber sobrevivido y tu gemelo no.

Pocos saben que el comienzo de un embarazo es gemelar. Unos gemelos se desarrollan en el vientre materno y, en las primeras semanas, uno de los dos cesa su evolución por diversas razones.

Se le llama también gemelo perdido o desaparecido. Al final del embarazo nace un solo niño, y a él se le denomina gemelo superviviente.

En muchos casos sucede que el gemelo que sobrevive, buscará de manera inconsciente a su gemelo perdido"

En el libro que escribió **Alfred Austermann "El síndrome del gemelo perdido"** explica que podemos sentir profundos sentimientos de abandono, de nostalgia inexplicable, soledad, sensación de que algo me falta, culpa, gran dificultad para vivir las pérdidas o duelos, mirada, sonrisa triste aùn cuando podamos estar viviendo momentos de éxito, estos síntomas pueden ser consecuencia de esta pérdida.

Tenemos la aparición del *"Doble en vida"* que se refleja en diversos ámbitos de la persona; el gemelo siente la necesidad de comprar todo **doble,** si necesita zapatos sentirá la necesidad de comprar dos pares, dos vestidos, dos corbatas, de cualquier cosa que le guste mucho elegirá tener dos, así uno es para su gemelo perdido y otro para él.

De adulto puede llegar a tener dos, autos, dos casas dos perros, dos camisas y dos pantalones, dos carreras universitarias, dos trabajos. Incluso en algunos casos podría tener problemas para comprometerse emocionalmente, ya que la fusión con su pareja significaría que dejaría de lado a su "gemelo perdido".

Te compartiré algunas características de las personas que han perdido a su gemelo en gestación, puedes tener algunas o todas las anteriores, pero la certeza de que esto es así, sólo tú lo sabes, tu Alma *"No se equivoca jamás"*.

- Buscan a su "Alma gemela" es su sueño, saben que lo han perdido y no pierden las esperanzas.

- De pequeñitos duermen con un peluche, mantita muy apegados, o almohada muy abrazaditos, y no pueden dormir si no tienen estos elementos con ellos. Es su madre, por lo general quién acostumbra al bebé a dormir de esta manera, ya lo he dado a conocer varias veces, **"Nuestro inconsciente lo sabe todo…"** y la madre sabe de esta pérdida, aunque conscientemente nunca lo verbalice.

- Quieren ser únicos y especiales (tienden a ser muy celosos en sus relaciones de pareja, amigos y familia).

- Sufren de nostalgia y sentimientos de abandono constantemente, les angustia estar solos.

- Las MIGRAÑAS son una característica clave para ese tipo de casos. Se ha comprobado que la migraña y el sobrepeso se comienzan a perder una vez que se realiza el duelo y reconocimiento del "gemelo perdido".

- Cuando están en una relación de pareja llega un momento de insatisfacción, se sienten incompletos, le falta la otra mitad, nada de lo que reciben es lo que esperan recibir.

- Es común ver que en las parejas ambos nacen el mismo día, estudian lo mismo, ambos quieren viajar a los mismos lugares, tienen los mismos ideales, creencias, tienen los mismos amigos tienen muchas experiencias de vida iguales.

- También lo he visto en relaciones de pareja que llevan los mismos nombres, Claudia y Claudio, Andrea y Andrés, incluso puede ser Carlos y Carolina, si tienen la misma raíz o inicial del nombre es muy probable que sufra de este síndrome siempre y cuando tenga las características ya mencionadas.

- En algunos casos he visto que respetan mucho su espacio personal, les gusta estar solos (se sienten acompañados, en la soledad de alguna manera conectan con su gemelo perdido, incluso le hablan a su gemelo, mentalmente o en voz alta conversan de lo que les está sucediendo, de lo que piensan, pero esto es muy íntimo, es secreto, me lo han confirmado en terapia) sienten que, si tienen un mejor amigo, desplazarían a su gemelo y no quieren hacerlo. En este caso se da la "polaridad" lo que vemos mucho en el estudio del TRANSGENERACIONAL.

- No tienen gran interés en tener hijos, sienten que perderían la atención de su pareja y ellos quieren ser solamente "dos".

- En muchos casos las relaciones de pareja, comienzan cada vez más a perder el deseo y apetito sexual, y se complementen casi como "hermanos" y esto les acomoda a ambos, ya que el tener relaciones sexuales, sería un "incesto simbólico" y el inconsciente lo reconoce como gemelo y este deseo disminuye hasta desaparecer. (acá es cuando han reunido casi todas las características que he nombrado y se suman las fechas de nacimiento y la igualdad en sus nombres).

"La unión entre hermanos gemelos,
es más fuerte que entre un hijo y una madre"

"La descendencia y el árbol genealógico guardan la memoria incluso de
los que no han nacido, su existencia se manifiesta en los síntomas y los
destinos de los familiares"

SEPARADOS AL NACER

Esta en una historia real muy conocida y me pareció interesante por eso la quise compartir contigo. Gemelos al poco tiempo de nacer furon separados, (Luego de nacer fueron adoptados por distintas familias en distintos estados del país)

Estamos todos conectados, de eso no hay duda, y está comprobado que los hermanos mucho más y los gemelos más aún.

Ambos gemelos, fueron entregados a distintas familias y ellos nunca supieron de la existencia de su gemelo. Se dice que ni las familias sabían de este hecho...

Sus nombres son Jim Arthur Springer y Jim Edward Lewis. (ya ambos llevan increíblemente el mismo nombre, no supieron de la existencia de su gemelo hasta la edad de 39 años en el año 1979)

Existen entre ellos una cantidad de coincidencias que llamaron mucho la atención a los investigadores de estudios de gemelos.

Estas son algunas de las "coincidencias"

- Ambos habían llamado a su primera mascota, "Toy" y era un perro Golden.

- Ambos se habían casado por primera vez con una mujer llamada "Linda".

- Ambos luego de divorciarse se casan con una mujer llamada Betty.

- Ambos gemelos tienen un hijo varón como primogénito y lo llamaron "James Allan".

- Ambos tenían un auto de la misma marca y año y fumaban desde la misma edad la misma marca de cigarrillos.

- Ambos tenían habilidades para el dibujo, arte y la carpintería.

- Ambos trabajaban para la "policía", y vacacionaban en el mismo lugar en donde se conocieron "Florida".

_ Ambos medían exactaente 1,80 cm.

- Ambos se comían las uñas, y ambos sufrían de **"Migrañas"**.

Acá una foto de los "Gemelos Jim"

BUSCANDO A LA NIÑITA

Diego es un niño extrovertido, soñador, de un gran mundo interior, a pesar de ser muy extrovertido, siempre ha estado "solo", respeta y cuida su intimidad, siempre le dio curiosidad a su madre que todos los niños de pequeño tuvieran su mejor amigo, pero Diego no. De pequeñito llevaba a diario su osito verde de peluche al jardín, al que llamó "Tini". El Tini lo acompañó desde el primer día de su nacimiento hasta ahora que tiene 17 años, el Tini (sigue en su cama).

A los dos años y medio Diego estuvo muy enfermo, gravemente enfermo y hospitalizado largas semanas, el "Tini", estuvo entre jeringas, cables, radiografías y scanner. Todos los doctores permitían que estuviera junto a su osito de peluche porque lo "calmaba", le daba paz.

A medida que fue creciendo siempre tuvo excelentes calificaciones en el colegio, participaba de eventos musicales, deportivas como todos los adolescentes, sin embargo, al cumplir los 17 años comenzó se sentir una gran tristeza. Cuando lo comentó a su madre, le dijo que siempre la había sentido a "momentos" y que siempre había buscado como salir de ese estado emocional, pero ahora estaba perdido, su tristeza era muy profunda e inexplicable.

Su dolor interno era desolador, y la nostalgia eran cada vez más seguidas y profundas.

Lo vieron psicólogos, hizo terapia de Reiki, y la pena seguía ahí.

Un día amanece y corre hacia su madre a contarle un sueño que tuvo ¿la razón? Diego que estaba muy afectado y tan triste que necesitaba desahogarse.

En las profundidades me encontré

- Estoy nadando en un mar azulino profundo, estoy feliz, estoy bajo el agua, sin necesidad de respirar, nado y avanzo bajo el agua con mucha tranquilidad y armonía, recuerdo que el agua era tibia, y cuando miro a mi derecha veo a una hermosa joven, **"como de mi edad"** que nada a la par que yo. Y me siento tan contento de nadar junto a ella, sentí una felicidad increíble, que ahora me acuerdo y me da tanta pena que sólo haya sido un sueño… (y Diego se pone ambas manos en su pecho y sigue narrando la historia muy nostálgico)

En un momento, miro a través del mar hacia arriba y te veo a ti, mi madre y mis dos hermanitos que me invitaban a subir al exterior. Nos miramos fijamente con esta niña y yo miro a mis hermanos y madre y comienzo a subir, a subir y miro hacia atrás pensando que la joven estaba subiendo conmigo y veo que ella me da una última mirada, se gira y se va nadando de regreso por donde veníamos…

Y Diego abraza a su madre diciendo que el sueño **"era tan real"**

En ese mismo momento del abrazo, la madre queda inmóvil. Igual como una película en cámara rápida recordó los primeros momentos del embarazo de su hijo y no lo podía creer…

¿Cómo es posible que lo hubiese olvidado?

¿Cómo es posible que por 17 años no se haya acordado jamás de esto?

¿Cómo es posible que ella que trabaja en temas relacionado con emociones, TRANSGENERACIONAL, y que haya visto muchos consultantes con este mismo caso no se haya acordado?

¿Quizás lo soñó? ¿Sería eso verdad?

- Su madre luego de abrazarlo, fue inmediatamente a preguntar al padre de Diego, si se acordaba que en principio del embarazo eran dos embriones y no solamente uno.

Esto es moderno y una historia real, la madre envía un mensaje de WhatsApp al padre que estaba en otro país y largos minutos después el padre le responde:

- "Por supuesto que me acuerdo, eran dos."

- La madre comenzó a recordarlo todo mientras esperaba la respuesta del padre de su hijo, las primeras ecografías mostraban dos, y el doctor les dijo:

- "No se alegren mucho ni lo comenten con nadie aún, por lo general pasado algunas semanas uno de los embriones se pierde"… y fue lo que ocurrió, llegaron a una ecografía y el doctor vio solamente un embrión creciendo, y ambos padres mudos, jamás hablaron del tema, y la madre del dolor lo "bloqueó".

- Diego se define como escéptico, puede ser la adolescencia que busca tener su propia identidad, pero su madre temía de contarle esto, que la razón de su tristeza sea por esta pérdida y que, si hacía una carta de "Sanación" y reconocía este duelo no hecho, sus dolores y nostalgias iban a desaparecer.

- Cuando Diego escuchó a su madre le dijo:

- Mmm no sé por qué, pero te creo, te creo y todo me hace sentido. Claramente el sueño fue la última señal para expresar lo que su Alma guardaba, el océano profundo hacía referencia al útero materno y subir al exterior "el nacimiento o la vida terrenal". Luego la madre le explicó su apego con el Tini que, si bien ahora solamente lo tenía en su cama, de pequeño habían sido inseparables. Fue su madre también la que colocaba a este peluche pegado a su hijo como sabiendo que ahí **"faltaba alguien"**, de pequeño Diego siempre lo dejaron usar pelo largo y muchas veces, lo confundieron con niñita, nació el segundo hijo del matrimonio y también la madre les mantenía el cabello largo…

Para el nacimiento de su segundo hijo (hermanito de Diego) la misma tía que había enviado desde USA el osito verde a Diego, ahora envió otro igual al nuevo bebé, dado que había sido el regalo estrella del primer hijo, pero Gustavo, (hermanito de Diego) no mostraba especial interés, ni obsesiva preferencia por el osito verde como su hermano mayor, en ocasiones dormía con el oso, pero también con un auto, con superhéroes, espadas láser, pero no fue lo mismo.

Luego el matrimonio se separó, y cuando le preguntaban si ella le gustaría tener más hijos respondía segura: **"si me falta la niñita"**.

La madre al recordar esta pérdida, se dio cuenta que siempre había buscado a esta hija, cuando compraba ropas a sus hijos no resistía las ganas de ir a ver ropita de niñitas, y sentía muy profundo dentro de ella, que su niña le faltaba.

Cuando ya Diego lo supo, asimilo la información, le tomó un par de días de hacer la carta, su madre le comunicó a la familia este acontecimiento que tanto para ella y su hijo eran muy importantes y muy conmovedor. Tanto así que la madre vivió por fin el duelo, ese duelo que aún no logra comprender como pudo haber bloqueado... ahora cada vez que veía a su hijo se le llenaban sus ojos de lágrimas al imaginar que, al lado de Diego, hubiese estado también su hija, lloró por varios días con una pena muy profunda, con mucha nostalgia.

Te comparto una fotografía que encontré de Diego y su Tini, esta madre que lo había bloqueado todo por dolor, soy yo, y Diego es mi hijo. ☺

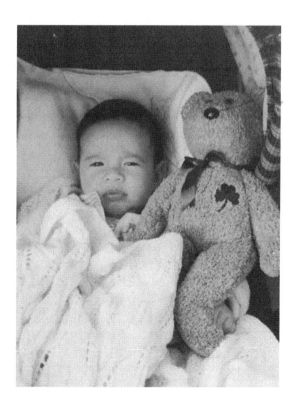

CARTA DE DUELO
GEMELO EVANESCENTE

Si sientes, dentro de ti que este es tu caso, realiza esta carta que ahora te comparto. Es muy liberadora. Si leyendo lo que significa "Gemelo evanescente" sientes que has perdido a tu gemelo, no busques más explicaciones, es así, tu Alma ya lo sabe y ahora simplemente lo recuerda.

Acá va una carta que puedes transcribir, te aconsejo de escribirlo en puño y letra.

Una vez terminada la carta, vas frente a un espejo y la lees tres veces:

– La lees en voz alta (para tu mente).

– La lees en susurro (para tu corazón).

– La lees en silencio (para tu Alma).

Luego tomas la carta, y la quemas, y las cenizas debes enterrarlas.

Todo simbólicamente, no necesitas enterrarla bajo 5 metros bajo tierra, basta un poco bajo la tierra, ojalá cerca de un árbol.

Esta carta sólo es un modelo; quizá broten palabras diferentes de tu corazón... ¡¡déjalas salir y no te impidas el sentir ninguno de los sentimientos ni emociones que se despierten en tu interior!!

"Amado (...nombre gemelo (o)...) esta carta es el testimonio de tu existencia. El desconsuelo que supuso tu partida ahogo las lágrimas de sufrimiento por tu partida, enterrando con ello tu recuerdo en el olvido.

Hoy puedo entender tu dolor al sentirte por tanto tiempo excluido. Hoy quiero darte de nuevo tu propio espacio en el clan, al que siempre has pertenecido.

Hoy sé que has vivido en mi...¡¡ hoy al fin puedo entender tantas cosas!! Hoy te agradezco tu compañía...¡¡ cuántas experiencias compartidas!!

Hoy te agradezco la confianza que depositaste en mi para hacerme parte de tu evolución, y el que apostaras el ser cómplice silencioso de la mía. Prometo tomar mi vida con amor, agradecimiento dejando atrás la culpa y la tristeza. Viviré por mí, viviré por ti.

Te llevaré en consciencia como siempre te he llevado conmigo. Hoy es el día que ambos hemos elegido para liberarnos mutuamente. (se comprende que se liberan del dolor, la energía queda, se transmuta)

Hoy decreto que desde el amor y reconocimiento que siento hacia ti (nombre gemelo..) y desde el amor y reconocimiento que siento hacia mí, asumo el cien por ciento de la responsabilidad sobre mi vida. A partir de este momento y mediante este acto de amor, te libero, me libero y libero al clan. A partir de este momento vuelves a tener tu lugar en nuestro árbol y así mismo asumo también yo el mío propio.

Pido a la DIVINIDAD que acoja mi dolor, que te permita también a ti, evolucionar y trascender.

Hoy amado (nombre gemelo) brilla con tu hermosa luz por siempre. Hoy me permito brillar con mi hermosa luz por siempre.

Gracias por haberme elegido como tu compañero de vida, gracias por darme la oportunidad de vivir, gracias porque sé que estás conmigo.

Te amo, ahora y siempre, en esta tierra y Universo y en todos los espacios posibles.

Por siempre tuya, tuyo (tuyo). Te despides.

Nombre y Firma Fecha.

ABANDONO
NO ES LO MISMO QUE "SOLEDAD"

Nuestros árboles buscan amar, buscamos amor en casi toda nuestra vida. Llevamos en nuestra sangre generaciones de parejas en desamor... lazos rotos, desesperanzados, desolados... porque hemos creído que el amor está "allá afuera", soñamos que llegue nuestra Alma gemela, y muchos creen que en esta vida no será posible el amor y se resignan a vivir con el corazón vacío toda una eternidad.

El sentimiento de abandono en una herida que se genera en la infancia y puede ser simbólico o real. Papá se fue de casa, de pequeña papá y mamá trabajaban mucho, mamá falleció cuando yo era pequeña, en estos casos se genera la misma herida. Y en este caso se genera mucho miedo a amar, nos protegemos de sufrir y para eso equivocadamente nuestro corazón se cierra.

La soledad es un estado emocional en donde estoy desconectado con mi Alma y la alegría de vivir. El abandono más grande es el que te haces a ti mismo, alejándote de tus emociones, de tus sueños, de tus anhelos. Y la soledad es la angustia de no saber estar contigo mismo. La idea de que alguien te "complemente", significa que le otorgas a esa persona la responsabilidad de sentirte plen@ y de hacerte feliz.

El problema es que si le otorgas a otra persona el poder de complementarte y hacerte feliz, esa misma persona tendrá el poder de hacerte sentir no valorado y no amado.

Ya eres perfect@, complet@, nunca has necesitado a nadie que te complete. Tus sufrimientos están relacionados en perseguir el amor de papá y mamá.

Es un error creer que otra persona tiene lo que ti te falta. Las carencias que reclamas es el amor que yte ha faltado en la niñez.

El amor que anhelas es el amor que te niegas. No busques a quién "salvar" ni esperes por un "Salvador". No intentes cambiar a alguien para que se adapte a ti. Transforma tu vida y conviértete en aquella persona que deseas que te ame. ÁMATE TANTO QUE CUANDO ALGUIEN NO LO HAGA TE DES CUENTA DE INMEDIATO.

¿Donde está mi media naranja?

Creemos que estamos vacíos, necesitados o imperfectos. Que nuestra vida no tiene sentido y que está llena de sufrimientos y dramas. Pensamos que una persona debe llegar a nuestra vida para "complementarnos y hacernos feliz"...

@suimeichung

LA MAGIA ESTÁ
EN AGRADECER

"Por amor a nuestro clan, repetimos sus historias, victorias, triunfo, patrones de vida, su manera de vivir, sus sufrimientos, hasta sus enfermedades"

La sanación es un camino de transformación.

"Si piensas que tu vida es difícil, piensa como lo fue para tus ancestros"

Todos queremos sanar, para lograrlo es importante dejar atrás la culpa, el resentimiento, el odio, la venganza. Esto se logra con un trabajo personal profundo, con amor, paciencia y gratitud.

"La magia está en agradecer", agradecer el momento presente, agradecer y comprender que detrás de las experiencias vividas, queda un aprendizaje que nos lleva a aprender a amarnos. Solamente cuando nos **"encontramos"** desde las sombras seremos capaces de salir y ver la luz.

Te recomendaré un libro bellísimo que en lo personal me ayudó mucho a aceptar mi vida, a trabajar mi negatividad y pesimismo, a descubrir lo bendecida que era y de las maravillas que el Universo tenia para mi, es el libro : **"La Magia"** de **Rhonda Byrne.**

Tu vida ha sido el resultado de muchas otras vidas. No existen personas malas, solo personas que sufren, y muchas de las historias que hemos vivido se han repetido bajo el dolor de la inconsciencia. Nuestros ancestros, no eran capaces de pensar ni creer que tenían la fuerza de cambiar su destino. Hoy tu sabes esa verdad y **"La verdad nos hará libres"**.

Agradece la bendición de cada día para hacer de tu vida un día mejor. Agradece que puedes elegir entre repetir una historia y trabajar para tener un nuevo destino.

La desmotivación está relacionada a la falta de sueños y propósitos. Tu propósito mayor es sanar tu Alma para sanar tu vida.

En la comprensión de nuestra historia familiar están las llaves de nuestra sanación. Agradece las experiencias de vida que te han llevado en el camino en que te encuentras hoy.

"Todo lo que me gusta del otro, lo que amo en él, también está dentro de mí, reconozco mis cualidades en el otro"
- Cuarta ley del espejo -

"Entre más agradecido seas, más cosas por agradecer te llegarán."

GRACIAS, GRACIAS, GRACIAS

Gracias a ti por inspirarme a trabajar en mí. Gracias a ti, por saber que debo mejorar en mí.

Gracias por ayudarme a crecer y seguir aprendiendo. Gracias por tu apoyo siempre.

Gracias por la confianza, fe, y Amor.

Gracias por querer sanar y creer que es posible vivir mejor.

Agradezco, a mis padres, grandes maestros de mi vida, que tal cual son han inspirado en mi la fuerza y las ganas de iniciar este hermoso camino de autoconocimiento y sanación.

Sé y estoy consciente que me queda mucho camino por recorrer, pero cada día adquiero nuevos aprendizajes, que son las herramientas que debo aplicar en este caminar.

Este conocimiento llega a través de libros, experiencias de vida, personas lejanas y cercanas, en mis consultas, en mis estudiantes, en mis amados hijos, mi familia, pareja, en mi propio reflejo.

Este es mi último libro de esta hermosa trilogía, vendrán más libros para seguir desarrollando y despertando nuestra consciencia que nos permia abrir nuestro corazón al AMOR.

AGRADECER, mira tu vida, agradece tus logros, tus triunfos, por muy mínimos que sean, has pasado por grandes batallas, has superado muchos obstáculos, tienes muchas más herramientas y recursos que tus antepasados y ellos de alguna manera también lo han logrado. (Hicieron lo que pudieron con las herramientas que tuvieron)

Las historias familiares tienden a repetirse hasta que alguien "consciente" detiene el proceso, eres el *buscador* de tu familia, has sido elegido por "ellos" y has aceptado esta misión. Así es, *"tú misión"*, y una de tus misiones en esta vida, es sanar tu árbol genealógico por medio de la sanación de tu propia vida.

El comprender, estudiar nuestra historia no cambiará lo sucedido en el pasado, pero si ayudará mucho a mirar nuestra herencia familiar desde otra mirada, comprendiendo que no existen malos, ni perversos por placer, sino que todos somos Almas heridas y que hemos heredado cada uno una historia familiar distinta, cada integrante de nuestra familia está vinculado a un ancestro y sumado a nuestra infancia será la manera de cómo seremos de adultos. (estamos PROGRAMADOS)

"Cada nacimiento es el renacer de un ancestro."

Liberar secretos, injusticias, abusos, malos tratos, trabajar la tolerancia, la empatía, disminuir el juicio, cambiar creencias, atreverse al cambio, cumplir sueños, son algunos de los nuevos recursos que debemos trabajar en el presente para transmitir nueva información sanadora a las futuras generaciones. (hijos, sobrinos, sobrinos nietos, bisnietos)

Cada nueva información, remueve un recuerdo en nuestro corazón, despierta nuestra curiosidad, nuestras ganas de seguir creciendo, aprendiendo, y en el proceso nuestra consciencia se abre, somos más empáticos, tenemos nuevas palabras en nuestro vocabulario, nuestra energía es más elevada, creamos interés en nuestro entorno y sin darnos cuenta estamos esparciendo información sanadora.☺

Cuando en el árbol aparece un "buscador" todo el árbol se remueve. Todos aprendemos de todos, compartimos una misma Alma, una misma consciencia, agradezco que hayas adquirido mis libros para seguir en tu propio camino personal.

Todos mis libros son autoeditados, y seré yo misma quién se encargará de la venta y distribución de todos mis libros.

Puedes pedirme que escriba alguna dedicatoria y lo haré con mucho gusto, amor y agradecimiento para ti.

Estos son los títulos de mis libros:

"Trilogía de Autosanación y Crecimiento Personal de la nueva era" (Tu Terapeuta de papel)

1) Tus Ancestros Quieren Que Sanes.

2) Sanarás Cuando Decidas Hacerlo.

3) Historias Reales Transgeneracionales.

En mis libros están los pasos para ir iniciando este camino personal. Existen ejercicios y trabajos a realizar, los cuales yo los he hecho todos y sé que son de gran ayuda, por esa razón los quise compartir contigo.

Te invito a releer mis libros, a subrayarlos sin miedo, a trabajar en ellos y verás que cada vez, habrás integrado un nuevo conocimiento, una nueva idea en tu vida.

Amé, transcribir historias, lo seguiré haciendo siempre. Si deseas compartir la tuya y que yo la escribe, te dejo mi contacto:

Ⓜ consultas@suimeichung.com

En mi página web **www.suimeichung.com** subo comentarios y testimonios de personas que han leído mis libros, puedes tomarte una fotografía con alguno de ellos, y envíame tu comentario, estaré muy feliz y emocionada de subirlo a mis redes sociales.

Se cierra y termina esta Trilogía… se dará comienzo a algo nuevo. La vida no se detiene y espero que tú tampoco.

"Sueña, atrévete, vive, hazlo, viaja, escribe, crea, reinvéntate, coloca límites, sonríe, ama, ámate, sé feliz"

La historia del pasado ya fue escrita, ¿Qué quieres que se diga de ti y de tu vida en las futuras generaciones?

Es posible vivir como deseas vivir, no trates de convencer al resto, convence a tu mente… tu Alma ya lo sabe.

Me despido con Amor

Sui Mei Chung Bustos

Lo que diferencia al exitoso del que no lo es,
no es el sueño que cada uno tenía en mente,
sino que uno aplicó la determinación, la dedicación,
la autodisciplina y el esfuerzo en hacer realidad su sueño

Acá tengo tres años de edad, y en la otra fotografía
estoy con mi hijo Diego a sus 3 años de edad.

"Trilogía de Autosanación y Crecimiento Personal de la Nueva Era".
(Tu Terapeuta de Papel)

Sui Mei Isabel Chung Bustos
Terapeuta Transgeneracional SAAMA 2.0
@ @suimeichung
Otubre 2019

"Trilogía de Autosanación y Crecimiento Persona de la Nueva Era"
(Tu Terapeuta de Papel)

Acá un breve resumen de mis libros:

1. "Tus Ancestros Quieren Que Sanes"

Heredamos las historias de vida de nuestros ancestros. Conflictos y duelos no resueltos, como también virtudes y la forma de ver la vida. Aprenderás todo acerca del TRANSGENERACIONAL, de la importancia de conocer tus raíces, sabrás identificar patrones y lealtades, en donde encontrarás respuestas a muchas situaciones de tu vida presente y pasada. Todos tenemos una historia, un origen, tengas información o no.

2. "Sanarás Cuando Decidas Hacerlo"

Descubrirás exactamente cuáles son tus heridas, en qué momento se generaron, y tendrás herramientas para trabajar estas heridas a tu favor. Comprenderás la importancia de reconectar con tu infancia y tu niño interior para despertar la alegría y motivación en tu vida.

3. "Historias Reales Transgeneracionales"

Repetimos los nombres, apellidos, profesiones, oficios, y hasta las enfermedades por lealtad y amor a nuestro clan. En este libro verás como una misma historia se va repitiendo en distintos escenarios y como el drama, secretos, abusos, pasan de una generación a otra.

Tu historia en papel

UN RECUERDO ANCESTRAL PARA LAS FUTURAS GENERACIONES

Si sabemos de dónde *venimos*,
sabremos *mejor* a dónde vamos.

Si sabemos porque *venimos*
entenderemos *mejor* quienes somos.

¿Te gustaría dejar a tus hijos o a tu descendencia tu historia familiar?

¿Qué te parece si pudieras contar tu historia de amor a tus hijos quienes no conocieron a su padre / madre por diversas razones?

¿Piensas que tus abuelos tienen un "tesoro" con sus experiencias de vida y temes que esa información valiosa se pierda?

¿Te gustaría narrar tus historias de juventud, viajes y estudios a tus hijos o nietos?

Ahora transmitir tu historia familiar es posible...

He creado un nuevo proyecto que seguro te encantará.

"TU HISTORIA EN PAPEL"
"Un Recuerdo Ancestral Para Las Futuras Generaciones"

Con el propósito de que tú puedas transmitir tu historia familiar a tus hijos, sobrinos, nietos y bisnietos.

Ya sabemos la importancia de conocer nuestras raíces, nuestros orígenes para encontrar el sentido a nuestra vida, lo que nos ayudará a encontrar respuestas a muchas situaciones que hemos vivido o que viviremos.

Con mi equipo de Terapeutas Transgeneracionales trabajaremos en tu historia familiar.

Sabemos guiar una conversación, sabemos exactamente dónde buscar en tu Árbol Genealógico para removerlo, agitarlo con amor y que comience a tomar fuerza para expandirse en sabiduría y amor.

Tu nos aportarás información, y yo haré la historia para ti. No te preocupes si no tienes mucha información, muchas veces poco es mucho. ☺

Será un bellísimo regalo tanto para las futuras generaciones, así como para tus padres, abuelos y bisabuelos, *ver su historia familiar escrita en papel.*

Puedes querer plasmar, toda tu historia, o parte de ella, lo que desees escribir, será un maravilloso recuerdo familiar.

Sui Mei Chung Bustos

Escríbeme

tuhistoriaenpapel@suimeichung.com

Me pondré en contacto contigo
para que recibas la información detallada.

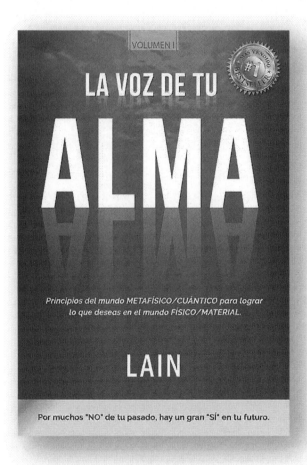

La Voz de tu Alma

www.laingarciacalvo.com

La saga de La Voz De Tu Alma bendice a quien la lee.

¡TU CAMBIO EMPIEZA HOY!

LA VOZ DE TU ALMA, de Laín García Calvo.

Gracias a conectar con la energía, sabiduría y principios de este libro, y aprendiendo de las leyes del Universo que aquí se enseñan fue la razón del porque estoy escribiendo mi libro y no solo uno, sino tres. Mi Trilogía, mi sueño cumplido

Conocí a Laín en Youtube. Estaba buscando comprender más de la abundancia y la ley de atracción. Y la conexión fue mágica, en mi búsqueda lo primero que vi fue este video que cambio por completo mi forma de pensar.

https://www.youtube.com/watch?v=-4ICPaqnF0s

Yo ya había leído mucho de Leyes del Universo, Ley de atracción Espiritualidad, Metafísica y algo no estaba haciendo bien, porque claramente a veces tenía resultados y otras veces no.

Ningún libro me ayudó a comprender tanto acerca de los Principios del Universo, la abundancia, visualización, ley de atracción como el libro de *Laín García Calvo, "La Voz de tu Alma"*, este libro con testimonios reales del autor, una persona que vive en nuestra generación, que ha tenido los mismos conflictos que tu o yo, hoy es una de las personas más influyentes en muchos países alrededor del mundo y en el ámbito del desarrollo personal y coach motivacional enseñándonos la manera correcta de atraer a nuestra vida lo que deseamos si lo hacemos con convicción y aplicando los principios que tan claramente en este libro se enseñan.

"LA VOZ DE TU ALMA" es un libro que nos da una nueva mirada hacia la Espiritualidad. No basta con leerlo una sola vez, cada vez que lo abras mágicamente encontrarás las pablaras justas y precisas que necesitas oír.

La Saga de la voz de tu Alma, "bendice quién lo lee" y es verdad.

Si estás buscando como cambiar tus tus creencias y aprender a trabajar con las leyes del Universo y la Ley de atracción en este libro encontrarás la manera de hacerlo

Lo más maravilloso es que no sólo este aprendizaje es para nosotros los adultos, también Lain lo ha escrito para niños, y mis hijos los han leído y ha sido un gran aprendizaje para ellos.

Te comparto el línk, de un video que hicimos con mis hijos cuando yo les traje de España el libro "La voz de tu Alma para niños", ellos estaban muy emocionados y me pidieron de hacerlo. Mis hijos Meili Kay y Gustavo. Mi hijo quiere ser actor, desde que nació, verán que talento tiene ☺

https://www.youtube.com/watch?v=X4iVdDZjEPU&t=5s

Sui Mei Chung Bustos
Terapeuta Transgeneracional SAAMA 2.0
Santiago Chile

Made in the USA
San Bernardino, CA
14 December 2019